新装版

共同研究 戦友会

高橋三郎 溝部明男
高橋由典 伊藤公雄
新田光子 橋本 満

インパクト出版会

新装版　まえがき

高橋三郎

インパクト出版会のご好意によって『共同研究　戦友会』（田畑書店、一九八三年）が復刻されたことは、非常にうれしいことである。だが、二十年も前の本を、なぜいまごろ復刻するのかと疑問に思われるかたもあるだろう。その点を説明するために、この本が刊行されてからの反響やその後の戦友会研究の動きについて語ろうと思う。

戦友会研究をはじめたいきさつについては、初版「まえがき」のとおりである。めずらしいテーマとみなされたせいか、新聞、雑誌ではかなりとりあげられた。いずれも好意的な扱いだったと記憶している。

「あとがき」に書いたように、戦友会研究をはじめるにあたって、作家の伊藤桂一先生にお話を伺っている。戦友会というものを本当にわかっていらっしゃるかただからである。その伊藤先生が「戦友会の研究」という温かい紹介の文章を書いてくださった（『群像』一九八三年十一月号）。今もって感謝の気持ちで一杯である。

鶴見俊輔先生も、わたくしたちの戦友会研究になんどか言及してくださった。とくに橋本論文の「戦友会の宴席に戦死者の霊が降りてくる」という話に興味をもたれたようであった。

しかし、学界や論壇では、わたくしたちの研究は、そして戦友会そのものも、ほとんど話題にされなかった。問題意識や分析視角を統一しないという研究方針がこの本をわかりにくくしたかもしれないと思い、わたくしはメンバーに共通する考え方について二度ほど短い文章を書いた（「戦友会研究の中から」『世界』一九八四年二月号、「「記憶の貯蔵所」としての戦友会」『思想の科学』一九九二年十二月号）。基本的なことはそこで言い尽くしている。

『共同研究 戦友会』の刊行から二十年あまり過ぎたが、戦友会にたいする一般の関心は広がらなかったような気がする。

現在三種類の事典に「戦友会」という項目が掲載されているが、いずれもわたくしたちのメンバーが書いたものである。百科事典、国語辞典には、「戦友」という項目があればましなほうで、「戦友会」という項目はまったくない。日本図書館協会の「基本件名標目表」にもとりあげられていない。『大宅壮一文庫雑誌記事索引総目録』をみても、保阪正康氏の雑誌論文「戦友会の八月」（『文藝春秋』一九九四年八月号）以外に戦友会そのものを論じている記事はみあたらない（「戦友会」という項目はなく「軍人その後」という項目に分類されている）。

保阪氏は、折りにふれ戦友会のもつ意味の重要性を指摘されてきた、極めてまれな現代史家である。ただ、わたくしたちの研究についてはコメントされたことがないので、どうみておられたのか、多少気になっている。

誇張した言いかたかもしれないが、戦後を生きるなかで、戦友会が生きがいの大きな部分を占めていたひとたちが何万、あるいは何十万と存在したことは事実なのである。にもかかわらず、戦友会にたいして外部からの関心がうすいのはなぜであろうか。

やはり戦友会そのものにマイナスイメージがあったためとしか考えられない。わたくしたちの研究が奇異の目でみられたのもそのためであろう。


『共同研究　戦友会』の刊行後は、研究メンバーはそれぞれの研究テーマにもどっていき、戦友会に直接ふれた論文は書いていない。それは関心を失ったということではなく、全力投球をしたあとの虚脱感に似たものであったろう。

戦友会そのものについては書いていないが、「戦友研」のメンバーであったことは、その後の仕事になにかしら生かされていたように思う。実際、共同研究のおもしろさにひかれたためか、ほぼ同じメンバーで「水子供養」の共同研究を行うことになる。伊藤公雄の言葉を借りれば、「これまでほとんど誰も目を向けてこなかった領域でありながら、そこを突くことで、人間社会の思わぬ「本質的」部分が露になる対象」（『ソシオロジ』一四八号）に共通の関心があったためかもしれない。『水子供養―現代社会の不安と癒し―』（高橋三郎編、行路社、一九九九年）で区切りをつけてからは、それぞれ自分のテーマに専念していたが、メンバーの何人かは中久郎先生が主宰する研究会で、二回顔をあわせることになる。

一回目は、「戦時下の日本社会」というテーマでの研究会で、二回目は、「戦後日本社会のなかの

［戦争］」という研究会においてであった（研究成果は、戦時下日本研究会編『戦時下の日本』［行路社、一九九二年］、および中久郎編『戦後日本社会のなかの「戦争」』［世界思想社、二〇〇四年］にまとめられている）。わたくしたちのメンバーも、それぞれに快心のテーマで書いているように思われる。

こうした流れのなかで、もう一度戦友会の調査研究をという話が、わりあい簡単にまとまった。考えてみれば、最初の研究のときから、いずれもう一度という気持ちが、心のどこかにあったのかもしれない。

溝部明男、橋本満は参加できなかったが、伊藤公雄、高橋三郎、高橋由典、新田光子の四人に、あらたに吉田純（京都大学高等教育研究開発推進センター）が加わって、五人で出発することになった。ここ十年くらいの間に戦友会は急激に消滅しつつあり、調査研究のぎりぎりの時期、むしろ遅いと批判されることは承知している。だが、だからこそ、いまなのだ、という気持ちをわたくしたちはもっている。「戦友会を自然消滅のかたちでおわらせたくない」といったらいいだろうか。

昨年から予備調査の段階にはいっているが、その過程でこの本の復刻が議論されるようになった。ひとつには、戦友会関係者から是非入手したいという希望がよせられたことである。わたくしたちとしても、基本的な姿勢をわかってもらうために是非読んでほしいと思うものの、絶版ではどうにもならないわけである。もうひとつには、二十年前の研究であっても、というより二十年前のデータだからこそ、意味があるのではないかと思うようになったからである。

わたくしは最初、復刻にやや消極的であった。二、三年以内に戦友会研究の決定版をだすのだから、というのがその理由である。しかし、あらためて読み返して、これはこれで絶版にしておくのは惜しいという感じをもつようになった。

いつだったか、「この調査結果だけで論文が何本も書けるのにもったいない」と言われたことがある。たしかに、いまならとうてい聞けないようなことを、戦争体験者にストレートに質問していることに、いまさらながら驚いている。調査の集計結果だけでも貴重な資料になるのではなかろうか。

今春最後の慰霊祭を開催することになっている戦友会の会長さんが「先生方が初めて出席された頃が一番盛況でした」と書いてこられたが、最盛期の戦友会の姿を、当時の若い研究者がどのような目でみていたかを書き残しておくこと、そしてそれを、これから行う調査研究と比較してもらうことは、とても重要なことだと考えている。

「社団法人　元軍人軍属短期在職者協力協会」のご厚意で、数千の戦友会の所在が確認できるので、今回の調査は本格的なものになるはずである。伊藤桂一先生が「やはり核心の周縁を廻っている、ということになるのかもしれない」とおっしゃていたことにたいしても、メンバーも歳を重ねただけ、すこし核心に近づくことができればと思っている。

この復刻版の読者のみなさんには、上のようないきさつを承知しておいていただきたいと思う。そして、できれば、二、三年後に刊行される最後の戦友会研究も読んでいただけることを切に願っている。

終わりに、初版出版にあたってお世話になった石田明氏、この復刻版を刊行してくださったインパクト出版会の深田卓氏にもう一度お礼を申し上げたい。

二〇〇五年三月

まえがき

「戦友会」という集団がある。その正確な数はわからないが、数千の戦友会が存在することは確かである(数万は存在すると断言する戦友会関係者もいる)。だがその実態となると部外者にはほとんど知られていないのではないかと思われる。若い世代の人々は戦友会という言葉をきいてもどのようなものかわからないであろう。思い浮かべることといったら、どこかの旅館でみかけた年配の男たちのけっしてスマートとはいえない宴会風景ぐらいのものではなかろうか。戦争体験や軍隊体験があっても、戦友会に関心をもっていない人々には、戦友会はやはり理解しがたい集団と映るであろう。いずれにしても戦友会にたいして部外者の抱いているイメージは、それほど肯定的なものではないように思われる。時代錯誤とみられるのはまだしものこと、場合によっては好戦的な団体であるかのようにみなされ、否定的なレッテルをはられることすらある。

だが部外者からどのようにみられようと、戦友会が現実に何十万人という人々の気持を強く惹きつけているのは事実であり、そのことだけをとっても戦友会の社会的意味を考えてみる意義はあるだろう。では戦友会とはいったいどのような集団なのであろうか。

この本は戦友会についての共同研究にもとづいて、研究メンバーがそれぞれ戦友会とはなにかという問いに答えようとしたものである。各章は独立しており、全体としての体系性はない。このような構成をとった理由は、戦友会の研究から触発された一人一人の感じ方や考え方をそのまま提示することのほうが、戦友会のもつさまざまな問題をより明確に浮かび上がらせることになると思ったからにほかならない。とはいうものの、やはり構成と内容の両面にわたって、読者に戸惑いや期待はずれの感を与えることは否めないであろう。おなじテーマが繰り返し論じられているかとおもうと、まったく触られられないテーマがあるし、またテーマの取り上げ方、解釈のしかたにも読者があらかじめ抱いた予想とかなり食い違う点があるはずだからである。

そこで編者としては、以下の各章を読んでいただくうえで、最小限必要と思われるコメントを「まえがき」としてつけくわえさせていただきたいと思う。

読者が戸惑いを感じる点は、たぶん戦友会研究にたいするわれわれの基本的姿勢から生じるものであろう。そしてわれわれの取り組みかたを理解していただくためには、研究の意図や方法を抽象的に述べるよりも、研究の過程を率直に語るのが一番いいように思われる。

社会学を学んでいる若い研究者たちによびかけて戦友会を研究するためのグループを作ったのは、昭和五三年春のことである。戦争や軍隊を研究テーマとしてきたわたくし自身にとっては戦友会をとりあげることはごく自然ななりゆきであったが、若い人たちには戦友会というテーマ自体に戸惑いがあり、研究グループへの参加はそれぞれ違った動機によるものであったように思われる。いずれにせよわたくしたちのグループは戦友会についてはまったくの白紙状態から出発したのであった。

白紙状態で出発したということには二つの意味がある。ひとつは、戦友会にたいしてなんらの予断や偏見をもっていなかったということである。もっとも、戦友会についてのデータはそれまでまったく存在せず、また研究メンバーの側にも旧日本軍にたいする知識はほとんどなかったから、偏見すらもちえないほど無知であったというべきかもしれない。白紙状態であったということの第二の意味は、戦友会の研究をなんらかの目的のために利用しようという気持がまったくなかったということである。たとえば戦友会の研究をとおして戦前や戦後の思想的・政治的風潮を弁護したり批判したりする意図などはなかったといえる。メンバーの念頭にあったのは、しいていえば、戦友会にたいする強い知的好奇心であった。

こうした白紙状態から出発したことが、その後の研究の姿勢を強く決定づけることになった。多少の試行錯誤ののちに、結局、「初心」ともいうべき白紙状態を最大限に尊重することが基本方針となったからである。

わたくしは問題意識や分析視角について調整や統一は一切行わなかった。太平洋戦争にたいする歴史認識や戦後社会にたいする評価といった問題についても特に話しあったことはない。わたくしはメンバーの一人一人にたいして戦友会とはなにかという問いにたいする各自の答えをだすことを求めたのであり、グループ全体として一つの結論をだすことはしなかった。

もちろん最初からこうした研究体制を組むつもりだったわけではない。共通の問題意識や分析視角にもとづいてメンバーそれぞれに研究分担を割り当てるという一般的な方式を考えたこともあった。だが戦友会について知識が深まるにつれ、そしてメンバーの個性や能力があきらかになるにつれて、無統制ともみえるこの方法が戦友会という現象を考察するうえで非常に有効な方法だと思うようになったのである。

戦友会は社会学的にいえば、過去の共通体験や共通所属にもとづいて再編成された集団という普遍的な集団類型に属するものといえるが、一方では日本社会における戦前と戦後の断絶から生じた特殊現象といった性格も強い。こうした性格をもった戦友会を、「思いこみ」をまったくもたない戦後生まれの若い研究者の眼をとおしてみることは、戦友会のある側面を、それも核心にふれる部分を確実に浮かびあがらせることになるのではないか、そしてひょっとしたらそうした研究をとおして戦中派世代と戦後派との物の見方の相違をも浮かびあがらせることになるのではないか、わたくしはそう期待したのであった。このねらいはかなり成功したとわたくしは自負しているがどうであろうか。判断は読者にゆだねたいと思う。

良くいえばメンバーの個性を生かすやり方で、悪くいえば無統一なやり方で出発した共同研究であったが、戦友会という現象の特殊性が、期せずしてメンバーに同じような分析の方法をとらせることになった。そしてこの方法がまた読者を戸惑わせることになるかもしれない。読んでいただけばすぐわかることであるが、以下の各章は「解釈」を中心にした叙述からなっている。つまり実証的なデータから帰納的に結論を導くという方法よりも、戦友会をとりまくさまざまな意味の世界を理解し解釈しようとする方法を重視しているわけである。この「解釈」に重きをおく方法は（それは社会学における一つの方法であるが）、研究メンバーの間で共通している唯一の点といえる。もっとも、それは最初から意識的に考えられたわけでなく、結果としてそうなったにすぎないのではあるが。

われわれは昭和五三年、昭和五六年の二回にわたって全国的な質問紙調査を行った。戦友会の総数がわからない以上、統計学的にいえば問題のある調査であったが、戦友会の実態や会員の意識について全体的な傾向を知るうえでは十分有効な調査であったと考えている（巻末参照）。また戦友会の会合に何回か出席して参与観察を行い、何人かの戦友会関係者からは聴取り調査も行った。したがって戦友会全般にわたる調査報告的なレポートを書くことも可能だったわけである。

しかし戦友会について識れば識るほど、表面的な数字や回答をそのままうけいれることに満足できなくなったのである。戦友会というさまざまな側面をもった現象と「私」とを真剣に対峙させたとき、ごく自然に「解釈」という方法がとられたように思われる。

以下の各章は各人各様の解釈によって書かれているので、同じ問題や事柄が取り上げられていてもかなり違った意味づけがなされているはずである。できればそうした違いをおもしろいと思って読んで下さると幸いである。また生硬ともとれる言葉を使っているところがあるかもしれないが、その多くは執筆者それぞれに、先入観のまじらない言葉で語ろうとしているためだとご海容いただきたいと思う。

言葉の問題でいえば、この本では戦友会という概念を同じ部隊や艦艇で戦闘を共にした仲間という意味に限定せず、最広義に、つまり一般に戦友会とよばれる集団すべてを含むものとして用いていることをあらかじめお断りしておきたい。その理由は以下の各章からおわかりいただけるはずである。

以上で戦友会研究にたいするわれわれの基本的姿勢や分析の方法についてご理解いただけたと思う。もっとも、こうした姿勢があるいはわれわれの意に反して戦闘体験をもち実際に戦友会の会員である方々（われわれの調査に全面的に協力して下さった方々）の神経を逆なですることになるかもしれないと心配である。だがすでに述べたように、われわれは軍隊体験や戦闘体験をもたない世代として、つまりまったくの傍観者として、戦友会についてどう感じどう考えたかを率直に書いたのである。内容は不十分であろうとも、この本は戦争や軍隊で厳しい体験をもった世代にたいするわれわれなりの敬意のしるしであることを是非理解していただきたいと願っている。

高橋三郎

共同研究・戦友会――――――目次

I

戦友会の一日

――「空母燕鵬戦友会」再訪――

溝部明男

一　神社にて

昭和五六年二月二一日（土曜）、われわれは「空母燕鵬戦友会」の会合に、第二回目の訪問を行った。第一回目の調査は、昭和五四年二月二四日（奈良）であったので、二年ぶりの再訪ということになる。『戦友会報』によれば、その間、この戦友会は、第八回戦友会を昭和五五年二月二三日、三重県において開催している。今回、すなわち第九回目の会合は、慰霊祭を神戸市湊川神社にて、また宿泊地をそこから車で四〇分ほどの距離にある有馬温泉に設定していた。毎回の会合日時はほぼ一定しているが、会合地は固定されてはいず、（ほぼ西へ向って）毎回移動している。

第一回　四九・三　湯ノ山温泉（泊）
第二回　五〇・三　会員宅の民宿（三重県）（泊）
第三回　五一・二　靖国神社（泊）
第四回　五一・九　名古屋市内
第五回　五二・二　愛知県護国神社（泊）
第六回　五三・二　岐阜県護国神社（泊）

第七回　五四・二　奈良県護国神社（泊）
第八回　五五・二　三重県護国神社（泊）
第九回　五六・二　神戸市湊川神社（泊）

ここで仮りに「空母燕鵬（えんほう）戦友会」と呼ぶことにする戦友会は、空母「燕鵬」（仮名）の元乗組員達によって、昭和四八年に結成された。現在の会員数は四〇〇余名。年一回の会合開催、年二回の会報発行などの活動を行っている。全国の戦友会の一般的状況と比べると、「大部隊戦友会」であること、支部・慰霊碑・部隊史はいずれも未整備であること（慰霊碑の建立計画は現在進行中）、会員の主体はかつての兵層であること、などがこの戦友会のおおまかな特徴である。

会員達が乗艦していた空母「燕鵬」は、商船を改造した戦時改造空母で、昭和一五年に改装が着手され、同一七年就役。同一九年のマリアナ沖海戦では、直撃弾二発、至近弾数発を受けて中破、終戦時には、佐世保在泊のまま空襲によって中破した。慰霊の対象となる戦死者は、三〇〇余柱である。

われわれ四名の調査員は、京都から車で名神高速道路にのって、途中道草をしながら神戸へ向う。今回の調査の力点は、前回との比較のほかに、とくに前回はそこまで立ち入ることのできなかった、夜の「小部屋の時間」（とわれわれは呼んでいる）に、実際に立ち会ってみることに置いている。午前中は晴天で、高速道路に照る日射しは、すでに春の気配を感じさせる。われわれの車は、高速道路のいくつかの分岐点で迷ったので、案内状に記されている「一三時集合」にはまにあいそうもない。前回の経験では、彼らは「海軍式」というのか、きわめて時間に正確な人々であるので、われわれがおくれて到着するころには、彼らはすでに神社に集合しているだろう。

予想したとおり、われわれが到着したのは、戦友会の人々が「軍艦旗」の掲揚を始めようとしているところだった。本殿に向って右側の、樹や石塔の立ち並ぶ小広場の片隅に、白塗りの掲揚ポールがある。いつものように二名の人が（ひとりは白、他のひとりは紺の「軍帽」〈正確には「略帽」〉をかぶっている）ポールの下で引き綱を握っている。他の人々はポールからやや離れて（地形の関係もあって）、並んでいるのかたむろしているのか判然としない隊形で集まっている。われわれが受けた瞬間的な第一印象は、二年ぶりというのが信じられないほど、彼らが年をとった、ということであった。

石碑と樹々の間にたちならぶ戦友会の人々は、樹々の梢の上に翻る軍艦旗を見上げながら、直立不動の姿勢をとっている。しかし、二年前と比べると、旗を見守る人々はバラバラで、なんとなく迫力に欠けているようだ。もちろん、場所の差異もかなり影響していたかもしれない。奈良県護国神社の社頭においては、彼ら以外には参拝者の誰もいない寒風の吹きすさぶ広い境内の中で、旗を見上げて彼らは整列していた。しかしここには、彼らが整列できるような広い場所がない。彼らから少し離れたところを、他の参拝者や散歩者が通り過ぎてゆき、すぐ脇では鳩の群が地面にまかれたエサをついばんでいる。

軍艦旗掲揚、「軍艦旗あげ！」の号令、いく人かの人々の軍帽の着用、すべての人々の直立不動の姿勢、また「海ゆかば」斉唱——こうした行為を、われわれは一括して「過去の選択的な再現に指向する行為」と呼んでいる。それらは、今日の状況においては、そしてもちろん現在の彼らにとっても、一般的な通用性を失ってはいるが、彼らがかつて体験したある状況においては一般的な通用性をもっていたような行為の様式である。

戦友会という集団は、メンバー相互の現在的結合のきずなに、彼らの過去において想定されている、なんらかの「つながり」を重ねあわせて集団を形成しているという点に、その独特な特徴がある。その意味では、彼らの集団の時間的な焦点が、「過去」にあるのか「現在」にあるのか、時どきわからなくなることがある。過去における彼らのつながりを、ここでは、かつて同一の集団に所属していたというつながりと、類似の体験を共有しているというつながりとにわけて考えて、それぞれ「所属縁」「体験縁」と呼ぶことにしよう。*

* 「所属縁」と「体験縁」という概念については、本書III・伊藤公雄「戦中派世代と戦友会」参照。

この戦友会の会合の現在における焦点、つまり会合の目的は、概括的にいえば、慰霊を行うことと、彼らの過去の体験を互いに話し手になり聞き手になって語りあうことの二つであろう。これらの目的をめぐって、会合の場面の展開とともに、人々の間に、しだいに現在的結合のきずなが形成されてゆく。けれども、会合の当初においては、彼らはまったく面識のない他人同士でもありうる。互いの面識が、人々の間に過不足なくゆきわたるまでの束の間、かつての「所属縁」と「体験縁」を表面化させる以外に、彼らは今日一日のつきあいを開始させる手だてをもたない。

つまり、「所属縁」なり「体験縁」は、現在の相互行為が触発されるための、ひとつの媒介として利用されている、とここではまず考えておきたい。そのためには、「縁」――「所属縁」と「体験縁」をあわせて単に「縁」と呼ぶ――はまず確認されなければならないだろう。縁が相互行為また社会関係において活用されるためには、当事者の知覚の中に、その縁が浮かび上がってこなければならない。とくに「共通所属」という用語を使うときにはっきりすることであるが、それはある一定の時点における共通の所属を指すのではない。ある同一と考えられる集団への、時間を捨象した意味での共通の所属ということである。

この戦友会の場合、艦船としての「空母燕鵬」において通時的に成立していた集団（本稿ではこの集団を「艦燕鵬」と呼ぶことにしよう）が、「所属縁」の単位となっている。したがって、縁という概念は、現実的な相互行為をともなう社会関係を必ず前提にしているというわけではない。すなわち、縁という概念を、かつて活性化していた社会関係が潜在化し転化したもの、という意味で用いているのではない。むしろ逆に、相互行為的関係のひとつの可能性が潜在化しているもの、として当事者達に受けとられているというべきであろう。つまり、もし「親しさ」という言葉を使うならば、彼らはかつて親しかったが故に集まるのではなく、縁をひとつの契機として囲い込まれることによって、これから親しくなるために集まってくるのである。

縁の知覚化は、すくなくとも日本の社会においては、相互行為の中のほとんど儀礼化した部分のひとつとして組み込まれている。しばしば指摘されるように、初対面同士の行為者は、彼らの相互行為の最初のプロセスとして、彼らを結びつけると考えられる縁の探索行動へとまず出発する。

この日初めて知り合う人間を含むことを前提とする戦友会の人々も、この探索行動へとまず出発するだろう。彼らのすべてを結びつけるであろう主要な縁は「艦燕鵬」への「共通所属」であることは、この戦友会の名前がすでに明らかにしている。しかし彼らにとっては、このことは一同が会したところで改めて確認されなければならないようである。彼らは彼らの縁を確認するために、過去へと遡及する。

過去への遡及と縁の確認という共同作業のために、彼らは、巧みに仕組まれたいくつかの象徴的な小道具を配置したひとつの儀礼を編みだしている。軍艦旗掲揚というこの儀礼は、彼らがかつて参加した「戦争システム」に組み込まれていた儀礼を原型としているが、彼らの現在の文脈に適合するように、細部に手を加えることによって、その原型をひとつの別の儀礼へと変形させている。（戦争が遂行されるためには、ひとつの社会の内部において、単なる戦力以外にも、さまざまな要素が組み合さって機能することが必要となる。そこである一国の戦争目的が遂行されるために動員される諸要素のシステムを一括して、「戦争システム」と呼んでおく。それはたとえば軍隊組織から経済・政治体制まで、さらにまたヤスクニ神社、戦争遂行に関わるさまざまな儀礼、また「前線」や「後方」をも含む。）

「軍艦旗掲揚」の場面において、かつての戦争システムに含まれていた儀礼が部分的にせよ再現されているのはたしかである。けれども、そのことは、彼らが過去の戦争システムの再現を願い、それを再び生きようとしている、ということを意味しているわけではない。かつての兵層を中心とする彼らにとっては、単なる再現は、苦痛または苦痛の記憶を喚起することになるだろう。彼らにとって、かつての戦争システムは、言葉のあらゆる意味において「過去」に属さなければならないだろう。したがって、「過去への遡及」は、彼らが必要とする文脈を逸脱しないように、慎重に仕組まれなければならないことになる。

「軍艦旗」は「日の丸」ではなく、「海ゆかば」は「君が代」ではない。今日の戦友会が、たとえばそれぞれ後者の、いわば「生きている」シンボルを採用するならば、それはかつての「在郷軍人会」

に対比することの可能な存在となるだろう。かつての戦争システムにおいては、艦船には「軍艦旗」も「日の丸」も掲げられていたし、「海ゆかば」は主として「軍歌演習」という文脈で唱われていた。彼らは、意味の一般的な通用性を過去においてもっていたということが現在知られているにすぎない、「死んだ」シンボルをその限りにおいて、彼らの儀礼の構成要素に組み入れているのである。これらの要素の組み合せは、縁の儀礼的確認のための「過去への遡及」という彼らの任務にふさわしい。

けれども、過去への遡及のシンボルとして、ほかならぬ「軍艦旗」が選ばれていることの理由には、通用性を失ったシンボルという消極的な理由以外に、もっと積極的な理由も考えられないだろうか。軍艦旗はかつての戦争システムにおいては、航行中に降旗されることはなく、揚降が行われるのは港に停船中の間であったことが指摘されてよいだろう。港への入港は、彼らの「上陸」の記憶と結びついている。仲間と連れ立って上陸した彼らは、艦内生活、とくに厳しい上下的秩序からの、束の間の解放を満喫したはずである。会合における軍艦旗の揚降は、この会合の性格を、「上陸」とのアナロジーによって、会合の冒頭に指示しておく、という意味ももっているのかもしれない。「上陸」と、とくにこの会合における「宴会」とのアナロジーは、有効な視点でありうる（歌、酒、料理、陽気な無礼講、仲居さんの存在など）。たとえばこのアナロジーの延長上で、移動する会合地は、彼らにとって姿を変えた「港」である、と解釈することもできるだろう（同時に、彼らの「母港」はどこなのか、という疑問）。

さて、この集団の内と外の境界は、まずもって「艦燕鵬」への「共通所属」によって区切られている。けれども、軍艦旗掲揚というこの場面では、「燕鵬」という境界は、それほど明確に表現されているわけではなかった。「燕鵬」を特定するものは、わずかに居並ぶ人々のひとりがもっている戦友会名入りの小旗と、軍艦旗に書きこまれているはずの（肉眼では見えない）寄せ書きのみである。「燕鵬」への所属縁をもたない出席者が若干ながら存在したことも考えあわせると、ここでは所属縁による境界は、たとえば共通の体験という属性（体験縁）などによって、いくぶんぼかされていると考えておきたい。彼らの会合の一つの目的であるところの、「戦争体験」を一つのテーマとして語りあうという観点からは、所属縁にことさらこだわる必要はないといえるだろう。共通所属という属性をもちながら、ここに登場しない人々（欠席者）があるならば、逆に、所属縁を下敷きとしないいきずなによって参加する人々があっても不思議ではない。もともと縁とはひとつの手がかりにすぎないのであるから。

彼らが「旗」に対して一斉に示した直立不動の姿勢は、集団の内と外との境界を、もっとも要約的に確認する儀礼的行為であったように思われる。これらの一連の儀礼は、神社の境内という公開的な場所、つまり、外部と空間的にさえぎられていない場所で展開されている。メンバーシップの確認は、「結合」が「分離」との対比において有意味であるように、区別されるべき外部（通行人や他の参拝者や、またハトさえも）が空間的に連続して横たわる場面においてこそ、有意味的であろう。この場面以降、彼らは（「公開の場所」に対比的な言葉の意味で）「密室」を移動してゆく。この場面で設定された集団の境界は、翌朝の別れの時まで、その有効性を持続する。

報われざる体験の呈示

メンバーシップの確認との関連に注目するのみでは、彼らの「過去への遡及」という儀礼の意味を十分に理解したことにはならないだろう。高橋由典によれば、「行為」と「オーディエンス（観衆）」は相互に切り離すことのできない概念であるという。* 戦友会の人々は、公開の場所で一連の儀礼を展開することによって、彼らの外部の他者たちに対して、彼らの儀礼を見せてもいるのである。通行人たちは、戦友会の内と外の区別のための外部的背景として借用されているだけではない。戦友会の人々のひとつの集団的な「自己呈示」が差し向けられるところの「被呈示者」（オーディエンス）の役割をも背負わされている。彼らは何を呈示しようとしているのだろうか。

旗を見上げて彼らが直立不動の姿勢をとったとき、そこには真剣さと、あるいはまた一種の敬意さえもがこめられているように感じられた。旗というきわめて象徴性の高いシンボルを通して、彼らは何に視線を向けているのだろうか。旗をめぐる儀礼が、まずもって彼らの過去への遡及という作業に関与しているとすれば、この儀礼によって外部のオーディエンスに呈示されるものは、彼らの過去の戦争体験をめぐる何物かであると考えるのが自然であろう。

＊高橋由典「自己呈示とオーディエンス」（『社会学評論』第三巻三号・一九八〇年、所収）参照。

ここで、彼らの戦争体験の軌跡について、限定された視点から簡単に振り返っておこう。まず、右に引用した高橋論文で提出されている「オーディエンス」という概念を手がかりにして、複数の匿名的なオーディエンスからなる集合体を、ここではとくに「集合的オーディエンス」と呼んで強調しておきたい。というのは、「戦争システム」において戦闘行為ないし戦闘行為者は、常にオーディエンス、とくに「集合的オーディエンス」とセットになる傾向が強いように思われるからである。

たとえば、出征兵士を見送る万歳、勝利を祝う提燈行列、帰還した兵士の凱旋を迎える群衆の歓呼などに典型的に表われるように、戦闘行為は後方に位置する人々、すなわち「集合的オーディエンス」の注視を常に浴びつづける。後方の人々の直接的視野から遮られた前線における戦闘行為も、戦時マスコミの媒介によって、集合的オーディエンスの一喜一憂を誘う。他のさまざまなタイプの行為と比較すれば、戦闘行為は集合的オーディエンスとの結びつきがとくに際立っているように思われる。逆に、戦闘行為者の側からいえば、集合的オーディエンスを背後に背負っているがゆえに、あるいは彼らのために、戦うことができるし、戦わざるをえない。時として一面的に強調されることのある戦闘行為の華々しさは、戦闘行為と集合的オーディエンスとが強く結びついており、後者が前者を熱狂と興奮をもって見守る、という点に、その源泉をもつ。

戦闘行為および戦闘行為者と集合的オーディエンスとの不可分の結びつきは、どういう理由に起因するのか、という問題を、ここではとくに戦闘行為者を中心にして考えてみると、戦闘行為の動機づけにおける、積極的誘因ないし報酬の問題に関連しているように思われる。

戦闘者にとって、彼の行為は、犠牲と報酬のバランスの観点からみるならば、きわめて割のあわない企てである。生命を賭すことが要求されるにもかかわらず、多くの場合、獲得される「戦利品」はたいしたものではないし、はなはだしい場合には、単に命びろいしたことに満足しなければならないことさえある。集合的オーディエンスの支払う是認や称賛や熱狂などの非実利的な社会的報酬の提供は、この犠牲と報酬のバランスをつりあわせ、彼らの動機づけを確保しようとする試みであろう。それ自体で第一次的に実利的な意味をもつ、たとえば物的な報酬は、その有限性のゆえに一定の限界をもつ。戦争システムにおいて、「名誉」が紛れることなく最高の価値となるのは、このような意味においてである。戦争システムにとって、その内部に是認・称賛・拍手・喝采・歓呼などの（P・ブラウの用語で）「内的」報酬*を創出する集合的オーディエンスを形成し、それと戦闘行為者を結びつける回路を組みこむことは、重要な要件であろう。

＊Ｐ・ブラウ　間場・居安訳『交換と権力』（新曜社、一九七四年）参照。

さて、湊川神社の掲揚塔の前の燕鵬戦友会の光景に戻ろう。かりに、敗戦前の社会に、この光景を移しかえることができるとすれば、このような場面は、右に述べた集合的オーディエンスを意識した、戦闘行為者としての彼らの自己呈示、という風に理解することができるだろう。けれども、今日では、彼らの振舞いに対して敬意や熱い眼差しが注がれることはない。敗戦を境として、戦闘行為者―集合的オーディエンスという図式は消滅してしまった。その消滅の後には、戦闘行為の経験者達がたたずんでいる。彼らの直立不動の姿勢は、真剣であればあるほど、集合的オーディエンスの不在をいっそう際立たせる。そして、傍観するわれわれの受ける印象の中には、どこか痛ましさに近いような印象も混じる。

つまり、戦闘行為者と集合的オーディエンスとのかつての不可分の関係を前提とすれば、集合的オーディエンスの不在をもっとも直截に伝達する方法は、彼らが明確に戦闘行為者風の自己呈示を行うことではあるまいか。彼らの振舞いにこめられていた一種の真剣さは、あるメッセージを無言のうちに他者達に伝えようとする者達のそれであったように思われる。彼らは、ひとつの時代錯誤的な儀礼的行動を意図的に演ずることによって、それを時代錯誤的なものとして置き去りにした、ひとつの大きな社会変動を指し示しているのである。その社会変動は、彼らにとってどのような意味をもっていたのだろうか。

敗戦後の社会状況の変化は、彼らの眼には、まず第一に、敗戦前には保証され彼らが期待を抱いていたところの、報酬を産出する「オーディエンス回路」の崩壊と映ったのではなかろうか。このような変化は、彼らにとって単純な操作によっては折り合えないような事態と感じられたにちがいない。そのような変化は、期待と現実のギャップによる失望を与えるとともに、戦闘行為が彼らの想定していたであろう集合的オーディエンスと接合されてはじめて完了するものであるとすれば、彼らの戦闘行為そのものを、いわば宙に迷わせる可能性をも含んでいるからである。このような、体験そのものというよりも、体験の意味づけをめぐる彼らの経験を、彼らは戦友会における軍艦旗掲揚の儀礼を通じて、かつて彼らに約束されたことのある集合的オーディエンスを構成していたかもしれない他者たち、またそれとは無関係な他者たちに呈示していたのではないだろうか。

そしておそらくは彼らが当時リアリティを感じることのできた最高の価値の一つであったところの「国家目的」に直接参加したという誇りをもっているからというよりも、むしろ、自己の責任によってではなく、歴史的な変動の歯車に巻きこまれることによって、報酬をめぐる期待と現実のきわめて大きなギャップを経験したという（戦場体験を加えれば）二重の限界状況を生きざるをえなかったという理由によって、彼らの呈示する経験は、彼らの内部において、一種の聖化作用の対象になっているのではないか、とも想像できるように思われる。彼らが直立不動の姿勢の中にひそませていた一種の敬意は、このような報われざる犠牲という意味において聖化された、彼ら自身の経験へと、向けられていたのではないだろうか。

この場面以降、すなわち外部と空間的に遮断された状況の下では、彼らの「過去の選択的な再現」へと指向する振舞いは、舞台からほとんどその姿を消す。

掲揚された旗の前で斉唱される「海ゆかば」は、戦後派のわれわれには、静かな哀調を帯びた歌という印象を与える。つづいて人々は慰霊祭の会場へと移動する。

われわれもそれぞれの感想を交換しながら後に従う。やはり彼らが急速に年をとったという印象が共通していた。

慰霊祭

二階建てコンクリート造りの建物の脇で、われわれの受付けと会費の支払いを済ませる（宿泊費込みで一人一万五千円）。名札と和手拭一本を受けとる。

式次第

先づ修祓
次に降神の儀
次に献饌
次に祭詞奏上
次に祭文奏上
次に玉串奉奠
次に撤饌
次に昇神の儀
次に各退下

二階の一室に設けられた祭場は、二年前のそれと比較して、ずっと豪華になっている。奈良の場合には護国神社であったから、神社の施設自体の差ということもある（一般に護国神社は氏子集団の層の薄さという固有の問題を抱えている）。しかしその差にとどまらず、さまざまなデコレーションも派手になっている（祭壇の左側に、紺地に白く戦友会名を染めぬいた例の小旗、その隣りに慰霊祭式次第、祭壇の両側には天井から二枚の軍艦旗が縦長に吊されている）。

五人の神職が出席しており、式が開始されると、そのうちの三人が、笙・笛・太鼓を奏し始める。慰霊祭にあてられる費用は確実にふえているにちがいない。

出席者たちはそれぞれ一人掛けのイスに腰をおろしている（計七〇〜八〇名ほど）。会長（五六歳・元第二分隊）は、最前列少し右よりに位置しており、その両脇には椅子は並べられていない。入口ドアの脇には奈良の会合で「チャップリン」という愛称で呼ばれていたメンバーがひとり立っている。彼は奈良でも慰霊祭の間に、写真をとりながら動いていたので目立っていたが、今回は右手にツエをつきながら立っているだけである。最後列、奥の隅に三人の女性が並んで坐っている。彼女らは奈良では見覚えのない出席者たちである（出席者の夫人達だった。遺族の参加はなかった）。

いくつかの小さな神道儀礼の後に、神主の祭詞朗読がはじまる。大きな声で、壁にまわりを囲まれているせいもあって、内容もはっきり聞きとれる。祭詞朗読の間、出席者たちは起立し、頭を垂れている。

慰霊する者たちの集団を代表して、会長が祭文を読み上げる。祭文は、「みたま」すなわち慰霊される者たちへの、「仲間」または「同僚」からの呼びかけという形式をとっている点が、祭詞とは異っている。慰霊祭の場面では、「死者」対「生者」という関係が決定的なモチーフとなっており、死者の集団は、「艦燕鵬」における死者に限定されているので、それに対する生者の集団も、所属縁を共有する人々に限定されているとも考えられる。いずれにしても、戦友会へと人々が集うモメントのひとつとして、「共通所属」という属性が、もっとも明瞭化するのは、慰霊の場面においてである。会長は、「トラック島、そしてシンガポールでの楽しかった上陸生活……」に言及するくだりで、少し声をつまらせる。*

* 予定では元運用長が祭文を朗読するはずのところ、風邪で欠席という知らせがあったので、急拠会長が代りを務めた（宴会でのインタヴューで）。「運用長」とは艦内防火・防水その他戦闘中の応急任務に従事す

る部門の長で、ふつう少佐または中佐。

祭　文

第九回空母燕鵰戦友会主催の第五回慰霊祭に当って、本艦の乗員として北から南へと各種の作戦に参加して、祖国のために散華されました、三百余柱の御魂に謹んで哀悼の意を表します。

思えば戦後すでに三十有余年の歳月が流れましたが、御魂の在りし日、苦楽を共にした燕鵰での艦内生活の数々と……あの激しかった幾度の作戦など艦隊勤務のさまざまの出来事が追憶となって走馬灯の如く浮んで参ります。

トラック島そしてシンガポールでの楽しかった上陸、瀬戸内海での厳しい訓練、そして南太平洋海戦での大戦果、しかしなんといっても悲しい思い出は、ア号作戦で本艦乗員五九柱と六五二空隊の全滅に等しい大被害を受けたことは私達生存者の終生忘れられない悲惨な思い出であります。

戦後時勢は変転しましたが、今もって私達は海軍の良き伝統を守って後世に伝えるべく努力して国家の繁栄のため皆様の分を含めて頑張っております。今日私達が元気で生活をできるのもこれ一重に御魂のお蔭と感謝致しております。

幸い本日此処に戦友及び関係者八〇余名が相集りて往時を追悼して心から鎮魂の祈りをこめて、この祭典を捧げるものであります。御魂よ、安らかに眠られんことをお祈り致します。

昭和五六年二月二一日　　祭主　第二航空戦隊旗艦

空母燕鵰戦友会　会長　W・Y

つづいて一人一人による玉串の奉納に移る。トップは会長、次に「艦最古参」のS氏にはじまって、計二〇人ほどの人々が一本ずつ玉串を受けとり（お辞儀）、祭壇の前でそれをささげ、脚つきの小さなテーブルの上に玉串を重ね、一拝し二拍し一拝し、さらに神主へ向って一拝し、退く。彼らの儀式的な態度は、事前の打ちあわせがあるのではないと思うが、奈良の時よりも目立って鄭重化し、重々しくなっている。出席者たちの中から立ち上がって進みでるメンバーの後ろ姿をみていると、先ほどの戸外での印象とは異って、服装も整っており、お辞儀の姿ひとつの中にも、人生の厚み、また現在の社会的地位の、少なくとも低くはないランクを感じさせる（そのような人々のみが前に進みでていたのかもしれない）。

われわれにとって意外だったのは、この慰霊祭における儀礼的な代表者の役割が、会長に集中しているようにみえたことである。記憶の定かでない部分もあるが、奈良の場合には、儀礼的な代表の役割は、少なくとも会長・元運用長・「艦最古参」のS氏らによって、分割して務められていた。席順も、奈良では、他の席から少し離れた前方に、これらの三人に加えて副会長の四人が順に並んでいた。

玉串を献ずる人々の拝・拍の間合いはしだいに短縮され、一部が省略され簡略化されてゆく。玉串が尽きたところで坐ったまま全員が一礼。導入部と同様に、いくつかの小さな神道儀礼が神主によって執り行われつつ、慰霊祭は収束されてゆく。二時五分、神職退出。会長氏、立ち上がって簡単な挨拶と連絡を済ませる。

以上の場面を通じて、慰霊祭の形式的な荘重化と、リーダーシップの会長への集中とが比較的に目立った特徴である。人々は軍艦旗降旗のために再び掲揚塔へと向う。

戦友会における慰霊をめぐる問題に立ち入るためには、日本社会におけるひとつの社会的事実としての「慰霊制度」の変遷に関する、戦友会の問題とは独立のレヴェルの考察を必要とする。たとえば、何故戦没者が慰霊されなければならないのか、またどのような人々が慰霊を行わなければならないのか、という問題などは、戦友会の問題に焦点を限定している本稿の守備範囲をはるかに越える問題である。

ここでは、敗戦前の靖国神社を中心とする慰霊――「顕彰型の慰霊」と呼んでおく――と、戦後の戦友会で営まれる戦友による慰霊――「戦友会型の慰霊」と呼んでおく――とについて、*前述の集合的オーディエンスの観点からふれておきたい。戦友会型の慰霊を、たとえば同僚による「殉職者」の慰霊というふうに、ヤスクニ信仰と切り離して考えることもできる。けれども、たとえば祭詞や祭文を検討してみれば明らかなように、戦友会型の慰霊が、やはり顕彰型の慰霊の延長線上にある意味で位置づけられているということは否定できない。そして、顕彰型の慰霊を、宗教的な問題としてではなく社会学的な問題としてとらえようとすれば、「集合的オーディエンス」の概念を手がかりにするのが有効であるように思われる。

* 「顕彰型」の慰霊と「戦友会型」の慰霊については、新田光子「戦友会における慰霊と〈靖国〉」(『ソシオロジ』第二四巻二号・一九八〇年、所収)参照。

戦争システムは、対応すべき具体的な状況の生起に先立って、可能な限りその細部にわたって、すべての行動を規定し制度化することを、その特色にしている。したがって、死または死後の問題についても、その扱いないし位置づけが明確に制度化されるのは当然であろう。戦争システムは、それを構成している要因そのものが、大量の死を（その内部また外部において）ひきおこす可能性について、他のシステムよりも、はるかにきわだっているからである。ところで、戦争システムと対照する意味で、職員—患者を含んだ病院を考えてみると、その内部に多数の死者を抱える可能性は高いが、死をひきおこす要因は、システムの外部的要因であると考えられるだろう。つまり、死の原因と考えられる病気それ自体は、基本的には病院の外部で生じたものであり、その意味では、病気とその結果としての死について病院が責任を負う必要は通常はない。他方、戦争システムにおいては、とくに戦闘が死を発生させると想定されており、戦闘は戦争システムの構成要素であるから、戦闘の帰結としての死にどう対処するかということは、システムにとって、深刻な問題となる。したがって、戦争システムにおいては、動機づけの、また統制のメカニズムは、死の問題について積極的に関与せざるをえないことになる。

動機づけの問題を、ここでは、サンクションないし報酬の側面から考えてみると、行動の自発性ということを考慮すれば、戦争システムにおいては、まず第一に、プラスのサンクションが大量に調達されなければならないだろう、という点に注目したい。すでに述べたように、戦争システムには、貨幣・勲章・地位・名誉・威信・是認・支持・物財などをはじめとして、ほとんど考えられる限りの豊富な種類の社会的報酬が準備されている。戦争システムにとっては、報酬の資源的な限界の問題や（とくに「総力戦」の場合に）、犠牲による貢献に対する報酬の適合性の問題が存在するので、たとえば、死後における「英霊」の顕彰システムも重要な機能的意義をもちうるだろう。

出征者たちにとって死後の顕彰の約束は、先払いされた報酬のひとつである。ほとんど無限の報酬がイコールで結ばれなければならないとすれば、反対の項には、全体社会のレヴェルにおける顕彰が等置されるほかはないだろう。そのような顕彰の制度化は、また、出征者たちにとっては、彼らが今後受けとるであろうさまざまな報酬への期待が、空手形ではないこと、またそれらの報酬を産出するメカニズムが確立していることの、ひとつの証明ともなる。同時に、死後の顕彰の約束という先払いされた報酬は、他のさまざまな種類のもっと実質的な報酬を手にいれるための、いわば「紙幣」ないし「兌換券」として作用することもあったろう。たとえば、「あの方は神になる方だから」ということで、ふとした「厚遇」に出会うチャンスに恵まれたかもしれない。

「オーディエンス」という観点からみるならば、慰霊祭の列席者は、遺族*・戦友・友人・その他の人々などのいくつかのカテゴリーにわかれるであろうが、彼らが一堂に会するのは、まずもって戦死した戦闘行為者のオーディエンスとしてであると考えたい。この意味では、戦没者の慰霊祭は、第一に、彼が戦死という戦闘行為を遂行したことの儀礼的な確認であるといえよう。顕彰的な慰霊祭に列席するオーディエンスは、この確認のうえに、是認・敬意などの報酬を積極的につけ加えるであろう。そして、敗戦前の靖国神社に「英霊」がまつられていることは、戦闘行為者のひとりひとりにとって、彼の展開する戦闘行為が獲得しうるかもしれない、最大規模の（しかも敏感な感受性をもつ）オーディエンスが存在することを意味していたであろう。つまり、「ヤスクニ」という制度は、宗教的衣をまとった、集合的オーディエンスを創出するためのメカニズムである、とここでは考えたい。

* 一般に戦死者の遺族は、死者最後の行為―状況を知ることにある種の熱心さを示す。彼らは行為者の死後も彼のオーディエンスであり続けようとする者たちである。

戦争システムが一応崩壊したのであるとすれば、どうして戦後「ヤスクニ」が問題化するのであろうか。戦争システムの再建の可能性との関連が指摘されなければならないが、ここでは、過去の戦争の事後処理という関連に限定したい。

帰還した戦闘行為者にとって、顕彰システムの崩壊は、最大規模の集合的オーディエンスの消滅を、まず第一に象徴する出来事であったろう。戦闘行為者に対する集合的なオーディエンスの役割は、分析的には、「視る者」と「報酬の提供者」の二つに区別されるべきである。しかし敗戦前には、この二つはほぼ完全に重なっていたし、戦後にも一般には、戦争をめぐるこの二つの分離は完全には達成されなかったように思われる。期待していたオーディエンスが姿を消してしまったということは、帰還者たちにとっては、約束されていた、あるいは先払いされていた報酬の「剝奪」と感じられたのではないだろうか。おそらく戦後しばらくの時期には、日本社会そのものが、あるいはすべての日本人が何ものかを剝奪されていた、と感じることによって、彼らの剝奪は目立たなかったであろう。新田光子によれば、戦友会による慰霊碑の建立は、昭和四十年頃から始まったといってよく、その後の増加は著しいものがあるという。* 高度経済成長を経ることによって、彼らの剝奪は相対的に目立ってくるのかもしれない。

* 本書Ⅳ・新田光子「戦友会と慰霊」参照。

「靖国神社国家護持」運動と、戦友会レヴェルの慰霊祭開催の活発化は、この「剝奪感」をひとつの基本的な起点としているように思われる。戦友会型の慰霊とは、戦死者たちにとっての集合的オーディエンスを、「後に残りし戦友等」(祭詞)としての戦友会の人々が、ささやかに代理すること、そしてオーディエンスを求める死者たちの声を外部に向って代弁する試みでもあるだろう。同時に、代弁される戦死した戦闘行為者たちの、オーディエンス希求の声は、生き残った戦闘行為者たち自身の声でもあるだろう。戦友会の人々は、一方でオーディエンスの役割をつとめ、他方で、オーディエンスの前に立つ行為の経験者でもあるのだ。彼らは、「行為者—オーディエンス」関係において、その関係を構成する二つの主要な役柄を、ある意味で同時にかけもちするという状況におかれているのである。

けれども、全国の戦友会の大勢は、戦前型の慰霊の復活に強くコミットしているわけではない。*

＊ 本書巻末「戦友会についての調査」(第一回) の問38に対する解答の単純集計を参照。

その復活は、彼らの剝奪感をしずめるかもしれないが、新しい戦争システムの整備に手を貸すことになるだろう。この危険について彼らは無関心ではないはずである。おそらく戦友会の人々が一致しうる共通項を推測すれば、戦争一般ではなく、彼らが体験した戦争のみが「正当に」評価され、「正当」に葬られることであろう。しかし、このような彼らの望みは、外部の者の視点からは、やはり両刃の剣であること (「彼らの戦争」ということと「戦争一般」の問題との間には、紙一重の差があるというものの)、また、彼らがあまりにも彼らの体験に固執しすぎている、という指摘がありうるだろう。それにもかかわらず、彼らが「報酬の提供者」としての集合的オーディエンスを求めつづけるとすれば、戦友会型の慰霊祭は、より高いレヴェルの慰霊祭と結びつかない限り、未完結でありつづけると思われる。

さて、燕鵬戦友会の慰霊祭の前後は、軍艦旗の揚降によってはさまれている。地上から空へと直立するポールに翻る旗は、「みたま」が、それを通じて参集し、再び散ってゆくところの「ヨリシロ」であったのかもしれない。「燕鵬」の人々は、チャーターしたバスに乗って、宿泊地へと向う（その間に記念撮影）。車で来たわれわれは、彼らとは別行動をとる。車は六甲山中のハイウェイを通って、有馬温泉へと向う。

二　大広間にて

神戸市内をぬけて、トンネルをひとつくぐると、ハイウェイは山の中を流れるように有馬温泉までのびている。スムーズな移動と景観の急転とのあざやかな対比に、意表をつかれる思いがする。神戸という街の予期しなかった奥の深さに改めて驚く。途中、見晴しのよさそうなドライヴ・インに寄って、腹ごしらえをしておく。

宿泊場所となった「ホテル奥の坊」は五階建て（プラス展望浴場つき）の大規模な旅館である。例によって旅館の玄関先には、「○○御一行様」と書かれた札がぶらさげられている。今夜は、「燕鵬」の他に、四組の「御一行様」の滞在が予定されている。

旅館用語としての「御一行様」という視点は面白い。われわれの研究会では、「戦友会」という集団の特性を把握するために、「戦友会」という集団類型をそのひとつの下位類型として包括するような上位概念を求めて、いくつかの方向の議論を試みている。たとえば、「同窓会」や「クラス会」との類似性に注目して、「再集団化集団」と一般化してみたり、また、宗教性や娯楽の機能、世代のまとまりなどに注目して「講集団」との連続性を強調する試みなど。*

＊ ある集団を通過した後に、その集団のかつてのメンバー達が、もとの集団――「原集団」と呼ぶ――における「共通所属」を下敷きにして構成する「再集団化集団」という概念については、本書Ⅱ・高橋由典「戦友会をつくる人々」を参照。また「講集団」という視点については、Ｖ・橋本満『神まつり』としての戦友会」を参照のこと。

しかし、旅館の用語によれば、「戦友会」も「同窓会」も「会社」も、「家族」さえも、すべて「御一行様」という上位概念でとらえられている。この概念が、サーヴィスの提供者としての旅館の立場に密着しすぎているのはたしかである。けれども、どのような集団であれ、旅館に宿泊するという場面においては、ひとしく「御一行様」と呼ばれるのにふさわしい、あるひとつの局面を共有するのではないだろうか。さまざまな集団は、「旅館」、また「温泉場」において、その集団的枠組をそこにもちこみつつも、それぞれの集団に特有な日常的外部状況から切り離されて、「御一行様」化する。そしてそこを立ち去って再び彼らの日常へと戻ってゆく。

しかし、「戦友会」の場合には、彼らの集団活動の中心的な局面は、この「御一行様」化にほぼつきるのではないか、とも思える。たとえば会社の慰安旅行は、彼らの集団活動の中心としての「仕事」という局面に対して、休憩ないし活力の再活性化をはかる局面として位置づけられるだろう。けれども、戦友会の人々にとって、彼らが集団として立ち戻るべき日常とは何なのか。

「戦友会」のこまごまとした日常的な活動は、われわれの眼には、「御一行様」という局面を創出するための準備的な局面として、背景に退いて見える。つまり、「御一行様」という局面を、その集団の日常的活動を補強するものとして理解するという図式は、会社の慰安旅行の場合にはあてはまっても、戦友会の場合には適用できない。戦友会の場合には、戦友会集団をとりかこむもっと大きな状況（過去をも含む）の中にあり、しかも「御一行様」局面に直接浸透してきているような要因との関連を重視するべきであろう。戦友会という場において、軍隊における生活と戦後の高度経済成長期の生活という、おおまかにいって、二つの大きな系統の経験が、交差し重なりあって、なんらかの像をむすんでいるように思われる。戦友会の人々にとって、これらの体験の二つの系統が出会う場は、戦友会以外には見出しがたいのかもしれない。しかし、異質な（といってよいと思う）体験*の流れの出会いは、「御一行様」化した集団的状況を、どのような意味において、ともなわざるをえないのだろうか。

* 「高度経済成長期」の経験は、いわばその分け前に与ることを率直に期待しうるような、パイを大きくすることに協同するものであった。他方、戦争システムへの戦闘行為者の参加は、集団目標の達成に貢献はするが、しかし集団目標の達成にともなう享受の十分な分配からはオミットされる可能性(すなわち戦死)を覚悟しなければならないような仕方での、集合体への献身であった。

「式」と来賓

午後四時、三階の大広間にて、式・議事が開始される。舞台付きの大広間には、二つの盛花、二・三本の戦友会名入りの小旗、壁にはられた三枚の軍艦旗、また「燕鵬」の写真パネルなどがすでに飾りつけられている。こちらからみて舞台やや右前の畳の上に、会長と司会役の二人が小机を前にして、会員たちの一団と対面する形で坐っている。会員たちは、それぞれの荷物とコートをわきにおいて、お茶を飲んだり、配られた刷りものに目を通したりして、おとなしくしている。宴会やそれ以降の小部屋でくりひろげられる戦友会独特の雰囲気は、まだ生まれていない。

司会のN氏（二一五分隊・今回の代表幹事）がマイクを片手に立ち上がり、「式」が始まる。会長挨拶、今日は一四〜五名の欠席者があったが、八五名ほどの出席者、うち新しい参加者二七〜八名、とくに四組の夫婦が参加していること、最初の発起人会のときには七名であったが、その後参加者は、一八、二七、三五、五三、六三、六七名と増加の一途をたどっていて盛会であること、その間二〜三名の物故者があったが再会を感謝すること、再来年の碑の建立への協力の要請、などを述べる。拍手。つづいて来賓の挨拶。来賓として扱われていたのは三名の人々であった。

式　次　第

一、開会の辞　　代表幹事

一、会長挨拶　　W・Y氏

一、来賓挨拶

「燕鵬」設計技師　　F　先　生

戦研グループ代表　　京大T先生

二分隊々長　　M・T　氏

議　　事

A　一　般　報　告

B　会　計　報　告

C　次回戦友会の件

D　忠霊碑建立の件

E　其　　の　　他

日本のさまざまな「式」において、「客」としての出席者という「来賓」の存在と挨拶はひとつの定型となっている。しかし、二年前の奈良の会合のプログラムの中では、「来賓」の挨拶は、独立した項目にはなっていなかった。また、二年前には「総会・議事」として一括されていたものが、司会者の右側に掲示されているプログラムに記されているように、今回は「式」と「議事」に分化している。さらに、司会役が新たにつけ加えられて、会長と司会が分化していることも、この会合の構成・演出が精巧化していることを示している。

おそらく来賓の存在は、まず第一に、異質な諸要素のいくつかの対比によってこの式を構成するという演出法のひとつの素材として登場しており、さらにこの集団がけっして孤立しているのではなくて、他の集団または他の社会的文脈と連結していることを象徴しようとするものであろう。

この「つながり」という観点からみるならば、二年前の会合のときには、来賓の代りに、「祝電」があった。二年前の四通の電報は、「鶴鵬戦友会」(「燕鵬」と「鶴鵬」(仮名)は同型艦)、また、旧海軍および自衛隊出身者の政治家をはじめとして、すべて旧海軍におけるつながりを基本として発信されていた。今回は祝電が一通もなかった代りに、来賓によって象徴されるつながりの方向は、旧海軍から派生するつながりの内部にとどまらず、わずかではあるにせよ、それを異質な社会的文脈へと越えようとする傾向を示していたように思われる。そのような傾向を強調するような演出法がとられていた、といってよいだろう。

第一番目の来賓(F先生)は、「燕鵬設計者」として紹介された。実際には、彼は設計に携わったというよりも、「燕鵬」を造船した「三菱造船」の一技術者として、主に進水の際の進水台のゆがみの計測を担当したのであるが、ともかくもその計測や進水のことを中心に、会員達が知っている「燕鵬」以前の「燕鵬」、との関わりを語る。この年代の男性として当然のことながら、彼ものちに入隊の経歴をもっている。しかしここではひとりの技術者、つまり、かつての兵士たちとは対比的に、「文民」の資格で登場している。

彼の出席と挨拶が、メンバーたちの(この集まりとの関連で)中核的な体験の舞台となった軍艦に改造される以前の「燕鵬」の歴史に照明を与えていることにも注意したい。メンバーたちの意識と視線に、彼らの戦闘体験への固執を離れて、やや余裕がでてきた、あるいはある広がりが生じてきていると解釈できるだろうか。いずれにしても、彼らが、ある時期の彼らの運命そのものの象徴としての

「燕鵬」という観点からやや離れて、「燕鵬」の生いたちにはじまる「伝記」にまで関心を払いはじめていることには、注目しておかなければならないだろう。

ある会員の三人の孫たちの数学の勉強を彼がみているという現在の関係が、「燕鵬」をめぐる縁を発見する直接のきっかけになって、その元技師はこの会合に招待されていた。戦友会から記念品を渡されたことへの謝辞を述べたことからも、三人の来賓の中で、彼がもっとも純粋な「客」としての出席者であったように思われる。しかし、彼もまた、元学校長という、出席者の多くと同様に、「定年退職」の経験者であった。この点においても、彼は戦友会の人々と共有しうる体験をもつ、彼らの同世代者である。

二番目の来賓は、われわれの研究会の代表者であった。他の二人の来賓の場合とは対照的に、(大学助教授という) 現在の肩書きで紹介される。研究会の代表者は、研究目的と現在までの研究の進行状況を説明し、協力を要請し、調査員のひとりひとりを紹介する。われわれと彼らとの個々の相互行為がどのようなものであれ、われわれの代表者が来賓として位置づけられているということは、この集団と他のより異質な社会的文脈との連結を儀礼的に示そうとする、この集団(あるいはすくなくとも役員たち)の演出法の中に、われわれがすでに織りこまれていることを示している。

彼らの眼には、われわれはなによりもまず、戦後世代に属するものたちとして、そしてまた「研究者」として映っていただろう(さらにつけ加えるならば、「定年退職者」たちに対して、実社会における若い「現役」のものとして)。そのような存在としてのわれわれに対して、彼らから、内容は漠然としているが、それでいて根強く持続的な、ある種の「期待」が寄せられていることをしばしば感じた(他の二人の「来賓」が象徴していた社会的文脈に対しては、このような「期待」は寄せられてはいなかったといってよいだろう。それらの場合には、「翻訳」を不要とするレヴェルでの「共感」と「交流」があったのだろうと思う)。

それらの「期待」は、具体的には、彼らの体験の「物語り」に対してわれわれが聞き手になること、彼らの物語りや手記をわれわれがなんらかの形で記録すること、写真をとること、などの要望としてわれわれに寄せられる。けれども、彼らの「期待」は、すくなくともわれわれの側で直観的に納得しうるような、明確な言語的表現を、彼らによっても、またわれわれによっても、与えられてはいなかったように思われる。このような一種の「もどかしさ」は、われわれだけではなく、彼らの側でも感じていただろう。

第二の来賓は、第一および第三の来賓と比較するならば、より異質な若い世代との接合の方向を示す存在である。この方向で彼らが彼らの「集合的オーディエンス」を、あるいはその代替物を求めようとする場合、「媒介者」ないし「解釈者」の介在の必要性は避けられないと思われる。

実際、彼らは戦後日本のいくつかの社会的文脈に対して、簡潔な「割りきれる」言語的表現におさまりきらないようなメッセージを、伝えようとしているかのようである。彼らのメッセージは、われわれの眼からは、解釈する「媒介者」を不可欠とすると思わざるをえないほど、独自のシンボリズムを身にまとっている。彼らは彼ら以外の他者にメッセージする指向を、(かなり強い程度で、といってよいと思う)ともかくも有しており、しかしそれにもかかわらず、その他者と共有しているであろうコードの体系を採用しようとはせずに、彼ら独自のコードにのせてメッセージすることに固執しているかのようにみえる。彼らの「体験」が独自のコードを要求せざるをえないのだろうか。それとも彼らはあえて「翻訳」を拒んでいるのだろうか。どちらにしても、われわれの眼には、彼らはわれわれを含む他者へのメッセージの伝達において、アンビヴァレントな態度をとっているようにみえる。

彼らのわれわれに対する態度は、極端にいうと、たとえば次のように定式化できるのではないかと思う。「あなたがたに、われわれの体験について話したい。しかし、あなたがたにはわからないだろう*……」。

このような、「話したい」「伝達したい」という、理解されることへの強い期待と、「わからないだろう」という（強引とも思える）拒絶との、アンビヴァレントな態度は、敗戦後の社会においていっそう加速されたという側面もあるだろうが、しかし基本的には、戦争と、徴兵か志願かによってそこにまきこまれていく人間との関わりが、深いところで不可避的にともなわざるをえないアンビヴァレンスから派生していると考えるべきなのかもしれない。

* これは、会長から筆者宛ての次のような私信にヒントをえて、筆者が仮りに定式化したものである。「……本会も別紙の通りで（慰霊碑の）建立に懸命で我々の戦後は、これが終ってからと思います。現代の若い人々には解らないと思いますが、宿命と努力中です」（カッコ内および傍点引用者）

第三番目の来賓は、元第二分隊隊長（砲術科将校・六〇歳）であった。長身の彼は、昭和一八年九月から一九年五月までの「燕鵬」での生活、とくに瀬戸内海での射撃訓練のさいの「初弾命中事件*」について、滑らかな口調で語る（標準語で。会員の多くは中京地区の出身者なので、この会合では名古屋弁を耳にする機会が多い）。「初弾命中」という彼の話題は、「艦」の歴史のうちのいくつかの「逸話**」のひとつに触れることによって、かつての「艦」を中心とする彼らのまとまりを、現在の視点から想起させるものであろう。

＊　昭和一九年三月末に瀬戸内海で甲種運転を行っていた時に、ちょうど沖を一隻の海防艦が走っていた。そこでそれをワシントン型戦艦にみたてて、高角砲の訓練をすることにした。たまたま一門の砲に試射弾がなぜかこめられていて、海防艦の舷側に大穴をあけてしまった（人命の被害はなし）。初弾命中は何万分の一の確率でしか起らず、ゴルフのホールインワンよりもむずかしいという。S艦長からは「指揮官おりてこい。試射をやる日に訓練をやるばかがあるか！」とどなられたが、しかし初弾命中は見事であるとひやかされた。海防艦からは、「本艦を射撃せしは貴艦なりや。本艦の被害云々」という信号がきた。この逸話のオチは、「燕鵬」がいかに運の強い船であったか、という一般化された結論に流れこんでいた。

＊＊　もうひとつの逸話は、「金色の鵄」の話である。「燕鵬」がある航海に出港して間もなく、金色のトビがどこからともなく飛んで来てマストに止まり、何日か船から離れなかった。それを見た乗組員達は、この船は運の強い船であろう、と口々にいいあったという。この逸話は、ほとんど民話に接近している（金鵄は神武東征や勲章の名称によって、当時の人々にはポピュラーな素材であった）。

それとともに、先に述べた異質な集団ないし社会的文脈とのリエゾンを意味するものとしての来賓という観点から考えるならば、彼の挨拶は、プロフェッショナルな軍人としてのかつての「将校」と、徴募された「兵」との対比および接合を物語っているのだろう。将校をこの戦友会にとっての「客」として位置づけなければならないのは、少し不自然な印象を免れないかもしれない。しかし、敗戦前におけるあらゆる面での将校と兵との懸隔、またこの戦友会がかつての兵層を中心としており、元士官の出席はごく少ないことを考えれば、彼が「客」として登場するべき異質性を備えていることは、理解できるだろう。

二年前の会合では、元運用長が宴会の初めと終りに特別な挨拶を行っていた。元第二分隊長のここでの役割は、二年前の元運用長のそれと対応するものと考えてよいだろう（ちなみに、第二分隊長は去年が初参加、元運用長は今回欠席）。彼の挨拶の中で、元運用長と元艦長の消息がふれられ、彼らが出席できないことを残念がっており、常々この戦友会のことを気にかけていることが伝言された。彼は、かつての「指揮する者たち」を象徴もしくは代表しており、戦争中の「指揮者たち」の（「指揮される者たち」に対する限りでの）責任について、あるいは暗黙のうちにそれの事後的な責任についても、言及していたように思われる。*

＊　たとえば、「皆さん」が訓練によく励んでくれたことへの感謝を述べていた。また彼は、乗艦後九カ月ほどで「ア号作戦」の直前に降艦したが、「皆さん」と離れたわけではなく、駆逐艦「浜風」の水雷長として、「燕鵬」の直衛を勤めたことを強調していた。
　また別の陸軍のある戦友会における見聞では、挨拶に立った元隊長は、ある部下の事故死について、戦死として報告しなかったことの理由を、繰返し述べていた（一九八〇年二月、京都における「清郷会」の参与観察において）。

慰霊碑建立計画

ひきつづいて（四時三〇分）、「議事」に移る。「忠霊碑建立計画」が発議された二年前の議事*に比べると、今回の議事では、世話役たちの焦りすら感じられる強いリーダーシップが目立った反面、会の運営に対する一般会員たちの、あまり積極的とはいえない姿勢が目についた。

＊　二年前の会合の模様については、拙稿「戦友会における〈過去縁〉」（『ソシオロジ』第二四巻二号・一九八〇年）参照。

慰霊碑建立資金の目標額一千万円、建立委員会の報告、今回の会合費に二〇〇〇円の追加徴収などの「一般報告」を会長が行う。さらに司会者が、会費（年会費のことと思われる）を二〇〇〇円から三〇〇〇円に値上げすることを提案し、「ご異議ございませんか」と会員たちにはかる。すこし間《ま》をおいて、数人の「異議なし」の声あり。「では、ご了承いただいたものとみなさしていただきます」。拍手。会計報告に移る。会長が、すでに配布してあるプリントにそって説明。昭和五五年度の総収入は三六万余円。会長の口調は時どき間のびしたり、つっかえたりしているが、二年前のテキパキした調子に比べると、ゆったりした落着きとでもいえようか。「略式でやっておりますが、どうぞご了承を願います」「ただいまの会計報告について、ご異議ございませんか」と司会者。会場からの声はない。異議なしとみなし、承認を宣する司会者。拍手のみによる反応。二年前の会長と会員たちの、打てば響くような雰囲気は面影もない。会長によって、次回会合の場所（岡山市）と日時の提案がなされる。幹事の選任は、会長一任となる。

「忠霊碑建立」の件についての報告。総費用一千万円、再来年に建立という計画に対して、二月一八日現在の寄付金総額は二五〇万余円である。司会者が話をひきとり、昨年の「扶桑《ふそう》」（戦艦）の碑建立を例にひく。「扶桑」の場合、生存者はわずか九名にもかかわらず、一二〇〇万円の基金が集まったという。「燕鷗」の生存者は一五〇〇名ほどだが、残念ながら住所不明者が多い。ひとりでも多く連絡をつけてほしい。また、地元の新聞に「燕鷗」の慰霊碑建立計画を記事にしてもらったところ、ある遺族から喜びと感謝の電話をもらったことの紹介。「生きているわれわれが『英霊』のために何かをすることは、われわれの務めではないか」。

会長と司会者に向きあって茶の座蒲団にあぐらをかいている一団の人々は、これといった反応を見せない。彼らは隣りの誰かれとおしゃべりをするわけでもなく、配布された刷りものを手に、おおむねじっとしている。何を考えているのか、こちらから見ている限りでは、よくわからない。二年前に碑の建立の必要性を熱っぽく訴えた、呉市在住の元電機分隊士は、今回は欠席である。土地の確保（呉市の旧海軍墓地内）と設計が完了し、建立のプランが軌道にのりはじめたいま、碑建立の情熱のすべては、実務に携わる役員たちに集中して保持されているかのようだ。会報によれば、三年間のうちに一口一万円で計三口の拠出が、会員に要請されている。あるいは、一千万円という金額に圧倒されて、建立の現実性がもうひとつピンとこないのだろうか。それとも、既定の路線に沿って進行する事態を見守る安心感なのだろうか。

「チャップリン」氏と艦最古参のS氏は、あぐらをかいている一団から少し離れて脇の壁際に、二人並んで椅子に腰かけている。茶のコーデュロイの上下を着たチャップリン氏（元司令部付、六一歳）が、杖をつきながら立ってきて、写真をとったりノートをつけたりしているぼくの前を通って、たびたび室の外へ出てゆく。何度目かのときに、質問を試みる。「雰囲気があまり盛り上がらないようですが、新しい顔ぶれがふえたからですか？」「昔は知らなかったけど、前から親しかったような気がして、すぐに打ちとけるんだよ……」。

三年計画の寄付を、会員それぞれが今の時点で、事前に一括して予約するという方式を、司会者が提案する。メンバーたちは相変らず無言。「いかがなもんでしょうか」「……ということもありますしね」「よろしいでしょうか」というたぐいの呼びかけが数度繰り返される。ようやくにして、「賛成!」の一声あり。待ちかねていたかのように会長が再び口火をきる。

案内状は遺族も含んで四一〇通ほど発送した。いまのところ寄付は戦友の方で一〇〇余名、外部も含めると一三〇名。増えつつあるが、正直いって見通しは暗い。うちの場合、四〇〇名はすでに連絡がとれているのだから、一人三万円の計算ですぐに一二〇〇万ということになるのだが、やはり生活ということもございますし……。できる方だけで結構ですから。寄付の予約を指針にして、地鎮祭を済ませ早く建設を発注したい。私の希望では、せめて遺族の方たちは、旅費をこちらもちで招待したい。そこまでいくかどうか雲をつかむような状況。お恥ずかしい実態だが、「知らん」という人もある。ここにおられる人は、みんな熱心な方ばかりだが。時代の変転とは恐ろしいものだ。もちろんこれは自主的なものだから、いちがいに非難できないことは承知している。来年再来年になれば一二〇〇万、二〇〇〇万と集まるかもしれないが、前回とは反応が少しちがって、今の時点では正直いってさびしい思いがする。あるいは、時期と見積りの再考を要するのかもしれない……。会長の話は、ある目標に向って、いつのまにか自分とは距離の生じてしまった会員たちへの苛立ちと嘆きと、建立にそそぐ彼自身の情熱とを表明している。

賛成の方向の意見がいくつか出はじめる。新聞の地方版に働きかけて記事にしてもらうこと。戦友会外部の人間、とくにさまざまなレヴェルの「議員たち」への働きかけなども示唆・検討される。最後に、ある会員がまとめ的意見を述べる。世話役たちの熱意は、それに輪をかける熱情によって迎えられはしなかったが、このようにして会員たちに受け入れられた。司会者が、ひとりでも多くの人々に知らせ、この意義ある行事に参加してもらおう、と述べてこの件を落着させる。拍手。次回岡山での盛大な再会が早くも強調的に期待されて、この会合の雰囲気の盛り上げがはかられる。「議事」の主要な問題は片づいたという空気が流れて、会長はその他のこまごまとした問題への言及に移る。追加名簿拡充の協力の要請ならびに各レヴェルの議員たちへの紹介の要請（選挙法に抵触せぬようにとの司会者による注意。なるほど考えてみれば、この人たちは相当な社会的経験を積んできた人たちなのだ）。また、戦死者名簿の確認の要請（「碑」に戦死者名を刻みこむため。同時に、寄付者名の刻印の可能性も示唆された）。

会員から、外部から寄付をとりついだ場合の領収証の発行はどうなっているか、という質問。またもうひとつの質問、「昨年の会合でも問題になった、機関科の一グループのその後の動向はどうでしょうか」。この問題は、われわれには初耳であった。質問に対する会長の話からは、かつてなんらかの内輪もめがあったこと、しかし招待状は毎年必ず送っていること、などがわかるのみ。会長の口ぶりは明瞭ではなく、この件についてあまり言及したくない意向を示していた。

「機関科グループ」の存在

この「機関科グループ」の存在は、以下のような意味でわれわれの関心をひく。

まず第一に、狭い意味での「利害」と無縁なところで成立していると思われるこの戦友会集団に、組織運営上の対立が表面化していること。第二に、「原集団」と「再集団化集団」との関係をめぐる、より一般的な問題になんらかのヒントを提供する可能性があること。

このような関心から、宴会の席上で、いく人かの会員に、「機関科グループ」についてインフォメーションを得ようと試みたが、歯切れのよい答えはなかなか得られなかった。この問題について、会員の間に、明らかにしたくない、もしくはその事実を受け入れたくない、という抵抗があったようだ。調査員のひとりが宴会の間ずっとコンタクトしていたある会員が、宴会の終り頃、まわりにあまり人のいない状況で、彼の知っている限りのところを語ってくれた(彼は「機関科グループ」の会合にも時どき足を運んでいるという。彼のように両方の会合に顔を出している会員は、彼ひとりだけではないようだ)。

彼によれば、問題はこの戦友会の発足の時点にまで遡る。発足にさいし、住所録は「機関科グループ」の手によって作成されたのだが、設立発起人たちの間で会の運営方法をめぐって不一致があり、現会長が彼らと対立したまま、彼らの作成した住所録にもとづいて、かつての乗組員たちの会の設立を呼びかけたのだという。そのことが遠因となって、元機関科のあるグループは、現在、別の会合を独自に開いているらしい。

調査員の別のひとりの記憶によると、「機関科グループ」は二年前の宴会の途中でまとまって暫く中座し、座に戻ってきた時には、何か思いつめたような表情があったという。「機関科グループ」の脱退と分派活動という組織論上の問題は、二年前の会合以降に尖鋭化したものであろうと推測される。二年前の「議事」にみられたテキパキしたリズムとみなぎる活気に、当時のわれわれは「これが海軍式なのか」と内心舌をまいたものだ。しかし今から思えば、「機関科グループ」の存在という組織運営上の緊張が、あの時の活気と緊迫のひとつの源泉であったようだ。今回の議事では、役員たちの改選は話題にさえならなかった(任期途中だったのかもしれないが)。

この「機関科グループ」の存在という事例の提起する、より一般的な問題は、ある「再集団化集団」

がその「原集団」に対してもっている関係が正当なものであるかどうか、という問題であろう。どのような「再集団化集団」にも、暗黙であるにせよ、正当な成員資格の基準がともなっている。してみれば、その「再集団化集団」そのものの、「原集団」との関係における「正当性」の問題が存在するとしても不思議ではないだろう。

ここで、少し寄り道になるが、再集団化集団に関する一般的な問題に立ち入っておきたい。

例として、「学校」に関する再集団化集団を考えてみよう。単純学校という文脈では、「クラス会」(「同級会」)と「同窓会」という二つの類型が区別できる。単純化を含むかもしれないが、「クラス会」は、かつて親しかったが故の再会というレヴェルにとどまって、再集団化されていると考えたい。出席者は親しかったが故の再会を望む者であり、(時間の都合などの便宜的理由を除けば)欠席者は再会を望まない者であろう。それに対して、「同窓会」の場合には、会合の通知をもらい、会いたいと思う友人がいても、たとえば「母校」と自己との関係に、どこかつまずきを感じてしまう人は、「同窓会」に出席しないだろう。「同窓会」の出席者の動機は、「あそこにいけば誰かに会えるかもしれない」という親しさのレヴェルと、彼のアイデンティティの一構成要素という関連で(ここでは仮に)重視している「母校」という二つのレヴェルにかかわっているだろう。つまり、「同窓会」は、親しかったが故の再会というモメントを含みうるが、それは「同窓会」構成のための十分な条件ではないのである。

このことは、「クラス会」と「同窓会」のそれぞれの「原集団」の内部的様相およびそれぞれと「原集団」との関係について考えてみれば、より明瞭になるだろう。「クラス会」の「原集団」であるところの、元の「クラス」においては、そこにおけるメンバーの全員が、相互に対面的な関係をもっていたと考えられる。それに対して、ある個人が「学校」ないし「母校」に所属していた時点で、「学校」のすべてのメンバーと彼との対面的関係は、必ずしもともなっていたとは限らない。さらに、「学校」という集団は、卒業していく人々とまだ入学していない人たちによる大規模な出入りの可能性を包摂するから、「同窓会」においては面識のない関係が、基本となる。

それにもかかわらず、「同窓会」の出席者は、かつて一面識もなかった人々と具体的な相互作用を営みはじめる。しかし、その出会いは、縁のない人々のそれではなく、縁のあるもの同士の出会いと想定されている。先に引用したチャップリン氏の言葉が指摘するように、再集団化集団の真骨頂は、かつて面識のなかった人同士が、あたかも前から親しかったような気がして親しくなる、という点にあるのであろう。その意味では、「クラス会」よりも「同窓会」タイプの方において、再集団化集団のもつ理論的な面白さが、より明確化していると考えられる。

「同窓会」型の再集団化集団の特徴を分析するために、次のような三つの概念装置が有効であろう。集団としての存続の永続性を前提とするような「原集団」(以下、「学校」を例にとる)、「原集団」にかつて所属していた人々から成る「同窓会」、そしてこの「同窓会」は、基本的にメンバーシップのみが強調されて、相互行為的関係を必ずしもともなわないレヴェルにとどまる、いわばイマジナリィな集団であるとすれば、そのイマジナリィな集団を凝集化して、よりリアルな集団へと媒介する儀礼としての「同窓会の会合」。

ある集団の永続性の信念が、その集団の時間的な軌跡の全集合へと転化される点に、「同窓会」型の再集団化集団形成のモメントがあるといえるだろう。ところで、「会合」とは区別される意味での「同窓会」とは、「原集団」におけるかつての成員権のみに照明があてられている、いわばメンバーシップのみが蒸留されているような集団である。このような意味で「イマジナリィな集団」という言葉を使うとすれば、「イマジナリィな集団」内部の人々の関係を指す言葉として、「縁」という概念を定義できないだろうか。「イマジナリィ」―「リアル」という関係について付言すれば、日本人の集団所属主義は、「所属」の単位ないし拠点となるようなレヴェルの「リアルな集団」に、あたかもその影のごとくに、「イマジナリィな集団」を随伴させる強い傾向をもつ、といいうるかもしれない。「同窓会の会合」とは「母校」という集団がもつ（成員の出入りを超えて、という意味で）時間的な永続性ないし連続性を、時間的・空間的に凝集化して現前させる、シンボリックなメカニズムであるといえよう。それに対して、「クラス会」に対応する「クラス」は、成員は原則として固定されているという点で、「時間的永続性」とは区別される、いわば限定的な時間の継続性において、存在している、とでもいえようか。

「時間的な永続性」をともなうリアルな集団に影のごとく寄り添う「イマジナリィな集団」としての「同窓会」を、「同窓会の会合」へと、あるいは、「縁」によって結ばれる集団を直接的対面的な集団へと凝集化するためには、シンボリックな仕掛け（旗・歌・服装・式・酒・物語など、その他ほとんどすべての舞台装置）に頼るほかはないとすれば、そのシンボリズムの有効性ないし正当性ということが、微妙な問題となるだろう。この問題の十分な解明のためには、もっと幅の広い分析を必要とするが、ここでは、先述の「機関科グループ」の問題との関連に限定したい。

一般に、たとえば陸軍の場合でいうと連隊・大隊・中隊・小隊という各レヴェルに対応して、独立の戦友会が形成される可能性がある（各レヴェルに対応する戦友会が、支部―本部という関係に立つこともある）。そして、ある個人を中心にして考えれば、彼がより上位の、また下位のレヴェルに対応する戦友会に、同時に複数所属する可能性もある。また、どのレヴェルの集団が原集団とされるかは、当事者たちの状況によって、任意に選択されると考えておく。

「燕鵬」の場合には、宴会での席の酒置や部屋割にみられるように、分隊ごとの枝分れ現象がみられるとはいうものの、「艦」レヴェルに対応する「燕鵬戦友会」のみが存在している。「空母燕鵬○○分隊戦友会」と名のって活動している例は、われわれの知る限りない（その意味では、「機関科グループ」がどのような名称を名のっているのか、興味深い）。「機関科グループ」は、「艦」以下のレヴェルに対応する戦友会ではなくて、「燕鵬戦友会」と同じく「艦」を原集団とする、それと同じレヴェルでの対抗的な存在であるとみなされていると考えたい（確認したわけではないので、断定できないが）。もしも下位レヴェルの戦友会とみなされるならば、そのグループの欠席は、単なる欠席の問題にとどまるだろう。

さて、「燕鵬戦友会」は、成員の大規模な出入りを例外としてではなく前提とする「艦」を、原集団としているのであるから、先に述べた「同窓会」タイプに属するのは明らかである。では、このタイプの再集団化集団にとって、同じレヴェルのもうひとつの再集団化集団によって対抗されるということが、どうして、そのシンボリックなメカニズムの正当性に疑問を付される、ということにつながるのだろうか。対抗しあうふたつの戦友会が、相互に単なる欠席者のグループと見なすことができないのは、なぜだろうか。

ここでは、単純に、正当なシンボリズムの様式は、唯一であるほかはないから、と考えたい。正当なシンボリズムを導出する客観的な基準というものは存在しない。その正当性は、その様式を構成し、演出し、編みだすことによって、いわば自己証明する以外に、証明の手だてをもたない。

対抗する二つの再集団化集団は、それぞれ自己の正当性を証明し、相手の非正当性を指摘しあう過程にまきこまれるであろうが、その過程がどのようなものであれ、対抗しあう二つの正当性の主張は、いったいどちらが正当なのか、という問題を喚起してしまうことになる。この疑問は、事柄の性質上、程度問題には帰着しないたちの問題である。対抗しあう正当性の主張は、その対立という事実のみによって、双方の正当性の基盤を、損うまでには至らなくても、少なくとも動揺させあう。

「再集団化集団」の「原集団」との関係における正当性という観点を中心にして、「燕鵬戦友会」のさまざまな儀礼やプロットを位置づけることもできるかもしれない（一面的な見方をすることになるが）。たとえば、「艦」を単位とする戦死者の慰霊、碑の建立、指揮する者たちの頂上に立つ元艦長による認知の提示などは、「正当性」の証明のために動員されたさまざまな手だてであるとみることもできる。

宴会を待つ間

再び「燕鵬戦友会」の大広間に戻ろう。「部屋割」が改めて確認される。部屋割ではいつも苦労するが、問題があれば、三一〇号室にいるので、申し入れてほしい、と司会者がつけ加える。部屋数は計一七室。五時二〇分頃、会議は終了する。人々は荷物をもってそれぞれの小部屋へ向う。

ぼくに割当てられた室は、会長とM氏とぼくの三人部屋だった。荷物を置きがてら、顔を出しにゆく。会長は、寝るのはこの部屋にして、他の部屋をあちこち回って下さいという。こちらは内心ホッとする。祝電がなかったことを告げると、はじめて気がついた様子で、「どうしてだろう」と首をひねっていた。お勧めに従って、早速よその室を訪ねてみることにする。四〇八号室には、奈良の別れ際の印象の残っている飛行科のY氏がいるはずだ。

四〇八号室にお邪魔すると、三人の人々はすでにドテラに着替えて、お茶をすすりながら話しはじめていた。三人の中ではY氏が一番若手のようだ。Y氏はF氏をよく覚えていたが、F氏はY氏の記憶がない。W氏と他の二人との面識関係は、こちらにははっきりわからない。F氏もW氏もはじめての出席のようだ。F氏、「誰か知っている人はいるだろうか。誰か話し相手がいるだろうか、と心配しとりました。」話を聞いているうちに、Y氏がF氏とW氏に出席を誘ったらしいことがわかる。あとで名簿をみると、F氏は福岡県、W氏は鹿児島県の住所であった。Y氏はこのところ風邪気味であったが、案内をしておいて欠席は失礼と思い、出てきたという。少なくとも、Y氏とF氏およびW氏との間に、この会以前の面識の記憶がほとんどないことは明らかである。F氏（艦爆）が彼の戦歴談を話しはじめる。時刻はすでに六時。予定では宴会の開始される時刻である。奈良の時には、時間は厳守されていて、これまた海軍式のせいと思いこんでいたのだが、今回は少し様子が違う。

両足を負傷しながら、海面すれすれで帰り、ガダルカナル島・ベララベラ島を経由して、野戦病院に入院し、その後、ラバウル戦に参加したこと。負傷の前には、ニューギニアとラバウルとに一日おきに出撃したこと。自分は敵から逃げるのがうまかったこと。負傷後一カ月間に一四～五名の損害があったこと。〇〇隊の分隊士として隊長機の操縦士を勤めたこと。その間、主にY氏が、質問したり、人の名前を出したりして、相槌を打っている。地理と戦史とに暗いので、ぼくにはほとんどわからない。ノートをとるのがむずかしい。

Y氏（艦攻）の話。南海洋戦（ガダルカナル周辺の戦闘を総称している言葉と思われるが、正式な呼称ではない——溝部注）のレギュラーは、この会にはそんなに多くはない。当時の「燕鵬」の艦長はO大佐。その後の人が多いのではないか。たとえば、S艦長もS運用長も、その後の時期。航空母艦とはいっても、あまり飛行機は乗せていなかった。だから、この会に出てきても、どうもピントがあわない感じがする（彼は見知った顔、また共通の話題をもつ者の多い戦友会として、「特空会」の例を挙げていた。彼は戦友会に出席することが割に好きなタイプのようだ）。ガ島では、艦攻であったのに、「霧島」や「比叡」の護衛をしたり、誘導機になったり、艦砲射撃の船を迎えにいったりの毎日だった。

以上の会話は、戦友会で交わされる会話の定型的なパターンをよく示している。語り手は、戦争中の自分の戦歴を話し、そのうちに今度は聞き手がその話の筋と関連させながら、彼の体験を紡ぎだしてゆく。会話は、戦争中という過去の一時期における彼らの体験をめぐって終始し、現在の事柄が話題になることはほとんどない。とくに彼ら自身の現在の境遇が語られることはほとんど絶対にといってよいほどない。メンバーたちの面識の可能性がそれほどないこと、またいつも出席する固定したメンバーがあまり多くないことなどが、過去の限定された一時期をめぐる会話のタネ切れを防止しているのであろう。

このようにして、「あの頃は……」式の話がはずみ続けてゆくが、途中で、ぼくが時間のことに触れて、三人の話は中断する。大広間に戻ってみると、もう六時をだいぶ過ぎているのに、まだ配膳の準備が整っていない。仕方なく廊下をうろうろしながら待つ。

その間に二分隊の人が語ってくれたこと。一九年のサイパン捷一号作戦で左手を負傷し、呉病院で治療した後、「鶴鵬」に乗り、レイテで沈没した時には、だいぶ泳いだという。捷一号作戦の時に、

S運用長が、艦の内装をはがすことを命令し、後に火災の防止に役立ったということを付け加えてくれる。そばにいた別の人が、「えらかったなあ、あれを外すのは。たいへんな苦労だった。どういったらほかの人に理解してもらえるのか」とコメントする。この話は二年前にも何度か聞かされたことがある。「燕鵬」の逸話の中で、成功譚的系列に属する物語のひとつであろう。

三　宴　会

いつのまにか日は暮れきって、戸外はすでに闇に包まれている。予定より三〇分ほど遅れて（六時三〇分）、宴会場（大広間）の配膳がようやく整う。夜の部の開始である。

昼の部（慰霊祭と式・議事）と比較するならば、夜の部（宴会と「夜の小部屋の時間」）の概括的な特徴は、酒を酌み交したり、昔話に花を咲かせたりという、出席者間の相互行為が堰を切ったように一挙に活発化することである。昼の部では、人々のうちとけた雰囲気は表面化しておらず、集団としてまとまって遂行される行動が強調されて、人々はいわば集団の形式的な枠のうちにとどまっていたといえよう。夜の部においては、そのような集団の形式的なまとまりの強調は、すでにその役目を終えたとでもいうように、次第に背景に退いてゆく。そして、宴会の陽気なお祭り騒ぎの興奮から、分隊ごとの小部屋での親密な雰囲気の中でのさまざまな話題の語り合いへと、戦友会の舞台は移行してゆく。

昼の部と夜の部とのこのような対照的な変化にともなって、われわれの視点にも若干の再調整が必要となるだろう。戦友会の人々との個別的なインタヴューを重ねるたびに、いったい、なぜ、彼らの軍隊及び戦闘体験がこれほどまでに尾をひくのか、という疑問にわれわれはとらわれる。この問題に関しては、本稿では主に昼の部に立ち合うことによって、「集合的オーディエンス」という概念を中心としてアプローチしてきた。けれども他方で、宴会やその後の小部屋での、彼らの熱気と融合や親睦の展開という現在的な側面を、彼らの過去の体験とは一応切り離してみるという視点も必要であろう。これらの二つの視点は、分析的には相互に独立の視点として設定しておきたい。

すなわち、第一に、彼らの体験がなぜこれほどまでに尾をひくのか、という問題に対応して、体験の意味づけや位置づけをモチーフとする、体験の事後的な「解釈過程」として、戦友会の活動を把握しようとする視点。第二に、尾をひかざるをえない体験を、彼らがむしろ逆手にとって、夜の部における陽気な興奮や触れあい（いわば「遊び」の側面）を醸しだすための、ひとつの素材としている、という視点である。

けれども戦友会の会合を十分に理解するためには、これら二つの視点を重ねあわせることが結局必要になるだろう。というのは、栄光と苦労の錯綜によって構成されている彼らの体験の事後的解釈を他者と共同して営むことができる機会は、彼らにとって多かれ少かれ戦友会の夜の部のほかにはなく、そのことが彼らの体験談・懐旧談の熱っぽいやりとりをいっそうきわだたせ、夜の部のあの独特の雰囲気、彼ら自身の言葉でいえば「戦友会のよさ」を生じさせるのであろうから。

日常からの離脱と共同体的結束

先程と同じ大広間に、舞台上手に向って、縦に六列、下手の奥に横一列、計約八〇人分の膳が並べられている。部屋のデコレーションは、「式・議事次第」が「宴会順序」に差しかえられているだけで、「式・議事」の時と変っていない。夫人連も含めて参加者全員が、昼間の服装を脱ぎすてて、浴衣の上に茶の縕袍《どてら》という同じ装いで着席する（数人の人々は浴衣のみ）。浴衣に縕袍という服装は、旅館における「御一行様」状況に共通する一般的な「制服」である。彼らはこの制服に着替えることによって、彼らが戦友会の外部で身に纒っている社会的地位や社会関係などのしがらみ、つまり、彼らの「日常」から離脱して、戦友会の会合というもう一つの別の現実《リアリティ》に参与する準備を整えるのである。

われわれの生活は、職場や家庭や地域やパチンコ屋や飲み屋や劇場などの、さまざまに異った現実の総体として構成されている。そして、それらの異質な諸現実は、相互に区別されており、あるいはまた、区別されなければならない。異った現実が相互に区別ないし隔離されることを、ここでは「分節化」されると呼んでおこう。それをいまの服装の文脈でいえば、出席者は着替えることによって、彼らの日常的現実と夜の部の会合との分節化をはかっているのである。

宴会順序

一、代表幹事挨拶
一、海ゆかば合唱（全員起立）
戦没者及び戦後死亡者に対する黙禱
一、乾　杯
一、自己紹介（二〇秒以内）
一、軍歌始め
一、演　芸
一、万歳三唱
一、閉会の辞

この会合全体を通じて、他の現実との分節化はきわめて厳格に保持されていることには注意しておきたい。同じ「再集団化集団」であっても、たとえば学校の同窓会ならば、名刺の交換ぐらいは行われるであろうが、この会合で名刺が交換されている光景は一度も目撃しなかった（名刺が差出されるのは、われわれの調査員に対してのみである）。このような現実の厳密な分節化は、いったいどのような意味において、戦友会において必要となるのだろうか。

さて、外部の現実からは分節化されて構成されるこの戦友会におけるリアリティの、まず目につく特徴は、平等性の強調である。全員が同じ服装に身を包むことによって、たとえば重役と平社員の格差が異った質の背広を着ることに表現されるのとは対照的に、地位や身分の上下的秩序が否定されて、出席者すべての間の同質性と平等性が強調されている。この同質性と平等性の源泉は、彼らによって解釈された彼らの共通の体験に求められるべきだろう。あるいは、体験の解釈作業が共同して営まれる場合、参与者たちの同質性と平等性は一つの必要条件なのかもしれない。全国の戦友会全体を通じて、この平等性の強調が特徴となっているというわけではないが。旧軍隊の序列が席順に反映される戦友会も一部にあるようである（「戦友会についての調査・第一回」問26参照）。

平等性の強調は宴会における席の配置にも示される。会長と元第二分隊長の位置を例外として、旧軍における序列また現在の社会的地位のどちらも、席の配置には反映していない。図に示すように、人々はおおむね分隊・科ごとのグループで着席している。われわれはこのことを、「大部隊戦友会」にみられる小グループへの「枝わかれ現象」と呼んでいる。旧軍隊内の序列に関連して付言しておくと、対面的な状況においては、過去の位階や序列を表現する呼称は用いられてはいなかった。相手への呼びかけは、代名詞かあるいは名前が使われていた。

司会者（昼の部の司会者と同一人）の音頭によって全員起立し、「海ゆかば」を斉唱。この歌の斉唱は本日二度目である。「海ゆかば」は、彼らがかつて馴染んでいた世界への「架け橋」なのかもしれない。あるいは、追憶される過去そのものでもなく、彼らの現在の日常生活からも離れた、戦友会

図1　宴会場配置図

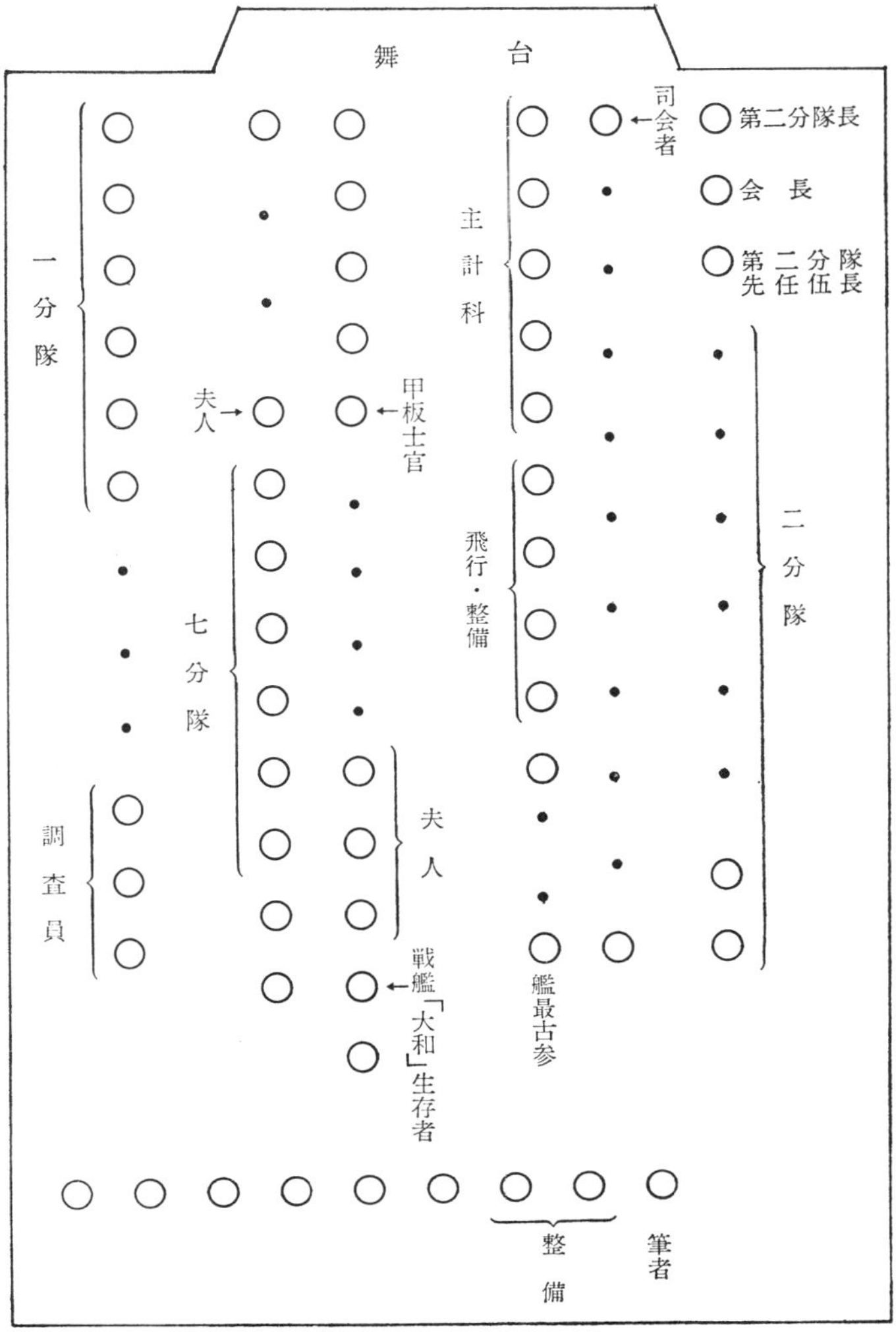
舞　台
司会者
第二分隊長
会　長
第二分隊先任伍長
主計科
一分隊
甲板士官
夫人
飛行・整備
七分隊
二分隊
夫人
調査員
戦艦「大和」生存者
艦最古参
整備
筆者

という独自のリアリティへの「架け橋」というほうが、もっと正確かもしれない。なぜなら、戦友会は、彼らの過去からも、また現在の彼らのそれぞれの日常からも、一定の距離を保ったところに構成される「意味の飛び地」*なのであるから。

* バーガー＝ルックマン、山口節郎訳『日常世界の構成』(新曜社、一九七四年) 参照。

つづいて「戦没者と戦後物故者」に一分間の黙禱が捧げられる。

黙禱の対象となる死者たちのカテゴリーは、「戦死者」と「戦後物故者」の二つを含んでいる。神社での慰霊祭においては、「戦死者」のみに限定されていた。「黙禱」と「慰霊祭」との間の死者のカテゴリーの相異は(もしそれがトリヴィアルなものではないとすれば)、若干の考察を必要とする問題であろう。というのは、一般的に、慰霊ないし供養の対象となるカテゴリーは、単一であるのが普通であると思われるからである。単一のカテゴリーの死者を祀ることによって、慰霊主体としての集団の自己同一性が確認されるだろう。ちなみに、第七回会合の宴会冒頭の黙禱は、戦没者のみに捧げられていた。

神社での慰霊祭は、ヤスクニ信仰のある意味での延長線上に位置していることはすでに述べた。「慰霊祭」は、戦友会を単位とする、(ある屈折をこうむっているにせよ)ヤスクニ信仰へのコミットメントを意味している。このコミットメントは、「艦燕鵬」から「燕鵬戦友会」へと継承されてきている彼らの下位文化の重要な核のひとつである。

けれども、そのような彼らの下位文化に従えば、戦後死亡者が戦死者と同じ意味で「カミ」になることはありえないはずである。また逆に、「燕鵬戦友会」は戦後に発足した集団であるのだから、戦没者はこの戦友会のメンバーになりえなかった人々である。つまり、戦没者と戦後死亡者は、慰霊の対象としては、相互に独立のカテゴリーであるはずである。本来異っているはずの二つの死者のカテゴリーを同時に慰霊の対象とするという行為を通して、戦友会という集団に関する彼らの自己認識が明らかになっているように思われる。ここではまず、戦後物故者を戦没者とは切り離して考えてみよう。つまり、ある集団のメンバー達が、その集団のメンバーであった死者の慰霊を行うことの意味を考えてみたい。

一般的に、われわれの社会において、死者との定期的な交流の役割を負っている集合的主体は、基本的には、家族・親族という血縁共同体であって——盂蘭盆会の祭礼などを考えると、これに地域共同体を加えることもできるかもしれない——血縁共同体以外の二次的な集団ではないといってよいだろう。死者との義務的ともいえる儀礼を通じたコミュニケーションは、成員の意志的な離脱がほとんど不可能に近いと観念されるような集団に割当てられている責務であるように思われる。

このことに照らしてみると、大広間における黙禱は、戦後死亡者を潜在的な出席者として呼び招くことによって、生きている参加者達間のいわば切っても切れない強い絆を強調していると解釈できるだろう。彼らがそこで借用しているモデルは、血縁共同体あるいは比喩的な意味での「一家」「一族郎党」などの、そこへの参加がほとんど宿命的なものと信念されるような集団であろう。

このように考えるならば、「燕鵬戦友会」は、戦後死亡者への黙禱を通じて（もっとも、この黙禱が定期的な儀礼として定着するのかどうか定かではないが）、共同体的結合への接近を指向しているように思われる（一年のうち一日しか姿を現わさない、ごく瞬間的な共同体であるが）。

けれども、戦友会を支える共同体的結合の象徴としての死者のカテゴリーの中へ、戦死者を繰り入れてしまうことには、ある無理がともなうであろう。二つのカテゴリーの差異は、たとえば、慰霊の主体について考えてみることによってもわかる。共同体の死者の慰霊主体は、共同体の成員を越えて拡がることはない。他方、靖国神社に祀られる死者の慰霊主体の範囲は、国民的規模での不特定の集合的オーディエンスをその極限としている。

そこで、戦死者と戦後物故者という、われわれの観点によれば、異なる二つの死者のカテゴリーに対して、同時に黙禱が捧げられたのは何故かという問題が考察されなければならない。

ひとつの解釈の可能性は、戦死者は「燕鵬戦友会」という再集団化集団のメンバーにはなりえない人々であるにもかかわらず、右に述べた共同体化への指向を過去へ向って一貫させようとする試みであると考えることである。と同時に、「カミ」になるはずだった戦死者と同列に慰霊することによって、戦死者と共有するところのある体験を経てきた戦後物故者の軍隊・戦闘体験の意味づけもはかられているのだろう。今回の黙禱は、戦友会に独特な二つの下位文化、すなわち、敗戦前の社会ないし「艦燕鵬」から継承してきているヤスクニ信仰と、戦後に表面化したと考えられる共同体的結束への指向とを重ねあわせ、融合させようとする試みであると解釈するほかはないだろう。

「(黙禱)やめ!」の合図がかかり、少しくつろいだ雰囲気になって、人々は着席し*、乾杯に移る。

* 着席するざわめきの中で、最奥列の出席者のひとりは、「長すぎるよ。五分間、五分間」という声をあげていた。録音テープをまわしてみると、四五〜五〇秒間の黙禱であった。会合の形式的な荘重化というテーマはここにも見出される。また、このテーマにすべての会員が同調しているわけではないことは、この「長すぎるよ」という声にも示されている。

乾杯と自己紹介

司会者の指名によって、元第二分隊長氏が立ち上がって挨拶を述べる。

「僭越でございますが、乾杯の音頭をとらせていただきます。皆さん、よろしゅうございますか。われわれ、久し振りで皆さんにお目にかかりますと、本当に三六年分、年が若くなったような感じがいたしまして、なんかこう時代がそのまま凍結したような感じがするわけで、ひとつまあ老いてますます盛んといいますか、燕鵬戦友会の皆様、並びにご家族の益々の御健闘を祈りまして、乾杯をいたしたいと思います。(一段と鋭い気合で)乾杯！」

一般に人々が久し振りに相集った場合、流れ去った時の隔りを実感する感想もありうると思うが、右の挨拶の中では、「時間の凍結」が強調されている。この強調は、過去の「原集団」と現在の「再集団化集団」の時間的距離を縮少しようとする試みであろう。再集団化集団にとって、原集団は、集団構成の不可欠な核のひとつなのであるから。

さらに解釈を重ねるならば、「時間の凍結」の強調は、敗戦以降の時の流れに身をまかせることへの、かすかな抵抗、ないしためらいを述べているのかもしれない。この抵抗は、青春への郷愁、あるいはまた、敗戦前の社会状況を支えていた基本的な諸価値の世界が、(彼らにとっては)あまりにも唐突に終止符を打たれてしまった、ということと無関係ではないであろう。

T氏の音頭に呼応して、全員が「乾杯！」。満場一致の「乾杯」の声は、その後にざわめきの余韻すらも漂わせない。一瞬のうちに凝集化された彼らの「いきごみ」のようなものが感じられた、といえばいいすぎだろうか。座の雰囲気がほぐれだし、ざわめきが湧き起ってくるのは、この凝集化された静寂さとでもいうべきアクセントの後である。

乾杯の後の短い挨拶と拍手。今夜の御馳走は、二の膳がついて、刺身・焼魚・茶碗蒸し・天婦羅・カニときゅうりの酢の物・みかんなどで、魚料理が主体。酒はビール一本と、日本酒一本である。

広間の隅の一角に連なるぼくに、隣りの人（整備）がビールをすすめてくれる。奈良の会合ではアルコールは慎んでいたのだが、今夜は飲むことにきめて、ありがたく頂戴する。隣りの人は、この戦友会には初めての参加とのこと。「予科練」の会合と「鶴鵬会」にはよく出席するが（「鶴鵬」には三年間乗っていたから）、今夜の出席者の中に顔見知りは残念ながら誰れもいない。

出席者たちの自己紹介が始まる。たとえば、以下のような形式で。

「第二分隊、○○です」。拍手。

「第八分隊、○○です。どうぞよろしく」。拍手。

「○○分隊○○○○の家内でございます。どうぞよろしく」。拍手。

自己紹介は、旧軍隊の「自己申告」風に、所属分隊と姓名を名乗ることにつきる。現在の社会生活が触れられることはない。日常生活とこの会合の現実との分節化というルールは、自己紹介においても厳守されている。そして、昔の階級が名乗られる場合はありはするものの、それは現在的な意味の通用性を失っているシンボルのひとつにすぎず、席の配置に示されるように、現在の彼らを序列化する手がかりとして機能することはほとんどない。

自己紹介に立つ人は、まわりの人々、つまり、ほぼ分隊所属を同じくする人々の拍手によって囲まれている。そこから離れたところでは、人々は思い思いに、さしで、あるいは数人のグループで、飲み語りはじめている。待ってましたというように、席が入り乱れ始めたのは、二年前の会合よりもかなり早かったように思う。

拍手の中心は順繰りに移動していくが、とりわけ大きな拍手が寄せられたのは、特別参加格の「戦艦大和」の生存者と、元甲板士官のS氏の場合だった。甲板士官は、甲板の整理・清掃を監督する職務であったので、「兵」層との直接的接触も頻繁であったろうし、ときには、鉄拳もふるったことがあるだろう。二年前の会合でも、彼は一種独特の人気の焦点であったが、それについては本人も先刻御承知とみえる。

「甲板士官を拝命しております（あえて現在形で述べられていることに注意）。○○でございます」。大きな拍手に混じって、オーオーという異様な喚声もあがる。「オース」「○○甲板士官……」などの野次も入る。S甲板士官は、この会合で最大の人気を博している。彼は若干の照れを含んでいるものの、悪びれる様子は見えない。往時には、おそらく、職務に忠実にかつ乗員たちに厳しかったのだろうが、けれどもどこかにくめないところのあった人なのだろうか。

自己紹介の中から、少し長目のものをひとつ引用しておこう。「運用科の○○です。当時は○○といいました。ちょっと蛇足でございますが、私の顔をみるのは、はじめての方が多いと思いますけれども、一八年の春からア号作戦が終るまで、停泊中はいつも艦首に立って号笛を吹いておりました。私の号令で皆さん起きておられたわけです……」。

この自己紹介の特徴は、多数の人々に対するマイクを介した、一方向的なコミュニケーションであることと、自己の役割の艦全体における位置の確認、あるいは自己の役割が、当時の組織全体に対して果していた機能的な貢献の確認と強調を内容としていることの二点である。一般に艦内生活における組織は、各人の分担部署を単位として活動していて、他のパートの動向や艦の全体的状況は、一部の上層部を除いて、ほとんど知りえなかったのが普通のようである。*

* たとえば、高橋孟『海軍めしたき物語』（新潮社、一九七九年）などを参照。

時が経つにつれ、当時を振り返ってみると、自己が専念していた部署は、他の部署の人々とどのような関係に立っていたのか、また自己の部署がその中に位置づけられていた外部状況はどのようなものであったのか、を把握探索しようとする傾向は、往時よりも強まるようである。* そして、彼らのパートの外部状況は、たとえば、「艦」から、当時の日本の政治・軍事状況、日米関係までへの拡がりをもつ。自分達の置かれていた状況はいったいいかなるものであったのか、を把握しようとする認知的作業が、この拡がりに沿って営まれてゆくプロセスを、夜の部とくに小部屋の時間におけるさまざまな話題の交錯の中に、見出すことができるように思われる。

このような観点からは、狭く限定された自己の体験の物語りの相互交換というパターンも、「情報のつきあわせと交換」として、かつての状況に関する事後的解釈過程のうちの、認知的な作業の一環として位置づけることもできるだろう。

* このような傾向は、戦後書かれた「戦記もの」の変遷にも反映しているであろう。本書補説、参照。

さて、上に引用した自己紹介は、笑いをともなった拍手によって迎えられた。おそらく彼らにとって、当時の自己の位置と状況との関わりの確認は、一方である切実さを帯びているものの、他方でこの切実さを中和化する構え（たとえば、「今さら」という感覚）もあわせて持ちあわされているのだろう。*

＊　また、のちに引用する元糧食係氏の話が、ユーモアとしては受け取られなかったと思われることを考慮すると、あるいは号笛は、厳格な視律によって支配される生活の象徴であり（たとえば「早起き」）、そのような生活の苦痛をある距離をおいて想起することと、この種のユーモアの感覚とは、一枚のコインの表裏の関係にある事柄なのかもしれない。

歌と「演芸」

十数分の早業で自己紹介は一巡する。司会者が軍歌をうたうことを提案する、自己紹介で、「演芸大会」で二番になり、S甲板士官から表彰状をもらったことを述べた人が、前へ出て歌うことを指名される。拍手、「異議ナーシ」の声がかかるが、広間はすでにてんでのおしゃべりの海と化しており、騒然としている。衆目一致して歌が待たれているという状況ではない。

暫くの間《ま》の後、ご指名の人が前へ出て、それではと、「太平洋行進曲」をはじめる。手拍子を打ったり唱和する人々もあるが、同時におしゃべりの渦も消えてはいない。「太平洋行進曲」は、二番には入らず一番のみで終わる。今回の宴会の歌の中では、「海ゆかば」を別とすれば、軍歌はこの「太平洋行進曲」一曲のみであった。二年前に比べると、軍歌が歌われる機会は極端に減少している。その分のエネルギーは、むしろ語り合うことの方に集中されているように思われた。

軍歌の次には、「幸せ太鼓」が続く。広間の後ろのほうで、浴衣姿の人が、坐ったまま太鼓の乱れ打ちを始める（それほど大きな太鼓ではなかったから、たぶん彼自身の持参したもの）。

ここで司会が元主計のI氏（元糧食係、五八歳）に交代して、（昔の用語がそのまま使われて）「演芸大会」が開始される。司会のI氏は、すでにホロ酔いかげんなのか、マイクをなかなか離そうとせず、前口上をひとしきり（かなり長く）しゃべる。

「皆さんはよく御存知だと思うんですが、私は厨業事務所配置で糧食係をつとめておりまして、毎日の献立をこしらえて、ともかくも皆様の毎日の胃袋を満足さしておった者です。エー十分栄養を考えまして、毎日の食料に心を使いまして、この暑い時にどんなもんがええんやろ、奥さんのような気持ちで、常に皆さんの胃袋を満たしておりました。今日元気でおられるのも、わたしの栄養のおかげです。（拍手）……あのきびしい戦闘中に竹の皮に握り飯をつめたということも皆さんは御存知じゃないかと思いますが、エー汗もまじって塩からかったんじゃないかとわしゃ思うんですが、ともかく、皆さんいろいろその職場職場で一所懸命訓練しておられました。とくに私達は、一所懸命皆さんの食事のことを考え、エー栄養分を考えて……」。

元糧食係I氏の話も、元号笛係氏の話とほぼ同様のスタイルである。往時の艦内における自己の役割の位置と、組織全体への機能的貢献の確認。ただし、「今日の皆さんが元気でいるのも、私のおかげ」という表現は、当時の機能的諸関係の事後的確認というレヴェルを踏み越えて、現在の関係の意味づけにまで手がとどきかけている。体験についての、当時の状況内にとどまる意味づけと、現在の時点にひきつけられた意味づけ、という解釈のプロセスの二つのレヴェルによって、彼の話は構成されている。また、過去の分業関係の再確認は、今夜の会合の出席者達が、単に同席している者達の集合にとどまらず、ある強い絆によって結びあわされていることの、再三再四にわたる強調の一環でもある。

元糧食係氏の演説と場内の騒々しさは、相も変らず並行している。「演芸会」が始まり、歌や演し物がつづく。歌は、「リンゴ追分」「北国の春」「安来節入りの追分」「ドンパン節」「ふたり酒*」「夫婦春秋」「広島の民謡」「大漁節」「稗搗節」「安来節」「岸壁の母」など。途中で手拍手が入ったり、太鼓が入ったりする。

＊　このあたり、出席者の奥さんが、男性とふたりであるいはひとりで、美声をきかせる。とくに「岸壁の母」はかなり調子がでたらしく、三番まで歌いきった。小部屋にひきとったあとに小耳にはさんだ会長氏の推測によれば、「ありゃ民宿をやっとるにちがいない」。

司会のI氏までどこかに坐りこんで飲みだしたらしく、前の司会者のN氏が再び登場して、号笛が再現されることを告げる。

「ピィ――ピィー（号令）」。拍手。「では作業集合、ピイーピイー、そーいんしゅーごー」。拍手。「次は艦艇をあげるときのいろいろな合図を一挙にやります。ピイーピイピイーピイピイーピッピイ――ピイ――ピイ――」。

ホイッスルの音はその後も続く。三十数年を経過しても、彼にとっては号笛の音は忘れられぬものなのだろう。そして、その音を披露する場は、戦友会の会合の他にはないのかもしれない。彼の号笛の実演は、われわれの指摘した「過去の選択的再現」に連なる行為であることはいうまでもない。同時にまた、戦友会という共同体的な結合体の宴会を盛り上げるための。演し物ないし「演芸」のひとつとして組み込まれている、という視点もわれわれとしては確保しておかなければならない。

この後にも歌や挨拶が続くが省略して、宴会の間のインタヴューからいくつかを採録しておく（場内騒然のため、インタヴューする時には、顔をくっつけあって、ほとんどどなりあうようにしなければならなかった。出席者同士の語らいの内容は、彼らの側にいてもほとんど聞きとれなかった)。

人々の融合状況の中でのインタヴュー

艦最古参S氏(元機関科、七三歳)の話。自営の仕事は去年息子に譲って引退した。一日も早く慰霊碑ができることを祈る。S氏は二年前にはなかった口髭をはやして、きちんと正座しながら酒を飲んでいる。席は真ん中の縦列の一番下手で、酒をつぎにくる人も少なく、どこかポツネンとした感じで口数も少ない(S氏は機関科所属なので、例の「機関科グループ」の問題が影響していたのかもしれない。ちなみに、二年前の宴会では彼は一番上手に位置していた)。

また、八分隊T氏の話。今回がはじめての参加で、他に八分隊の出席者はいない。二年前から連絡を受けていたが、そのころは村の役で忙しかった。出席にあたって娘(三三歳)は小遣いをくれたが、息子(三〇歳)はあまり話を聞いてくれない。好むと好まざるとにかかわらず戦争をやったという、「苦労話」を聞いてもらいたい気持ちはある。

彼の「苦労」は、体験そのものの苛酷さに加えて、敗戦後の諸価値の「変転」にともなって、彼らの体験を意味づける解釈図式が行方不明になってしまったこと、および体験の意味づけの喪失という経験そのものを語りかける「聞き手」を身近かに見出すことができないという寂しさが重なって、形成されている。つまり、彼の苦労は、幾重にも輪をかけて構成されている苦労なのだ。

ここでは、「苦労話」が何故語られなければならないのか、そしてその語りはどのような受け止められ方を目指しているのか、という問題には立ち入らないで、むしろ苦労をテーマとするコミュニケーションを通じて、人と人との間にどのような関係ないし「出会い」が成立するのか、という点に焦点を絞って考察を進めたい。

「苦労話」コミュニケーションの形態として、単純化のために、「話し手」と「聞き手」の二者間の関係を想定しておくと、二者の間に同質の苦労体験があるかないかによって、二つのタイプを区別できる。われわれの用語でいえば、「体験縁」のあるケースとないケースである。けれども、どちらのタイプにおいても、苦労話コミュニケーションが成立している場合には、語り手と聞き手がある意味で人間的な触れあいが可能になるような地点に歩み寄っており、そして苦労話が語られ聞きとめられることによって、二者の間に、相互理解や共感が生まれているであろうことは、認めておいてよいように思われる。*

* 「体験のもの語り」が聞き手によって受け入れられるとき、有用な情報や教訓を求めるという巧利的モチーフも混入するが（日清・日露戦争の世代が前大戦の世代に彼らの戦争を語ったときには、このモチーフは明確に存在していただろう）、ここではむしろ、語り手と聞き手が一つの世界に溶けこみつつ相互受容するということが、体験のもの語りにおける主要なモチーフであるという視点から考えたい。

「もの語り」という点に注目するならば、このようなコミュニケーションは、たとえば大人が子どもたちに「童話」などのお話をする関係に接近していることも指摘されてよいだろう。もの語りのテーマの内容が何であれ、もの語りの場が成立しているときには、その限りで、参加者達はひとつの世界にともに住み、ひとつの世界を共有しあっているかのようにみえる。そしてその結果、テーマの内容のレヴェルを越えて、あるいはより基底的なレヴェルにおいて、触れあい、相互理解、信頼、交流というような言葉で表現される何ものかを、つまり、もの語りにおけるより本質的なモチーフを、参加者達は享受しあうように思われる。それにしても、ファンタジーではなく、とくに苦労体験がテーマとなるもの語りコミュニケーションの独自性は、いったいどこにあるのだろうか？

さて、元第八分隊T氏と彼の息子の関係は、体験縁で結ばれていないタイプに属する。T氏が息子に聞き手の役割を求めるのは、ひとつには、苦労話を媒介として、父と息子の関係としての触れあいを求めているとも考えられよう。けれども、戦争世代と戦後世代の間で、戦闘体験がもの語られようとするとき、敗戦を境とする価値体系の変動から生ずるひとつの障害が一般的に存在するように思われる。つまり、戦争世代が経験した戦闘行為や軍隊に関して、二つの世代はそれぞれの解釈図式を、共有しあえないのが、一般的な状況であるだろう。このような解釈の共有不可能性を客観視しうるほどには、まだ時代は敗戦から十分に遠ざかっていないように思われる。このような一般的状況の上に、父と息子の関係のような肉親の場合には、感情移入へのより強い期待が作用するであろうから、事態はいくぶんこみ入ったものになるだろう。

第二のタイプ、すなわち、話し手と聞き手の間に同種の体験がある場合には、二つの役割は相互に互換的でありうるので、「もの語り」というよりもむしろ「語り合い」という形式になる。苦労の体験縁によって結ばれていると見通される場合には、人と人と距離は相対的に近くなり、コミュニケーションは比較的に容易であるといいうるかもしれない。

その理由として考えられるのは、一つには、出会っている二者が、苦労を語ることへの欲求を相互に理解しやすいということである。二つには、コミュニケーションのテーマが苦労に限定される場合には、地位の上下や貧富や運不運や幸不幸や成功不成功、などの人々を隔てる要因が露わにならないということである。これらの要因は、人々の間に優越感と嫉妬や羨望を生じさせやすい。それに対して、苦労を媒介とすることによって、人々は平等・同質的な存在のレヴェルに、比較的スムーズに立つことができるように思われる（苦労体験を共有しながらも、語り合いの拒否というケースももちろんありうる。このことは、戦友会の場合でいえば「欠席者」の問題に関連するだろう）。

たとえば、病院の待合室や病室において、見知らぬ者同士が、「おたくはどちらがお悪いんですか?」「エー、胃がちょっと。あなたは?」「私は肝臓が……」「そうですか」という風に、束の間のコミュケーションがはずんでいく光景は、わりと目にすることが多いように思われる。この場合にも、「情報の相互交換」という側面が含まれているのは無視できないが、ここでは、たとえば病気のような苦労の語り合いを通じて、人々が同質・平等な存在として対面し、いわば共にある存在としての交流が成立している、という側面を重視したい。

このような交流が成立するためには、先に述べた「分節化のルール」が重要なものとなるだろう。実際、今あげた病院の会話の例でも、人々の異質性を強調するような病気以外のテーマが混じり込むことが少ないことは、われわれがしばしば経験するところである。

戦友会の人々の語り合いともの語りにおいて、苦労話はしばしば顔をだすモチーフのひとつである。彼らは、「苦労」を一つの契機として、互いに同質・平等な存在として向きあい、共同体的な結合を形成し、その中で彼らの苦労についての解釈の共有化へと進んでいくのであろう。

ぼくは写真を撮ったり、メモをとったり、酒を飲んだりしながら、出席者の人々と話をして回る。ひとりの出席者が、彼のカメラで記念写真をとるために、シャッターをきる役を、ぼくに一度ならず頼みにくる。

ある出席者の奥さんにインタヴューを試みた時のこと。出席は初めてであり、他の奥さん連とも今日初めて顔をあわせたという。途中で、彼女のほうから、「なぜ、戦友会を研究するのか」と、少し硬い表情で切りかえされる。こちらは、「再集団化集団」という問題を中心に、純学術的な視点からの研究であることの強調に努める。戦友会に対して、批判的な立場から研究しているのではないことを理解してもらったとき、彼女の表情は柔らいだように思われる。

旅館の仲居さん達と臨時の綺麗どころさん達も含めれば、約九〇人の人々の語り合いと、スピーカーから流れる機械的に増幅された声や歌や演芸と、また酒を飲むことと料理を食べることが、ひとつの混沌とした興奮を生みだしている。人々は急速に接近し、語り合うことに夢中になっている。つまり、そこかしこにおいて、人々の「溶融状況」が生じているのである。*

たとえば、今手元にある一枚のスライドを見ると、六十歳前後の二人の男性が、縕袍姿にあぐらと抱え膝の姿勢で向きあっている。一人は左手に椀を持ち、箸を握った右手をやや振り上げており、もう一人はビールのコップを傾けながら、相手の話に聞き入っている様子である（二人の背後には、例の軍艦旗が壁にはられているのが写っている）。彼らの楽しみの質は、くつろぎというよりも、むしろ夢中になって我を忘れて語り合うことから生ずる興奮に近い。

＊ M・モースの描写する、冬の集中期におけるエスキモーの人々の、興奮と高い密度をともなった溶融状況についても参照。M・モース、宮本卓也訳『エスキモー社会』（未来社、一九八一年）。またモースは、冬の集中期において、「神話」が活性化して語られることにも言及している。「燕鵬」における「初弾命中事件」「金色の鵄」などのいくつかの「逸話」も、この関連で位置づけられるかもしれない。宴会におい

ても、第二分隊の人々の間では、模擬弾を発射した砲の担当者A氏を中心に、「初弾命中事件」の様子がしきりに語られていた。

人々の融合状況において、何が語り合われているのか、場内騒然のために、われわれが聞きとることは不可能である。ただ、そこかしこから立ちのぼる語り合いの渦が、渾然一体となって熱い興奮をかもしだされているのを感じるのみである。インタヴューではなく、彼ら同士の語り合いを、わずかながらでも聞きとることができるのは、宴会後の小部屋の時間においてである。

八時三〇分、今回は軍歌を歌うこともなく、万歳三唱のみにて宴会は終了となる。万歳後のついでのように、司会のI氏がマイクを握りしめて、「名物男のSさん（甲板士官）にはいつも来てもらって、罪滅しをして下さい。Sさんに、はくしゅー！」と叫ぶ。たちまちのうちにS氏は数人の人々に取り囲まれ、胴上げされ、何度か宙に舞う。拍手。これは一種の「身分逆転の儀礼」であると見立てることもできるように思われる。*

もみくちゃにされてようやく解放されたS氏に向って、ある人いわく（興奮した口調ながら、さっぱりとうれしそうに）、「甲板、今日は気持ちよかったね。胴上げなんて長嶋以来だよ」。興奮とざわめきの尾をひきつつ、人々は割当てられた小部屋へと移動してゆく。

* 「身分逆転の儀礼」については、V・ターナー、冨倉光雄訳『儀礼の過程』（思索社、一九七六年）参照。ターナーは、身分逆転の儀礼と、周期的な年中行事に出現する「コムニタス」との関連を指摘している。この関連で付言しておけば、「戦友会」とは「コムニタス」構成のためのひとつの手法である、という視点もありうると思う。

宴会の胴上げの場面で、そこにもちこまれている地位の上下は、過ぎ去った時間に属するものであるとはいっても（Ｓ氏が自己紹介の中で、肩書きを現在形で語ったことにも注意）、これほどまでに鮮明な身分逆転の儀礼は、彼らにとってそうざらにはないことであろう。過去の「罪滅し」だけではなく、会員たちの現在の境遇における、さまざまなストレスの洗い流しも兼ねられているのだろう。

四　小部屋の時間

大広間には、お茶漬けをかきこんでいる人や、われわれのインタヴューに答えてくれる人が数人残っていたが、適当なところで切り上げて、飛行・整備の三〇七号室をまず訪問する。（四人の調査員のうち、三人は宴会終了後ほどなく帰宅した。）

テープレコーダーは、宴会途中で故障してしまっていたので、これ以降翌朝までの見聞は、ノートのメモと写真と筆者の記憶を資料に再構成することになる。フィールド・ノートを読みかえしてみると、彼らは実にさまざまなことをぼくに聞かせてくれ、また彼ら同士語り合っている。もっとも、過去につながらない現在に関する話題、すなわち社会的境遇や子どものこと健康のことなどが一切といってよいほど触れられないのは、すでに述べたとおりである（ただし、会合に何度も出席している常連同士の間では、たとえば互いの現在の職業についてぐらいは知りあっているふしも窺える。しかし彼らも職業生活を話題にすることはない）。

宴会の場面までの本稿の記述の順序は、会合の時間的構成にほぼ沿ってきた。けれども「小部屋の時間」においては、人々は割当てられた部屋へと枝分れしており、そこで展開される時間の流れを再構成することは、不可能であるし、またそれほど意味のあることとは思われない。そこで本節における材料の配列は、一方で筆者のフィールド・ノートに記されている話題の順序をできるだけ重視しながら、また他方で類似した話題を一括することによって構成したい。

多岐にわたる話題をいくつかのグループにわけておこう。圧倒的に集中する話題の焦点は、やはりかつての「艦燕鵬」における生活であり、豊富かつ多彩である。

仕事・組織運営・戦友・名物男のことから、食物・遊びや、また死の可能性とセックスや恋に関することまで【系列1】。これらの旧軍隊の具体的な生活に関する系列の場合、人々は郷愁をこめて、また魅せられているかのように語る。

第二に、「艦燕鵬」の生活をその中で成り立たせていた、当時の政治的軍事的大状況の把握及び論評という話題がある【系列2】。

第三に、旧軍に関する具体的な話題から徐々に離れて、ごく稀れではあるが、彼らの体験の意味づけが話し合われ、そこから派生するかのように、現代の若者論や指導者論及び未来への希望などが展開されることがある【系列3】。

他の話題としては、戦友会についての感想や碑の問題【系列4】、また、恩給関係の話題などがある【系列5】。

過去—現在—未来という時間軸に並べてみると、【系列1】、すなわち過去をめぐる話題の比重が圧倒的に重い。現在のことといえば、戦友会や碑のこと【系列4】、恩給の問題【系列5】が中心である。【系列3】は、過去の状況の解釈と意味づけを経て、現代論、また未来論へと流れこむという独特の時間的様相を示している。

ある飛行機乗りの話（三〇七号室にて）

十畳ほどの部屋に、すでにのべられていたらしい布団を隅によけて、一一人の人々が車座になっている。座の真中にはナポレオンが一瓶、そのまわりにビールが数本林立している。ナポレオンを持参したのは、二年前にK市議会議長の肩書きのついた名刺をくれた人のようだ。彼は隣りの人に、俺―お前という代名詞で会話しながら、相手の湯呑茶碗にナポレオンをついでいる。

酒は座の会話の潤滑油にはなっているが、宴会のときの熱気と興奮の盛り上がりはすでに去っている。どなりあわなければ話が通じないあの騒音の坩堝が、この部屋ではうちとけた穏かさへと変化している。宴会における人々の融合状態が去った後に、あるいはそれを経ることによって、車座になった人々の間柄が、往時のよもやま話のあれこれに花を咲かせるのに十分なほど接近し、スムーズになったというべきかもしれない。

K氏（整備）の話、昭和一六年五月に志願し、二〇年九月三日に帰郷。二六年に結婚。軍隊ではやはり「おふくろの味」が恋しかった。戦友関係を一言でいうなら、「竹を割った心」である。戦友関係以外の世間では、前に言ったことがたやすくたがえられてしまうことがよくある。そんな時はムカッとする。

K氏の言及する戦友関係は、過去の軍隊内の関係と、現在の戦友会における関係とが、二重写しになっている。彼は「世間」に対する不信と戦友に対する信頼を表明することによって、世間と戦友関係を分節化している。実際には、往時の戦友関係と現在の戦友関係は変化しているはずであるが、彼は連続性の側面のみを意識している。

A氏（整備）の話。昭和一八年四月志願、二一年五月五日帰郷（帰郷の日付が詳細に記憶されているのは、偶然ではないだろう）。二三年二月、戦死した兄の連れ合いと結婚。兄の遺児を含めて四人の子を育てた。一女は元海軍軍人の息子と結婚している。

さて、車座になった人々は、南太平洋海戦（昭和一九年ダガルカナル周辺での海戦のひとつ）の「ホーネット」（空母）のことなどを中心に懐旧談にふけっているが、ぼくがノートできる話題は、ぼくが聞き手になり語りかけられるという形式のものに偏るのは、どうしても避けられない。

とくに、元飛行士官のY氏は、先ほどすでに顔見知りになっていたこともあって（四〇八号室で。四〇八号室の三人はこの部屋へ遠征してきている）、飛行機乗り時代の彼の色恋やパイロット魂について、かなり立ち入ってぼくに語る。まわりの何人かもぼくと同様に聞き手の役にまわっている。

故郷には初恋の人がいたが、彼女のために飛行機乗りになってやると思った。なにしろ飛行機乗りは「空の色男」だったので、女性には相当にもてた。増加食などの特権も与えられていた。もう時効だから話すけれども、夜の訓練の終り時をねらって、花莫蓙をもって基地のまわりにやってくる村娘も多かったし、トラック島の竹島基地では、土地の娘たちがカヌーで訪れてきた。ワンパスで洗濯石鹸一本、泊りでタバコ三箱が相場だった。休暇で上陸した時には、給料が高かったから、「慰安所」の切符を三枚も四枚も買って列に並んだ。切符を握る手に汗がポタポタ落ちた。いつ死んでも女には悔いがないという毎日を送るつもりで、「風がでるほどやったよ」。こういう悪人でなければ生きていませんよ。弾の雨の中で震えたら生きていけないんだ。

淋病の話。淋病にかかったやつに薬はいらない。次に出撃した時には、必ずやられるんだから。一九年にラバウルを引揚げる時には、従軍していた女性たちに[*]、飛行機に便乗させてくれと頼まれた。貯えていた金を差出され、サーベルにすがりつかれて頼まれたが、乗せなかった。戦後結婚して第一子が生まれるときには、悪いことばかりしてきたという気があったので、五体満足の子だろうかと、目を覆う思いだった、等々。

どうして色恋中心の話になったのか定かな記憶はないが、彼の話には、ここでは省略している言葉やエピソードも含まれていた。この種の話題の通例として、いくぶんの誇張も混じっていたかもしれないが、あの時点でのぼくがノートをとりながら、彼の体験の物語りの聞き手の役割をぴったりつとめていたのは事実である。いずれにしても、ある程度若い世代にとって、色恋の冒険談が、魅力あるファンタジーのひとつであるのは確かであろう。そして、その冒険談の中に、彼の栄光と苦渋の（つまり、命がけの）体験談がさりげなく織りこまれていることも指摘しておこう。彼が他のいろいろな機会に、戦争体験についてどのようなストーリーを構成するのかは別として、右の物語りを、軍隊体験の物語りの一つの典型として受けとってよいだろうと思う[**]。

＊ 彼女たちのリストを今でも持っていること、また朝鮮から徴用された女性、沖縄出身の女性が多かったことを、彼は付け加えていた。

＊＊ これを「武勇談」といえるかどうか。武勇談にしては「戦果」のエピソードが少しも顔を出していないのは不思議である。二年前の帰り際には、彼の戦果体験が図入りで記述された印刷物を見せてくれたのだから。あるいは彼は意識的に避けたのかもしれない。「戦闘行為者―オーディエンス」の観点からみれば、聞き手としてのぼくは、ある意味で屈折したオーディエンスであったかもしれないし、そうみなされていたのかもしれない。

軍人恩給のこと（三〇二号室にて）

三〇二号室では、元第二分隊長氏ともう一人の人があぐらになって対座している。一方の人の手の中には小さな書類らしきものがあり、二人はそれに視線を落としながら、やや前屈みの姿勢で話しこんでいる。恩給の支給に関連して、軍歴の証明の件らしい【系列5】。

相談している人は、手指に戦傷を受けているが、恩給資格を満たすには、軍歴の申告もれで一ヵ月足りない。海外勤務は三倍の計算になるので、一〇日不足なのだが、その証明に三人の上官の証言が必要になる。元第二分隊長氏の口数は少ない。

ここで元第二分隊先任伍長氏が、わきからぼくに話しかけてくる。明日死ぬかという荒くれ男たちを、私のような小さな男が何でまとめるか。和と愛です（これに関連して、現代の中学・高校教師への批判へと少し脱線する。つまり、【系列3】がチラリと顔をのぞかせている）。また愛情と軍律・ムチによっても。こいつらドツキましたね。今は仏像の彫刻をしている。燕鵬の慰霊をします。彼の恩給は絶対にもらってやる。身体歴、履歴は一度も水に漬けたことはない。今も大事に持っている。「おれ、何とかしたるわ」。一三年間、先任伍長として命を捨てると決めていた。航空母艦はガラの悪いのが多かったので、よくもらい下げにいったもんだが……。

戦後三六年を経過したのちも、身体歴・履歴を保存していることによって、彼はある意味で「先任伍長」の職務を完全には棄て去ってはいない。そして、彼が深くコミットしていた「先任伍長」の役割は、現在では、霊を弔うことと、生き残った部下の恩給受領に一肌ぬぐことへと変形している。戦友会の場では、軍歴や被爆の証明などの、体験のもの語りや語り合いとは異った、いわば実際的なレヴェルの軍隊体験の事後処理過程も含まれている。この系列に関連して別のケースを引用しておこう。

三〇五号室にいた元糧食係I氏は被爆体験をもっている。補償のことなど当時は考えなかった。原爆手帳をもらったら得だよ。証人二人をあつめる。名刺二枚ね。恥ずかしながら、今ではもらえば得なんだから。今では補償・補償を言いだす。「あて」があるかないかでだいぶ違うよ。あんた、こんな研究するよりも、自分の子どもをしっかり育てなさいよ。

利害の打算ぬきで生死をかけていた、という意識。他者によるそれの位置づけ・評価あるいはそれに対する報酬がありうるとすれば、彼にとっては、すくなくとも求めて後に与えられる類いのもののはずではないのだろう。それにもかかわらず、軍隊体験とは必ずしも重ならない被爆体験によって、「体験」の代償としての「補償」を求めざるをえない。このギャップが「恥ずかしながら」という感想に至るのであろう。

海軍びいき（三〇九号室にて）

二五分隊主計科の人々が、一〇人以上集まっている。今回出席の主計の人々はほぼ全員がここに揃っているようだ。布団の上に坐ったり、窓際の板間の応接セットに腰かけている人もいる。すでに眠りこんでしまった人もいるし、布団に横になっている人もいる。【系列1】に属する話題がもっぱら展開されていた。

佐世保の「下宿「のこと。「下宿」というのは、寄港地で家庭の味を味わわせるために割当てられていた民間人の家のことだが、その下宿の「おばはん」や娘のこと。朝日街で色事の駆引きを覚えたこと。芸妓が羊羹一本でころんだこと。また、食料の話（主計科は糧食を担当する部門でもあったので、この話題は彼らの職務についての話題でもある）。「燕鵬」は商船仕様で造られていたので、倉庫・冷蔵庫が広く、糧食の搭載は楽だった。パイロットは夜食があったり、御馳走を食べていた。彼らは女の子から貰った白い絹のマフラーをいつも首にまいて、出撃の時には、下着は全部新しいものを身につけていた。また、酒やタバコを配給する前に、主計科でちょろまかしていたこと。「二〇〇〇人に配給するとして、一人につき二本抜いたら、四〇〇〇本や」。

過去の彼らの身辺の出来事が賑やかに語られてゆく。苦しみの体験は、まったく顔を出してはいず、陽性な話題ばかりが、キャッチボールされている。

椅子に坐っている人が、「大東亜戦争の意味をどう考えるか？」*と、やや大上段に切り出したのをきっかけに、話題は、当時の彼らの身辺を離れて、よりマクロな状況の解釈へと移る【系列2】。

この場合には、別の一人によって、海軍や陸軍の「えらい人達」の行動の品定め・批評のこととすぐに言い換えられ、その線に沿って話が続けられた。

要約的な特徴は、陸軍と海軍とを比較しながらの、海軍びいき、ということである。何人かの将官の名前があげられて、「海軍には、先見の明のあった人もいたわけですよ」。開戦に際して、海軍は強硬に反対したこと。海軍びいき説の補強のために、『近衛日記』や最近出版された「戦記もの」（著者は旧海軍出身者）の中の見解が引用される。

当時の大状況を把握する際の彼らの視点の立脚点（すなわち、海軍）は、けっして批判的な色彩にいろどられはしない。どこまでも肯定的な態度の対象にとどまろうとしている。では、彼らの等身大の体験はどのように意味づけされるのだろうか。

＊「戦友会に関する調査・第1回」の際の質問紙の中に、「話題」を尋ねる設問（問27）があり、「大東亜戦争の意味」という項目が用意されていた。質問紙は会長宛にのみ発送されたが、役員会で回し読みするという返事をもらっていたので、あるいはその影響が若干あったのかもしれない。談笑の中でこの問いが実際に発せられたとき、まわりの人々には一瞬のとまどいがあったようにも思う。

「生死をかけた」ということ（三〇五号室にて①）

三〇五号室は七分隊に割当てられた部屋であるが、入口近くで二分隊、七分隊、主計科の人々が四〜五人ビールを飲みながら話し込んでいる。小学校の同窓会と戦友会の比較論から、「生死をかけた」という体験の意義を媒介にして、次のように話題が展開された

「生死を、お国のために、という気があった。目的がなければ生死をかけられるだろうか」

「いやおうなかったんだ。逃げられないんだから」

「今後、民主主義の中で、若い人達の中から、お国のために、生死をかける人が現われるだろう。戦争の犠牲は無駄ではなかったんだよ」

体験のこのような意義の強調は、彼らの過去・現在・未来に関するパースペクティヴのちょうど要の位置を占めている。つまり、体験の事後的解釈過程は、一見したところでは過去の体験のみにこだわっているように思われるが、しかし、その解釈のプロセスから、ある解釈図式がひきだされ、そこから現在・未来に関するパースペクティヴも派生するのである。あるいは、未来にわたる展望力をも

つ解釈図式を、過去の体験からひきだすことが、体験を意味づけるということなのかもしれない。

「今後、本当の愛国心がでてこなければウソ。どこにいるかわからないが、必ず出てくる。自由民主主義国家の中での若い人達に期待する」

彼らは戦後の社会体制に対して、おおむね肯定的な態度をとっている。しかし、（彼らの言葉で）打算ぬきでお国のために生死をかける、という行為の意味の普遍性を、今日においても彼らは否定することができない。若い世代への期待は、若者を育てリードする指導者の待望論や、現今の学校教育の批判へと展開する。そのような意味での指導者の出現の可能性について、ぼくに質問が向けられたので、否定的に返答した際の彼らの感想。

「それでは安心して死ねんやないか」

「われわれがしっかりしなければならないのだ」

「われわれは自分達の子どもを、苦労だけはさせないようにと、甘やかしすぎた」

「子どもたちの代が期待できないのなら、子どもの子どもたちに期待できると思う」

坂本竜馬や吉田松陰などの賛美がひとしきりなされたのち、若い世代への期待と批判へと彼らは再び立ち戻る。

「若い人は、会社がつぶれたらどうしよう、とばかり考えている。明日から自分で食ったるわ、という気がなければだめなんだ。（そういう人は結構多いと思いますよ、とぼくが口をはさむと）そんなら日本は安泰。安心して墓へいける。ぼくらは命令されなければ何もできなかった。今は自由。その中で、そういう気をもっている人がいるなら安心だ。われわれのやったことも無駄ではなかった」

「国のために生死をかけた」という体験を起点としながら、このようにして、現在の世相観や未来論

が、彼らの体験をそのように解釈しているという事実が、本稿における必要にして十分な出発点であ

は立ち入ることができないし、またその必要もない。なぜなら、戦友会という場において、当事者達

「生死をかけた」体験一般として語る傾向が強いけれども、本稿では、そのような体験一般の問題に

よいほどに、特別視されている。このような特別視ないし「聖化」を彼ら自身が説明する際には、

当事者の立場においては、彼らの「生死をかけた」体験が、ほとんど神聖視されているといっても

じ……」。

はない。その差は、つまり、生死がかかっている体験、死の恐怖を切りぬけて生き残ったという感

比較すると「戦友会へ出席する前の晩は、眠れなかった。小学校の同窓会の場合には、そういうこと

以前に面識があってもなくても「戦友会に来ると、前にもました親しみがわく」、学校の同窓会と

を引用しておこう。ぼくのほうから、戦友会の特質について質問し、語ってもらっていた時のこと。

【系列4】、すなわち現在の戦友会についての話題の中から、このモチーフがあらわれていたケース

長氏の話にも、このモチーフが強調されていた。

た。だけど戦後結婚してからは浮気はしていない」という感想。また、恩給の話に関連した元先任伍

たから、真剣な恋はできなかった。一七〜八歳頃から遊廓で遊んだが、お嬢さんとはつきあわなかっ

れることが多い。元飛行士官Y氏の冒険談もそうだったし、またたとえば「いつ死ぬかわからなかっ

通底するような共通項であるように思われる。色事や恋も常に、死とのなんらかの関連において語ら

彼らの語るところに即して考えてみると、「生死をかけた」というモチーフは、さまざまな話題を

基本線にして、現在・未来観が織り出されていたとも考えられる。

が語られてゆく。「安心して墓へ」というフレーズが含まれていたことに注目すれば、彼らの生死を

おそらく、彼らの体験の意味づけをめぐって、戦友会以外の人々と彼らとの接点がありうるとすれば、ことは、行為・体験が積極的に有意味であろうとする、最終的な外周のひとつであるように思われる。行うことではあるまいか。善―悪、成功―挫折というような評価基準を超越して、「生死をかける」とも遠く離れて、その行為を輝かせる一般的な方法のひとつは、「生死をかける」という意味づけを少なくともわれわれの社会においては、ある行為ないし体験の内在的な質そのものの問題からもっ

技法を採用しているのだろうか。

ながらも、なおかつ彼らの体験をある輝きに包まれたものとするために、彼らはどのような解釈上の
は、どこか栄光の影を追い求めているように思われる。集合的オーディエンスから徹底的に切断され
敗戦を境として状況の変化した今日においてもなお、少なくとも彼らによって語られる彼らの体験

なものになったであろう。たとえば、強制的にひきずりこまれた悲惨な体験というように。
出立であった。栄光と戦地への赴きを切り離すことがかりに可能であるとすれば、彼らの苦労は別様
いだろう。彼らにとっては、出征は、単に戦場に赴くという出来事ではなくて、栄光と切り離せない
である。往時においては、彼らの体験は、集合的オーディエンスによって聖化されていたといってよ
は、「ヤスクニ」に象徴される集合的オーディエンスの存在が約束された状況において、生起したの
彼らの「体験」の核は、彼らが軍隊・戦場に出かけたという事実である。そして、出征という事実

体験一般を問題にして、その内在的特質を議論するという方向は、ここではとらない。
体験のことごとくが、なんらかの再集団化集団へと結びつくわけでもない。だから、「生死をかけた」
そのような体験のすべてが、当事者によって強調的に特別視されるとは限らないし、ましてそれらの
るからだ。「生死をかけた」といいうるような体験は、他にもさまざまにありうるだろう。しかし、

それはこの外周線に立つことによってであろうということを、彼らは見通しているのではないかと思われる。

けれども、彼らの意識においては、彼らの生死は、個人的な利害打算のためにではなく、「お国のために」賭けられたのである。彼らの目からすれば、この点をぬきにして、彼らの聖化される体験を論じることは、それを十分に理解したことにはならないだろう。この点をめぐって、戦友会内部と外部において、彼らの体験の意味づけのズレが生じるのである。

他方で、彼ら自身、戦後の社会状況をなんらかの程度で受け入れていると思われるし、その限りで、あるいはまた戦後の社会状況を所与としてより若い世代との交流をめざす限り、彼らは「お国のために」という意味づけを捨象せざるをえない。けれども、くりかえすことになるが、「生死をかける」という行為の貢献対象の独自性（つまり、「お国のために」）が明確にされてはじめて、その行為の聖性の源泉が十分にあらわになるのである。この意味で、彼らの体験の意味づけに関して、彼らは両義的であらざるをえない。この両義性は、結局のところ、敗戦後の社会変動がきわめて根底的な価値のレヴェルの変動を含んでいたことから派生するものである。この両義性をオブラートで包んでしまうもっとも巧みな方法は、単に「生死をかけた」という点にまで後退することである。けれども、その点と「お国のために」という要素を切り離しつづけることはどこまで可能であるだろうか。

戦友会の特質（三〇五号室にて②）

さて、彼らの体験を、単に生死をかけたという意味づけによって聖化することは、集合的オーディエンスによってそれが聖化される場合とは、ある異った帰結をもたらす。前者（何のためにという問いを不問に付して、単に、生死をかけたという意味での体験の聖化）においては、すなわち、犠牲による貢献の対象が明確化していない場合には、功績による犠牲のランクづけが生じにくい。他方、後者（犠牲がその貢献対象との関係によって聖化される場合）では、貢献対象に対する貢献度によって体験はその価値を分化させ、行為者ないし体験者の地位の上下が必然的に生じてしまうであろう。「お国のために」という要素を捨象することによって、犠牲の貢献対象との関わりをカッコに入れることを通じて、彼らの犠牲は、差異のない横一線の同質・平等な体験として聖化されうるのである。

このような体験の同質性・平等性を核とすることによって、「燕鵬戦友会」の、とくに夜の部における「御一行様的状況」が生じているように思われる。

彼らの体験の聖化の二つのタイプについて付言しておこう。

敗戦前においては、軍隊・戦闘体験は、国家あるいは民族に捧げられる犠牲という意味において、国民的規模での集合的オーディエンスによる聖化を期待することが可能であった。他方、敗戦後には、犠牲の貢献対象の公然たる承認が回避されることによって、敗戦前型の聖化作用の主要な主体であった集合的オーディエンスが消滅し、なんらかの意味で、聖化作用のスケールは限定される傾向に移行したように思われる。すなわち、聖化作用の対象としての体験が、貢献対象を捨象した線にまで縮少し、聖化する主体が、主に体験者達とその周辺に限定される傾向。このような、聖化の一方のタイプからもう一方のタイプへの移行が、すでに述べた彼らの体験の苦労化のプロセスの主要な部分を形成していることはいうまでもない。そしてこのような聖化のメカニズムの変化にともなって、彼らの体験は、英雄を生みだす代りに、どのメンバーも同質で均一化された体験の所有者として相集う今日の戦友会を生みだしているのである。

再び、戦友会の特質についてのインタヴューの反応を引用しておこう。

「戦争で負けたからなあ。海軍がなくなったから。逆だったらこういう会はなかったろう」

「状況が変わった。自衛隊？　あれはなんじゃ、という気がある」

敗戦が、今日の戦友会の活動の特質を説明するもっとも根本的な要因のひとつである、という見解は、われわれの研究会内部で合意されている見方なので、こちらは内心おどろく。

「逆だったらこういう会はなかったろう」という、その逆の場合、すなわち戦争が勝ち戦に終わり、かつての海軍がそのまま存続していれば、彼らの体験は、勇士・英雄のそれとして聖化され、彼らの体験のもの語りは、武勇談・手柄話として語られ受け入れられただろう。つまり、単に「生死をかけた」という線にまで後退を余儀なくされることはなかったであろう。そのような場合にも、かつての所縁隊をもとにする会合が結成される可能性もあるにちがいない。そのような会合においては、おそらく会合の様相はまったく異るであろうが、まず第一に、軍隊の階級による序列化が徹底して貫かれるであろうことは容易に想像される。つまり、今日の「燕鵬戦友会」の会合にみられるような、同質性・平等性とは対比的に、序列化による異質性・階層性が強調されたであろうと思われる。

一般的に、同質性・平等性をその構成原理とするような集団は、現代社会においては、点在するにとどまる。社会生活の主要な領域において、人々は組織の中に住み、上下的秩序の中に位置づけられている。一年に一度あるいは数度、平等で同質的なメンバーたちによって構成される集団の中で、御一行様的状況を享受することは、彼らにとってはひとつの息ぬきであり、安らぎでもあるだろう。

慰霊碑について（三〇五号室にて③）

最後に、会の運営、碑の建立についての話し合い【系列4】をひとつ、引用しておこう。

代表幹事N氏「遺族など、もっとメンバーをふやさなければ」。

数人の人々一致して、「そうだ。役員たちだけに任せるのは荷が重すぎる。慰霊碑は必ずつくろうよ」。

元主計I氏（「演芸」の司会者）「とにかく慰霊碑は建てよう。会長、会長の奥さんの労働を評価しなくちゃ。手紙の宛名書きだけでも大変な手間がかかるんだ。これだけやっているんだ、という気があるから、ああいう言葉もでるんだ」。

年に一度集まって、こうして昔を語り合うだけでよい、と考えるメンバーもいるにはちがいないだろう。しかし、年に一度だけ、リアルな集団として具体化される「戦友会」を、どこまでも同質・平等な者の語り合い集団として、つまり、組織化のレヴェルにおける明確な焦点ないし目標を何一つもたずに存続させることは、かなり困難な作業であるといわざるをえないだろう。会長をはじめとする役員層が（右の会話の中でも、会の中心的メンバーが話をリードしていることに注意）、碑の建立に力をいれているのも、ひとつには、組織化のレヴェルにひとつの焦点を設定しようとする試みであるといえると思う。

もちろん、碑の建立という事業が、ある状況において戦場へ赴くという行為の意味の普遍性を、未来へ向けてアピールしようという試みであることはいうまでもない。あるいはまた、その試みを通じて、（昼間の祭文の言葉を借りれば）「時勢の変転」に一矢を報いることも企画されているのかもしれない。

深夜も十二時をまわると、ぼくもかなり疲れてきた。車座になっている人々の後ろの布団に横になってメモをとっていると、酔いのせいもあって、時どき眠りこんでしまう。途中で風呂にいったはずなのだが、いつ頃だったか、はっきり思い出せないのだから、かなりへばっていたにちがいない。すでに高鼾をかいている人もいる。

午前一時近くになって、「おやすみ」という挨拶の声が聞かれはじめる。一時過ぎ、ぼくも三一一号室に帰って寝床に入る。会長とM氏はすでに就寝中である。彼らは、小部屋の語り合いには、あまり参加しなかったようだ。会長の関心は、「戦友会」という独自のリアリティの舞台まわしを企画し、実行することにあるからなのだろう。

出席者の顔ぶれ

出席者の居住地別、年齢別、職業別構成を示しておこう。

資料とした名簿は、手書きのコピーの簡略なものである。この名簿は、判明した会員の住所がその都度追加されるので、作成時点は一様ではない。出席者の氏名と人数は、神社での全員の記念写真で確認した。記念撮影に加わっていない人もいるので、実際の出席者の人数とは若干の異同があるかもしれない。

居住地（表1）。「燕鵬」は呉鎮守府に所属する軍艦だったので、入団時の居住地は、山口県以東、

表1　参加者の居住地

地域＼会合	第7回		第8回		第9回	
	人	%	人	%	人	%
中京地区（愛知・岐阜・三重）	31	(58.8)	33	(53.2)	25	(32.1)
関西地区（奈良・滋賀・京都・大阪・和歌山・兵庫）	15	(24.6)	11	(17.8)	14.	(17.9)
関西以西	2	(3.3)	3	(4.8)	20	(25.6)
中京以東	6	(9.8)	4	(6.5)	3	(3.9)
不明	7	(11.5)	11	(17.7)	16	(20.5)
合計	61	(100)	62	(100)	78	(100)

＊ 第7回（昭54.奈良）、第8回（昭55.津）、第9回（昭56.神戸）

愛知県以西の地域である。現在の居住地もほぼそれに重なっている。

第八回会合までは、会合開催地が主に中京地区寄りであったため、中京地区在住者の出席が多く、関西以西の居住者の出席は少ない。第九

表2　参加者の年齢

年齢＼会合	第7回	第8回	第9回
	人　%	人　%	人　%
50歳未満	2(3.3)	1(1.6)	
50～54	10(16.4)	6(9.7)	2(2.6)
55～59	19(31.2)	23(37.1)	18(23.1)
60～64	6(9.8)	9(14.5)	19(24.3)
65～70	7(11.5)	4(6.5)	5(6.4)
70～74	1(1.6)	1(1.6)	1(1.3)
不明	16(26.2)	18(29.0)	33(42.3)
合計	61(100)	62(100)	78(100)

回会合は神戸市であったので様子は一変している。出欠を左右する要因として、開催地はかなり大きな要因のようである。

年齢（表2）。不明のケースが多いので、はっきりしたことはいえないが、第七回と第八回では、五五〜五九歳台が主体となっているが、第九回には、五〇歳台後半と六〇歳台前半とがほぼ伯仲している。これは全体の年齢構成が上がったためである。

表3　参加者の職業

職業＼会合	第7回	第8回	第9回
会社員・公務員	人 % 21(34.4)	人 % 21(33.9)	人 % 21(26.9)
自営・経営	19(31.2)	23(37.1)	20(25.7)
農業・林業	2(3.3)	3(4.8)	4(5.1)
無職	5(8.2)	1(1.6)	4(5.1)
その他	2(3.3)	1(1.6)	1(1.3)
同伴者	1(1.6)	1(1.6)	4(5.1)
不明	11(18.0)	12(19.4)	24(30.8)
合計	61(100)	62(100)	78(100)

表4　所属分隊

分隊＼会合	第7回	第8回	第9回
1 分隊	人 % 7(12.1)	人 % 7(11.6)	人 % 8(11.0)
2 分隊	11(18.9)	16(26.7)	13(17.8)
機関科	7(12.1)	4(6.7)	4(5.5)
整備・飛行科	9(15.5)	8(13.3)	8(11.0)
主計科	7(12.1)	9(15.0)	11(15.1)
その他	16(27.6)	12(20.0)	28(38.3)
不明	1(1.7)	4(6.7)	1(1.3)
合計	58(100)	60(100)	73(100)

表5　出欠パターン

第 7 回	第 8 回	第 9 回	実数・人 (%)
○	○	○	25(20.8)
○	○	×	12(10.0)
○	×	○	5(4.2)
○	×	×	19(15.8)
×	○	○	14(11.7)
×	○	×	11(9.2)
×	×	○	34(28.3)
			120(100)

（○出席、×欠席）

第九回時点で六〇歳の人は、敗戦時に二四～五歳であった。五〇歳未満はゲスト格の出席者である。

職業（表3）。これも不明が多く、また名簿の作成時点が一様でないため、とくに定年期にあたる年代の職業構成を把握するには適切な資料ではない。自営層とサラリーマン層の出席はほぼ伯仲している。

出席のための時間的都合を考えると、全会員のうちで、自営層の出席率がやはり高いということはいえるかもしれない。無職の人々の出席が少ないのはどういうことだろうか。全会員の中で無職の人々の割合が少ないのか、それとも別の理由があるのであろうか。今後の課題である。

所属分隊（表4）。「艦燕鵬」における所属分隊別構成である。所属縁をもたない人々、すなわち出席者の同伴者やゲスト格の出席者は除外してある。これまでの表のうちで、不明のケースがもっとも少ない。彼らにとって、所属分隊は、もっとも重要な情報である。

会の主体は、二分隊と主計科の人々で構成されている。二分隊の出席者一三名（第九回）のうち、七・八・九回をすべて出席した人は、八名であり、常連を多く含んでいる。

機間科の第八回以降の減少には、すでに述べたように、「機関科グループ」との対立がからんでいる。機関科の四名の出席者（第八・九回）は、三回の会合に皆出席である。

出欠パターン（表5）。三回の会合を通じた延べ出席者数は二〇一名である。実員は一二〇名である。三回とも連続して出席している固定層は、二五名（総実員の二〇・八％）である。

第七回出席者のうち、その後一度も出席していない人は一九名であり、したがって第七回出席者の、八・九回の少なくともどちらか一回に出席した割合、すなわち再出席率は、六八・九％とかなり高い。第九回にはじめての出席者は三四名と、新しい参加者が増加していることを物語っている。

五　翌朝

翌朝（おそらく七時三〇分頃）、会長氏とM氏に来訪者があって、話し込む声に眼がさめる。暫く床の中にもぐっていたが、朝食の時間も迫ってきたので仕方なく起床。カメラを片手に、いくつかの小部屋をまわる。

ある室では、寝乱れた布団の傍らで、昨夜の続きのように、数人の人々が車座になって（布団にゴロンと横になっている人もいる）、タバコなど吸いながら談笑している。障子は開け放たれて、そこから戸外の日曜の朝の光景が見える。人々は昨夜よりもずっとリラックスして、穏かな表情をしている。会合に十分に満足し、彼らの日常へ戻る準備をしながら、来年再来年の再会を語りあっているのだろうか。

大広間ではすでに朝食が始まっていて、ぼくも昨夜と同じ席について食事をする。メンバーの席順は、昨夜の宴会のときとほぼ同じだったように思う。疲れと睡眠不足と、また、なんだかもうすっかりわかったような気がして、*カメラは持っていかず、ノートのみ手元に置いておく。

昨夜は深夜まで、飲みかつ語り明かしたにもかかわらず、彼らはみな、おどろくほど元気そうだ。

艦最古参で今回の出席者中最年長のS氏は、昨夜と同じ席に同じように、端然と正座して、ご飯のお代りをしている。飯を食いつつ、朝からビールや酒を嗜む飲ん兵衛達もいる。

代表幹事のN氏が、マイクをもって立ち、昨夜の参加者は、宴会に八一名、宿泊者が七八名であったこと、金一封の寄付がいくつかあったことなどを告げる。数のうちにはぼく自身も入っている。考えてみれば、彼らの体験のもの語りをあれほど聞き、また時には意見も述べ、酒を飲み、朝食まで共にしているのだから、「参加者」としてぼくも数えられることに、今さら異和感は感じない。戦友会という離れ小島が、体験を共有しない「聞き手」としての人間の来訪に対しても開かれていることは、この会合の主要テーマそのものに内在している。このことはすでに何度も指摘した。

＊　今から思えば何がわかったというのだろうか? あるいは次のようにいえるかもしれない。前日の出来事のシリーズのうちに、ぼく自身も含めて人々は、「再集団化集団」というよりも、むしろ単純に、ひとつの「集団」の構成員という雰囲気を身につけはじめていたためかもしれない。

会長氏が立って、昨日につづいて再び碑の件をもちだし、「わたし一人では非力ですので、力を貸して下さい」と述べる。碑建立の実現は、会長にとっては、会の存立に関わる重要問題として意識されているようである。

「大和」の生存者W氏が、すでに帰り仕度を整えて、ぼくのところへやってくる。昨夜の宴会でインタヴューした時に、日焼けした皺深い顔に真剣な表情を浮かべて話したいことがあるからといわれて、あとで四一〇号室を訪ねると約束した人である。深更に、四一〇号室の前までいったが、物音がしないので就寝中と思い引き返した。今朝は昨夜のどこか思いつめた、ある険しさを含んだ表情も消えて、うってかわって柔和な表情に変わっている。昨夜訪問しなかった詫びを述べると、彼はそれには触れず、被爆の証人を探している人を知らないか、と尋ねる。（W氏がその証人になるつもりの様子。ぼくは元主計I氏のことかもしれないと思い、I氏の席を教える。W氏も被爆の体験をもっているようだ。）

W氏の話。「呉で陸戦隊を組んで原爆の後、広島駅の清掃にいったけん。若い頃は手帳はいらんと思っていても、五〇を越えるとねェ」。傍から彼の妻君が「もう話はおわった？」と声をかける。W氏はタバコを一本吸い終えて立ってゆく。

部屋に戻ると、布団はきれいに片付けられていて、同室のお二人はコートを着てすでに帰り仕度である。旅館のアナウンスが、ロビーで会長に面会人が待っていることを告げる。戻ってきた会長に何事かと思って質問すると、朝食に会の費用負担で酒をつけなかったのは何故か、と質されたという。会長いわく、「現役のときに文句の多いやつほど、今でも一言多いんや」。

人々は別れのひとときを、一階のロビーにたむろしながら過している。軍帽を着用している人もいく人かいる。再びW氏が現われて、「戦艦大和」を記念する豪華本を見せてくれる。元艦長が「序文」を書いていて、W氏は「閣下」という敬称をしきりに口にする。昨夜彼が話したかったのは、このことだったのかもしれない。本を手にポーズをとってもらい、写真を二枚撮る。

そろそろ帰ってゆく人もでてきたので、あわてて玄関脇にゆき、別れの場面を撮ろうとするが、運悪くカメラのシャッターが故障している。モタモタしているうちに、人々はどんどん帰ってゆく。かろうじて元飛行士官のY氏に最後のインタヴューを試みる。彼はぼくが新潟居住だということを知って、「特空会」で知りあった新潟の友人のことを教えてくれる。友人は今回は体の具合が悪くて来られなかったが、一〜二時間電話で話すことがある。新潟—東京間の旅費より安いから。

昨夜、Y氏はぼくに飛行機乗り時代のことをたくさん話してくれたので、今度は、戦中から戦後のことに力点をおいて質問してみる。「もつれた糸がツーと……」といって、彼は糸がほどけていく手真似をする。敗戦後は翼をもがれた感じ。「よく糸の切れた凧のようになるといいますが、何年位そんな感じでしたか」という質問をはさむと、「そう、二〜三年ね」という返事だった。しかし弾幕の中へ出ることはもうない。戦中、逃げだしたい気持ちはいつもあった。しかし飛行機乗りとして生きていたわけ。戦後の第二・第三の人生には簡単にしか触れず、「ここでこうしていろいろな人たちに会えるのも、飛行機に乗っていたおかげ」という感想で彼の話は締めくくられる。

暫くカメラの修理にやっきになっていたが、残っている人も少なくなってきたので、ぼくも立ち去ることにする。同行者はなし。旅館から有馬駅まで、旅館街の坂道を下ってゆく。途中さまざまな御一行様やグループと、すれちがったり、追いぬいたりする。どこかに「燕鵬戦友会」の人々もいるのではないかと思うが、声をかけてくれる人は誰れもいないし、ぼくのほうからはっきり特定できる人にも出会わない。

駅で時刻表を見ると次の電車にはまだ少し間がある。時間待ちをしている人達のなかには、たぶん「燕鵬戦友会」の人々もまじっていたはずだと思うが、誰れもぼくに話しかけてくる人はいないし、また戦友会を話題にしている人々も見あたらない。喫茶店に入って、カウンターでコーヒーを飲む。夫婦連れが入ってきて、六〇歳前位の男性がぼくの隣りに腰かけ、新聞を読みはじめる。あるいはと思って、軽く会釈すると、向うも会釈を返す。奥方の方はぼくを知らない様子。ぼくはカメラの具合を調べることに専念する。

電車に乗ると、前の座席に二人連れの男性が坐っている。年の頃は、「燕鵬戦友会」の人々と同じ位だ。しかし、彼らがもっている紙袋には「奥の坊」とは異なる旅館のネームが入っている。考えてみれば、この二人の男性も彼らの戦友会に出かけることがあるのかもしれない。また「燕鵬戦友会」の人々も、きっとこんな様子で、戦友会という離れ小島から、それぞれの帰途についているのだろう。彼らは分節化されたひとつの現実《リアリティ》から、また別の現実へと移行してゆくのである。

ぼくの乗りあわせている車内を見まわしても、昨夜の雰囲気を漂わせているそれらしき人を、はっきりと見つけ出すことはできない。人々はややリラックスした服装と表情で、要するに、日曜日の午前中という雰囲気に統一されて電車に乗っている。今回の「燕鵬」の人々とのコンタクトは、玄関脇でのY氏との立ち話が最後になるのだろうか。

新開地駅で、梅田行き特急に乗り換える。まだどことなく不思議な気分にとらわれながら、一つ向うのホームをぼっと眺めていると、見覚えのある女性が、二人の男性と並んで腰かけている。夕べの奥さん連のひとりだろうと思って、軽く会釈すると、彼女はベンチから立ち上がって（二人の男性は無表情）、「さようなら、また来年会いましょうね」と大声でいう。おそらく、昨夜の宴会で「なぜ戦友会を研究するのか」と問い返してきた女性であったと思われる。ドアが閉まりかかるのであわてる。（こちらも大声で）「来年ではなく、たぶん再来年お目にかかります」。「じゃ再来年までお元気で」。ドアが閉まり、電車が発車する。

結局、今回の調査行における、「燕鵬戦友会」の人々との具体的な関わりは、インタヴューではなく、（再会の期待を含んだ）挨拶で締めくくられたことになる。それも、ある距離を隔てての、ほとんど一瞬のうちの挨拶によって。

謝辞　戦友会の一日の一部始終をつぶさに見聞する機会を与えて下さった「燕鵬戦友会」の方々に、また、とくに会長のW・Y氏に、末筆ながら厚く御礼を申し上げたい。昭和五四年に会合へのお誘いをいただかなかったなら、本稿はありえなかった。

付記　本稿は、「戦友会の研究㈠㈡㈢」と題して、『新潟大学教養部研究紀要』第11集、第12集（一九八一年）、第13集（一九八二年）に発表した論稿を、部分的に書き改めてまとめたものである。

II　戦友会をつくる人びと

高橋由典

はじめに

戦友会は過去において軍隊生活を体験した人びとによってつくられている集団である。軍隊生活の内容は、その人がどのような部隊（艦船）に所属し、どのような地域を転戦したかによってさまざまに異なる。また、この生活に対する評価も人によってさまざまだろう。なかには楽しいことばかりだったと考える人もいるかもしれない。だが客観的にみるなら、慣れぬ環境下で肉体的にも精神的にもかなりの負担を強いられる軍隊生活は、やはり苛酷な内容を含んでいたといってよいだろう。そこでは人の死もごく日常的なことだったにちがいない。実際、戦友会会員のほぼ半数（四九・四%）が、軍隊生活を「どちらかといえばつらかった」とか「つらいことが多かった」とか評価している（表1）。

表1　軍隊生活をふりかえって

楽しいことが多かった	82（ 6.7%）
どちらかといえば楽しかった	362（29.8%）
どちらかといえばつらかった	320（26.3%）
つらいことが多かった	280（23.1%）
なんともいえない	148（12.2%）
無　回　答	23（ 1.9%）

＊ 第2回調査「問51」から

このようなつらい体験をもつ人びとが、なぜ現在集まってその過去のことを話し合ったりするのだろうか。彼らは何にひかれて戦友会の例会に来るのだろうか。彼らの間には、何か独特なつながりのようなものがあるのだろうか。本稿では戦友会を実際に構成している人びとに焦点をあてて、このような問題を考えてみることにしたい。

われわれの第二回調査*における回答者たちの学歴別、職業別、年収別

図1　会員の学歴・職業・年収

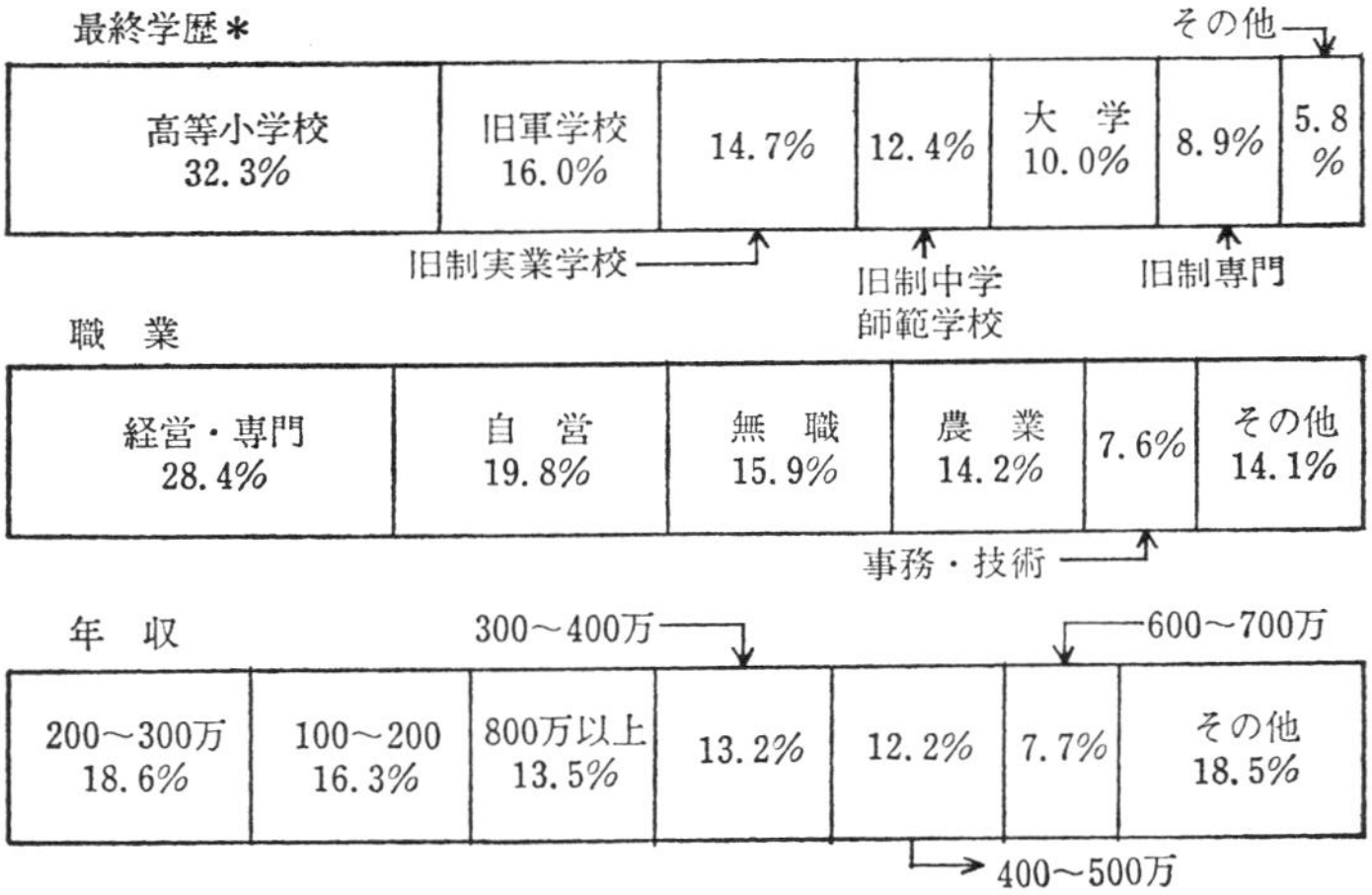

＊　第2回調査。ここでいう戦友会には陸士・海兵などの卒業生でつくる「学校戦友会」が含まれているため、高学歴層が比較的多くなっている。

構成を示せば、図1のようになる。

図に明らかなように、戦友会を構成している人びとの「現在」は一様ではない。そしてこの「現在」に関するちがいに応じて、右に述べた問題に関する意識にもあるいは差がみられるかもしれない。学歴の高い人と低い人、収入の多い人と少ない人とでは、戦友会および戦友関係をめぐる意識にも微妙なちがいがあるかもしれない。ただ本稿では、こうした戦友会会員たちの種差の問題にまで立入ることはできない。ここでは、より包括的なレヴェルでの戦友会ないし戦友関係に焦点を絞って考えてゆくことにしたい。

＊　「戦友会研究グループ」の行なった二度の調査の概要は、本書巻末の「戦友会についての調査と集計」で述べられている通りである。各戦友会の世話人にそれぞれの戦友会について尋ねた第一回調査からは、集団単位の

情報が得られ、戦友会を構成する個々の会員たちにその人自身についての質問をした第二回調査からは、個人単位の情報が得られた。本稿でもこの二つの調査結果がたびたび参照されるが、そのさい、表や図に両調査の別を明示しておくことにした。

考える順序として、まず【一】で戦友会がどのような集団類型に属するかを明らかにし、その集団類型の諸特徴について述べてみることにしたい。そのさい、記述のためのデータは、専ら戦友会に関する調査結果から採られる。つまり、戦友会に関するデータは、【一】ではその集団類型一般に関するデータとして利用されることになる。【一】での一般論を前提にして、【二】で戦友会独自の問題に入ってゆくことにしょう。戦友会に関するデータは、ここでは、同じ集団類型に属する他の集団と戦友会とを区別するために用いられる。なお、【一】【二】で用いられるデータは、統計的データに限定されない。質的データ(回答者が調査表に記入したコメント、自由回答)も併せて用いられる。問題の性質からいって、二つのデータの併用が適切かつ有効な方法だと考えるからである。

一　戦友会を把握するために

再集団化集団とは何か

過去に一定の集団に所属した人びとが、その集団を通過した後、過去におけるその共通所属を唯一の成員資格とする別の集団をつくることがある。同窓会、クラス会、クラブのOB会などはそれらの集団のごく身近な例である。集団の意味を広くとれば、県人会などもこれらの集団の一つとして分類されるだろう。

すぐわかるように、こうした集団は、もとの集団――以下原集団とよぼう――の性質によって大きく二つのタイプに分けることができる。つまり原集団が一回起的な、したがって現在は存在していない集団（たとえば特定年度の入学者集団、特定年度の特定クラスなど）であるようなタイプと、恒常的に存在する集団（たとえば学校、県）であるようなタイプの二つである。クラス会、同期生会は第一のタイプに属し、同窓会、県人会、ＯＢ会は第二のタイプに属する。

第一のタイプに属する集団の場合、成員資格は、その一回起的な原集団をそのときその場で経験した人にのみ与えられる。したがってメンバーは固定しており、新しい人が途中から参加するといった事態は考えられない。彼らは、クラス会とか同期生会とかの集団をつくって集まることにより、すでに消滅してしまった過去の集団をいわば再現しようとしている。

これに対し第二のタイプの集団の場合、原集団を通過した人は、いつ通過したかにかかわりなくすべて成員資格をもつのだから、原集団が存続する限り新しいメンバーは定期的に補充される。この集団に属する人びとはそれぞれ別の時点で原集団と関係をもっていた。彼ら全員が同時に参加したような集団は過去にはなかった。したがって彼らが現在集まったところで、第一タイプの集団のように過去の再現がめざされるわけではない。彼らが再現しようとするのは、集団そのものではなく、各人がかつてもっていた集団への所属感だといってよい。

このように二つのタイプの集団には相違があるが、いずれのタイプの場合でも、一度集団から離れた者たちを再び集めて一つの集団をつくり、失われた集団所属の感情を取戻させるという点では共通している。「再び集める」という点に注目して、ここでは二つのタイプをまとめて「再集団化集団」という名称で表わすことにしよう。

集中と分散

戦友会は、部隊、艦船、あるいは旧軍学校の同期生集団などを原集団とする再集団化集団である（表2、参照）。経験的データをもとに再集団化集団一般について考えてゆくことにしたい。

表2　原集団の種類

部隊（艦船）	797 (81.5%)
学校	121 (12.4%)
官衙	6 (0.6%)
その他	50 (5.1%)
無回答	4 (0.4%)

＊第1回調査「問2ii」から

まず、再集団化集団の集団としての活動について考えてみよう。

戦友会についてのデータによれば、「定期的に会合を開く」という戦友会（全体の八二・五%）のうち、会合を年一回開くというものが六八・一%。二年に一回が九・六%、一年に二回が九・〇%、その他（数年に一度または一年に数度）が一三・三%となっている。

戦友会に限らず、再集団化集団は一般に、年に一度または数度の例会をもつ。この会合の開催が、集団としての活動のほとんどすべてである。人びとは各地から例会に参集し（集中）、会が終ればまた日常の生活に戻ってゆく（分散）。このような集中―分散の反復によってこの集団は維持されている。それは、地域共同体が祭を中心にして、あるいは第二次集団がさまざまな儀式（学校ならば卒業式・入学式など）を中心にして集中―分散をくり返すのとよく似ている。地域共同体や第二次集団の成員たちもまた、祭や儀式のさいに一カ所に集まり、それが終わるとまた各人の生活に戻ってゆく。「集中」することによって彼らの成員意識は強められるから、集団は、成員の統合をはかるために定期的にこの種の集中場面をつくりだしているといえる。

集中—分散のパターン自体は、このように多くの集団に一般的にみられる。ただ、その内容は、再集団化集団と他の集団とではかなり異なっている。他集団の場合は、成員が分散したのちも集団としての活動は続けられる。殊に第二次集団（たとえば企業）においては、分散時における活動（成員の個別的任務の遂行）がなければ、集団の存続すら危うくなる。第二次集団にとって活動の中心は分散時にあり、「集中」はあくまで非日常的なお祭りにしかすぎない。

これに対し、再集団化集団には分散時における活動はほとんどない。むろん、そこで集団としての活動がまったくなくなるわけではない。たとえば会報の発行とか、名簿の作成とかの活動は分散時に行なわれる。だがそれらの活動は、この集団にとって二次的な活動にしかすぎない。再集団化集団にとっての第一次的な活動は、あくまで例会の開催という「集中」の場の設定にある。再集団化集団は、いわば「祭」だけで成立している集団である。

例会の比重がこのように大きいので、ときに例会と集団そのものとが同一視されることがある。成員たちが「クラス会に行く」「戦友会に行く」というとき、彼らは集団の名称を集団の活動（例会）を指すことばとして使っている。こうした用語法は、成員たちの意識において、例会という活動と集団そのものとが未分離であることを示している。

再集団化集団のメンバーシップ

再集団化集団はその活動ばかりでなく、メンバーシップに関しても少し特殊である。この集団の成員資格は、原集団に所属した人全員に与えられる。だが、有資格者のすべてがその再集団化集団に積極的にコミットするわけではない。なかには自らの成員資格に無自覚で、この集団にまったく無関心な人もいるだろうし、あるいは意図的にこの集団との関係を拒絶している人などもいるかもしれない。このような人びとは、例会に参加することもない。

戦友会に関していえば、第二回調査の回答者のうち、例会に「出席したことがない」と答えた人は全体の七・五％であった。戦友会にほとんど関心がなくて回答を返送してこなかった人、あるいは連絡不能で名簿に記載されていない人――われわれの調査では、これらの人は当然調査対象から外れることになる――のことを考えれば、全有資格者中に占める「不参加者」の割合は、実際にはもっと高いと考えられる。他の再集団化集団でも事情は同様だろう。

図2　再集団化集団のメンバー構成

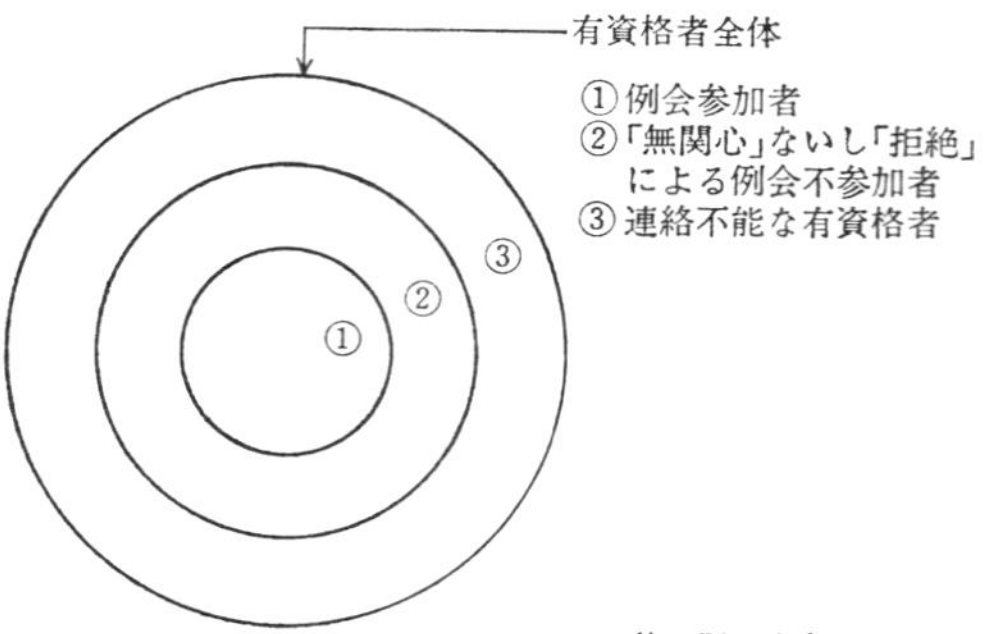

第2回調査〔問9・問17〕

連絡不能な有資格者、および「無関心」ないし「拒絶」による不参加者を考慮して、再集団化集団のメンバー構成を図示すると図2のようになる。再集団化集団を現実に構成しているのは、有資格者全体のうち①の人びとである。この人びとは「分散」時にいわば観念上の集団をかたちづくっている。そしてその中の何割かが、年に一度または数度「集中」して、実体としての集団を形成するわけである。

次にこの「集中」時に焦点を絞って、そこでの規範および成員たちのそこへの参加動機について考えてみることにしたい。

平等主義の規範

例会に集まってくる人びとの「現在」の職業、収入、社会的地位はさまざまである。価値観、政治的立場なども人によってそれぞれ微妙にちがうだろう。だが例会の場では、彼らのこの異質性は顕在化しない。そこでは各自の「現在」にかかわる属性は、すべて一応カッコにいれられ、メンバーたちは一様に「原集団経験者」というカテゴリーでくくられる。会社の役員も学校の先生も商店主も、みな等しく一個の「原集団経験者」である。例会の場には一種の平等主義の規範が存在しているといってよい。戦友会についていえば、会員たち自身はそうした事情を次のように表現している。

「私達同期には、現在では社会生活で社長だ、課長だ、工員だ、と色々いますが、会の席では一列平等です。」（Ⅰ・陸軍航空学校戦友会世話人・年齢不詳）

「〔戦友会は〕生き残った者同志が、社会的地位や名誉、そして国籍等にこだわりなく赤裸々な人間像を形成し、生きる喜びを感謝の内にすごせられる交はりである。」（Ⅱ・元軍曹・五四歳）

「社会的地位、貧富の差も無く、若き日の平等の立場で交際できる兄弟以上の仲で、これだけでも戦友会創立の意義があると思います。」（Ⅰ・陸軍部隊戦友会世話人・年齢不詳*）

* 本稿ではこのようなかたちで、以下たびたび「会員たちの意見」が参照される。それらの資料出所は、第一回調査（Ⅰ）の調査票欄外に回答者（この場合は各戦友会世話人）が記入した意見・感想、および第二回調査（Ⅱ）の問11「あなたにとって戦友会の魅力は何ですか。ご自由にお書きください」に対する回答の二つである。本文ではカッコ内冒頭のⅠ、Ⅱの記号によって両者の区別を明示してある。また引用するさい、原文の漢字・仮名づかいには原則として修正を加えなかった。ただ句読点については若干変えた

ところもある。なお、回答者の年齢は、昭和五五年現在のものである。

むろん、各人のもつ「現在」の属性がその場にまったくもちこまれないというわけではない。高い社会的地位にある人がその場のリーダーシップをとる、といったことは当然考えられる。また、職業・収入などの点で他メンバーに対し劣等意識や優越意識を抱く人もないとはいえない。そのように意識する人は、明らかに「現在」の差異にもとづいて自分と他メンバーの関係を考えている。

だが、こうした「現在」の差異にもとづくメンバー間の関係は、例会の場においてはあくまで二次的なものにとどまる。そこでの第一次的な関係は、「原集団経験者」同士の平等な関係である。

表3-1 戦友会の会合で軍隊の階級名・職名を使うか

使うこともある	324 (33.1%)
使わない	646 (66.1%)
無回答	8 (0.8%)

表3-2 戦友会宴会での席次

①	席順について考慮しない	619 (64.5%)
②	軍隊内序列を考慮して	97 (10.1%)
③	先着順	43 (4.5%)
④	年齢順	38 (4.0%)
⑤	①と②の併記	28 (2.9%)
⑥	①と③の併記	16 (1.7%)
⑦	抽選	13 (1.4%)
⑧	⑤⑥以外の併記	59 (6.1%)
⑨	現在の社会的地位	2 (0.2%)
⑩	その他	44 (4.6%)

＊ 第1回調査「問25・問26ii」から

「現在」の差異について今述べたことは、「過去」に関する差異についてもあてはまる。

戦友会のような集団の場合、メンバーたちは過去、階級のちがいによってはっきりと上下に分け隔てられていた。こうした階級差は、現在の例会の場でも、ときに顕在化する。たとえば、かつて上官であった者が会長や副会長に選ばれ、現在の例会においても特別の役割（慰霊行事において祭文を読む、など）を果す、といったことは当然考えられる。実際、会長・副会長の職に就く人は、かつての佐官・尉官クラスが比較的多い（図3参照）。また、過去の階級名や職名がその場でそのまま使われたり、宴席の席順が「軍隊での序列を考慮して」決められたりすることもないとはいえない（表3-2）。

だがむろん、階級差にもとづくこうした関係は、この場にあってそれほど重要なものではない。階級差にもとづいて実際に権力が行使されたりするわけではないからである。階級呼称に関していえば、メンバーたちは、むしろ一種の遊びとしてそれを行なっている。図3に明らかなように、世話役・幹事となって会を実際に運営し、例会において主導権をとるのは、佐官・尉官クラスというよりは、下士官・兵クラスなのである。会員たちは、たとえば次のようにいっている。

「戦友会程、旧上司も下僚もなく打溶けて血の繋りを持つ気の友人は、後世には生まれないだろうと全員が考へて居る。」（I・陸軍部隊戦友会〔輜重兵〕世話人・年齢不詳）

「苦楽を共にした同年兵、及び周囲の元上級、下級を分かたず語らいの中で、……感激と云ふか情念が沸いて来ます。」（II・元一等兵曹・六〇歳）

「過去」における差異も、「現在」におけるそれと同様、カッコに入れられ、例会の場での平等な関係が確保されることになる。

例会参加の動機

例会に集まった人びとは共同で飲食し、さまざまなことを語り合う。こうしたかたちでの親睦が、例会の場で行なわれるほとんどすべてのことである。人びとは旧友との飲食や歓談を楽しみに例会に参集してくる。

図3　役職と階級の関係

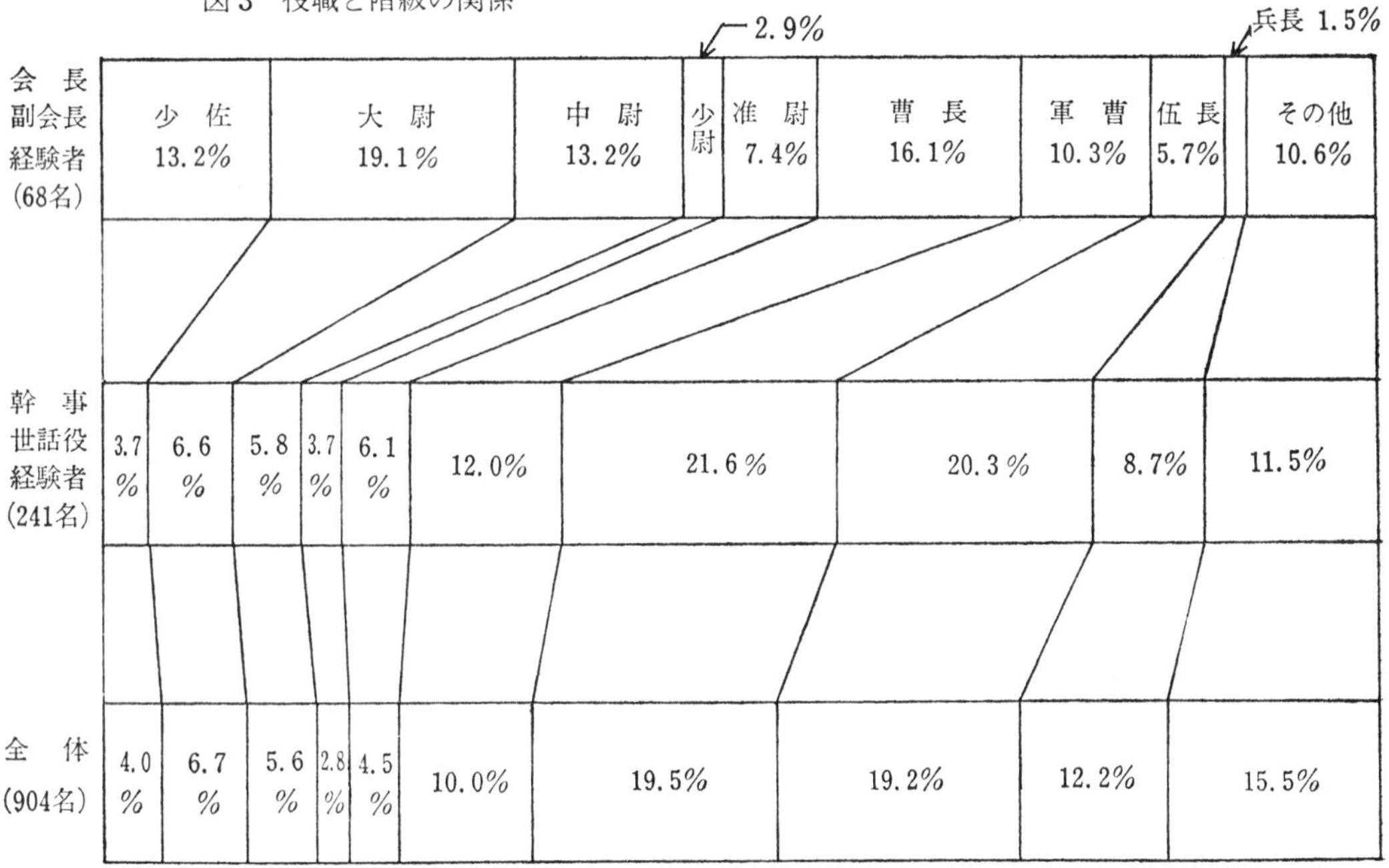

＊　第2回調査の全回答者1215名のうち、陸軍関係者904名のみについてまとめた。

戦友会はやや特殊な集団だけれども、その戦友会の場合でさえ、例会でのこうした親睦は大きな意味をもっている。たとえば会設立の主要目的としては、六〇パーセント近くの戦友会が「親睦のため」を挙げているし、また個々の成員たちの証言によれば、彼らは何よりもこの「互いの親睦」にひかれて戦友会にやってくるのである（図4参照）。

図4　戦友会の魅力

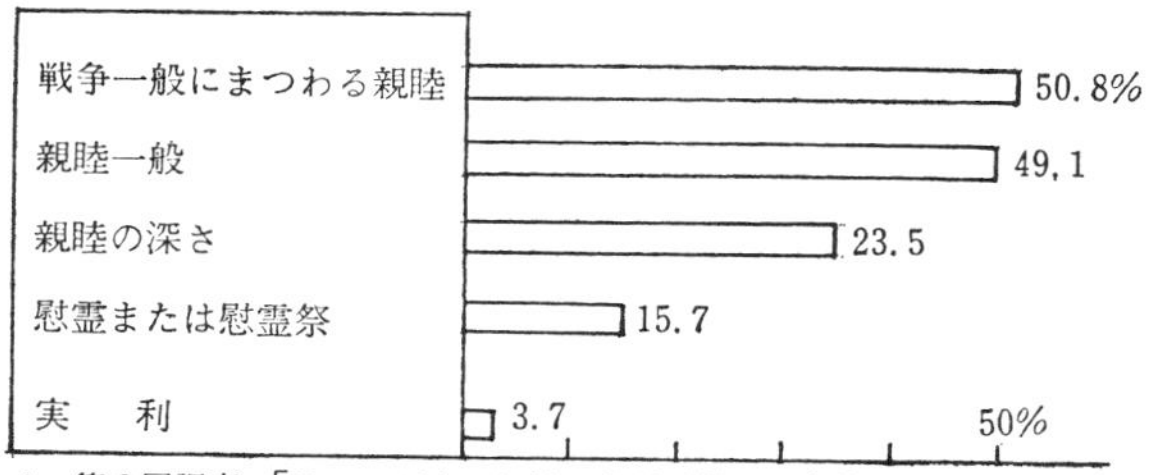

＊　第2回調査・「問11」に対する回答の集計結果より上位5つを選んで作成。

では、なぜこの「親睦」が彼らをこれほど魅きつけるのだろうか。

魅力の源泉としてまず最初に考えられるのは、例会およびそこでの親睦のもつ「現実離脱」の機能である。再集団化集団の例会の場では、各自の「現在」は一応カッコにいれられる。その人が家庭や職場でどのような状況におかれているかは、ここでは問題とならない。現在どのような状況にある人でも、一歩旧友たちの輪の中に入ってしまえば、一人の「原集団経験者」として昔の話に興ずることができる。その意味で、成員たちは、例会での親睦に参加することによってそれぞれの日常的現実から一時的に離脱している。このような「現実離脱」機能が、再集団化集団（の例会）の一つの魅力になっていることはたしかである。

だが、成員たちはこのことだけに魅きつけられてこの集団に参加しているわけではない。「現実離脱」だけの問題なら、彼らはあえてこの集団を選ぼうとはしない。日常の生活を忘れさせてくれる「遊び」は街にあふれているのだから、「離脱」を求めるだけなら、それらのどれかを選ぶにちがいない。彼らがあえてこの集団を選ぶことについては別の理由を考える必要がある。

旧友との親睦を通して、彼らは過去の自分、あるいは当時自分を囲んでいた環境（時代や人びと、周囲の風景）を想起する。このとき彼らは、一種のノスタルジーを過去に対して感じているにちがいない。F・デーヴィスによれば、ノスタルジーを抱いて過去をふり返る人は、そのことを通して暗黙のうちに「アイデンティティ（自己同一性）の連続」を確認しているのだという*。過去の自分を想起することによって、アイデンティティの強化がはかられるのである。再集団化集団に集う人びとは「親睦」に加わり、過去に懐しさをおぼえることによって、それぞれにアイデンティティの強化を行なっているのだということになる。彼らにとって、再集団化集団は、自己確認の場なのである。彼らが特にこの集団を選ぶのも、こうしたことが理由になっている。

* Fred Davis, *Yearning For Yesterday*, The Free Press, 1979 pp. 32-35

むろん、過去の想起、そしてそれによるアイデンティティの強化ということ自体は、ひとりでも行なえる。けれども、自分の過去を実際に構成していた環境（「人びと」）にじかに接することは、このような場でなければ不可能である。昔の仲間に会うことによって初めて、想起される内容は、より鮮明で具体的なものとなるのである。

戦友会の場合、人びとの（例会）参加の動機は、あとでふれるようにかなり独特なものである。だが、その動機の中にもこのような「自己確認」という要素が含まれている。そのことについて少しふれておこう。彼らは、原集団（軍隊）において戦闘体験というかなり特殊な体験をした。その体験の

表4　戦闘体験

戦闘体験はまったくもっていない	174（14.3%）
あまり戦闘体験はない	185（15.2%）
平均的な戦闘体験だと思う	275（22.6%）
厳しい戦闘体験をもっている	249（20.5%）
悲惨な戦闘体験をもっている	285（23.5%）
その他	20（1.7%）
無回答	27（2.2%）

＊第1回調査「問6」から

ことを、四〇パーセント以上の人が「悲惨な」「厳しい」と形容している（表4参照）。彼らにとって、軍隊という原集団は、何よりもこの特殊で苛酷な体験を提供してくれた場としての意味をもつ。だが、彼らにとって、この原集団の意味は、それだけにとどまらない。

第二回調査の調査時点（昭和五五年一二月）における戦友会会員たちの平均年齢は、六二・二歳であったが、この年齢層の人たちは、個人差はあるにせよ、二〇歳から二〇歳代のなかばまで軍隊とかかわりをもったことになる。（六二歳の人は、昭和一三年に徴兵検査をうけ、二七歳で終戦を迎えている。）つまり、平均的な戦友会会員にとっては、軍隊という原集団は、彼らが青年期に所属した集団である。この点に関しては大学や高校と異なるところはない。クラス会のメンバーにとっての「学校」と同じような意味を軍隊ももつ。そしてその限りで、戦友会の会員たちもクラス会のメンバーたちがもっている動機（過去を想起することによる「自己確認」）を自らのうちにも所有していると考えられる。このことを指摘する会員たちの証言は数多い。

「私達の青春は、軍隊生活を除けば零に等しいものです。お互の人間性が腹の底の底迄判って居り、未だに絶体に変りません故、お互に嘘が全々通りません。何もかも腹の底より話し合えます。同年兵同志の場合、虚飾、利害関係等全々頭に置かず真実に話し合える所が魅力です。学生生活を送った事は有りませんが、共に3年余り学校寮生活を送った仲の良い学友と同じ様なものと思います。」

(Ⅱ・元伍長・六二歳)

「私の一生のうちで最も純粋であった時代の友人達と会って、失われたあの頃の清純な気持と情熱をとり戻せるような気がする。」(Ⅱ・元大尉・五八歳)

「毎年会って、毎回同じ回想をしている間に、若き青春時代を思い返す事によって、身内に脈々と血が湧くような気がします。若返りの秘薬です。」(Ⅱ・元曹長・六二歳)

「私にとって軍隊時代は青春時代でした。命をかけ過したその青春時代が素晴しく思い、なつかしいからです。」(Ⅱ・元兵長・五九歳)

会員たちにとって軍隊生活はたしかに苛酷であった。だが、その苛酷な生活も、青年期におけることであるがゆえに、ノスタルジーの対象になるのである。彼らの中で昭和一〇年代を「もっともよい時代」とする人が、他のどの時代を選ぶ人よりも多かったのはこのことと関係している(表5参照)。

表5　もっともよい時代

明治時代	4 (0.3%)
大正時代	45 (3.7%)
昭和一ケタ代	160 (13.2%)
昭和十年代	237 (19.5%)
昭和二十年代	33 (2.7%)
昭和三十年代	120 (9.9%)
昭和四十年代	224 (18.4%)
昭和五十年代	206 (17.0%)
とりたててよい時代はなかった	155 (12.8%)
無回答	31 (2.5%)

＊第2回調査「問54」から

次に、戦友会特有の問題に入ってゆくことにしよう。

二　戦友会のコミュニケーション

戦友会のタイプ分け

戦友会は今まで述べてきたように、一つの再集団化集団として他の集団とさまざまな特性を共有している。けれども、この集団はかなり特殊な条件の下に成立している集団なので、当然、再集団化集団一般には還元できない性質も備えている。ここでは、それらの諸性質のなかで、ことに成員たちの独特な例会参加動機について考えてみることにしたい。

その議論に入るまえに、ここで主としてとりあげる戦友会のタイプについて説明しておこう。

われわれの調査で「戦友会」として扱った集団は、大きく二つのタイプに分かれる。一つは、陸軍士官学校、海軍兵学校など旧軍学校を原集団とする戦友会（学校戦友会）で、その多くは同朝生会である。いま一つは、部隊・艦船など戦闘行動のさいの一単位を原集団とする戦友会（部隊戦友会）である。このタイプの戦友会はさらに、原集団（部隊）において全成員間に対面関係のあったもの（対面型戦友会）と、そのような関係のなかったもの（非対面型戦友会）という二つのサブ・タイプに分かれる（図5参照）。

図5　戦友会の諸タイプ

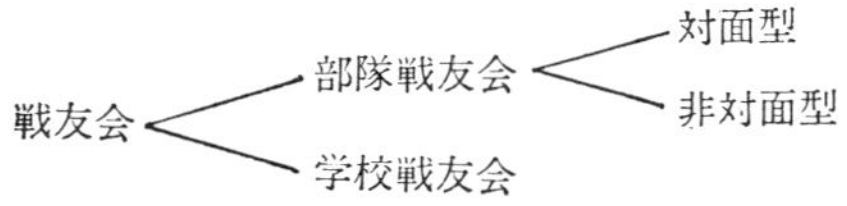

戦友会は、学校戦友会でも部隊戦友会でも、再集団化集団としては一応前に述べた第一のタイプ（クラス会型）に分類されうるが、部隊戦友会のうちの非対面型のもののなかには、第二のタイプ（同窓会型）に近いものもある。（一つの艦船に乗組んだことのあるすべての人に成員資格を与える戦友会など。）

学校戦友会と部隊戦友会（対面型戦友会、非対面型戦友会）のうち、ここでは後者のみを「戦友会」として扱う。クラス会的色彩の濃い学校戦友会は、一応視野の外におかれる。また、成員の「参加動機」については、部隊戦友会の中でもことに対面型戦友会を念頭において考えてゆくことにしたい。戦友会特有の諸性質は、このタイプの戦友会の中に最も鮮明なかたちでみることができるからである。むろん、非対面型戦友会の場合も、その原集団はさまざまな対面集団の集合体だったのだから、対面型戦友会について明らかにされた「参加動機」は、基本的には非対面型戦友会についてもあてはまると考えられる。

戦友会を他と区別するもの

戦友会の成員たちの「参加動機」を考えるにあたって、まず戦友会と他の再集団化集団とを客観的な指標によって区別しておこう。

戦友会の原集団（部隊・艦船）で行なわれる活動（戦闘行動）は、明らかに他の原集団にはみられない特殊な活動である。この特殊性を、集団活動の形式に注目して表現すれば、次のようになるだろう。戦闘行動の場合、集団としての活動は、必然的に集団内に死者を生みだす。集団としての活動がメンバーの死を招く、という事態は、この活動独特のものである。活動の結果としての死者の発生という点で、この集団活動は他のさまざまな集団活動と区別される。

原集団におけるこの特殊な活動は、戦友会の現在の内容にも影響を与えている。大部分の戦友会（全体の八六・九％）では、例会時になんらかの慰霊行事を行なうし、「分散」時の活動としても、たとえば慰霊碑の建立（「すでに建立した」あるいは「建立の予定がある」戦友会は、全体の三六・六％にのぼる）、遺骨収集のための戦跡訪門（全体の二六・一％）などが行なわれる。

戦友会も再集団化集団の一つだから、その例会に集う人びとは、「現実離脱」とか「自己確認」といった、再集団化集団一般に共通する「参加動機」を所有している。けれども、戦友会は同時に、今見たようにかなり特殊な条件の下に成立した集団である。したがって、そこに集う人びとの動機には、当然その特殊性に対応する部分があるはずである。他集団と共通する動機の層（i）のうえに、この集団独自の動機の層（ii）が付け加わっていると考えられる（図6参照）。この独自の層とは、どのような内容をもつものだろうか。

戦友会の例会は大抵、「慰霊行事」→「宴会」という順序で会がすすめられる。このうち「慰霊行事」のほうは、この例会特有の活動であるが、成員たちの大部分はこの活動になんらかの意義を見出しているようだ。たとえば、慰霊行事を「絶対行なわなければならない」という人と、「行なった方がよい」という人とを合わせると、全体の八五・三％になる。戦友会の中には、この活動を行なうことを第一の目的として再集団化したところもある。「慰霊行事」は、明らかに戦友会例会の中でかなり大きな比重を占めている。会員の中には次のようにいう人もいる。

「私たち生命あって復員できたのは、亡き戦友の犠牲があってのお蔭で、戦友会の主役はどこまでも英霊でなければならない。戦友会の集いは先ず慰霊行事に始まり、亡き戦友を偲び語り合うことのできる悦びに〔戦友会の〕魅力があるのではなかろうか。」（II・元准尉・六四歳）

この慰霊行事に焦点を合わせて、「参加動機」を考えてゆくことにしたい。

図6　例会への参加動機

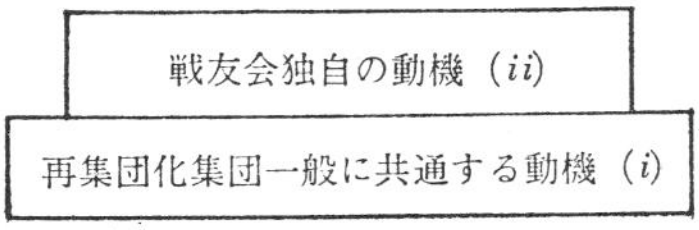

戦闘行動における死者

「慰霊行事」そのものは、むろん、「原集団における死者の発生」という戦友会の特殊事情と結びついている。だが、単に「(過去における) 死者の発生」ということだけなら、人びとは定期的に「集中」して慰霊をしたりはしない。遭難死者を出した登山隊の例を考えてみればよい。そこでは「再集団化」も「定期的な〈集中〉による慰霊」もみられない。たしかに事後、「慰霊祭」のようなものは行なわれるだろう。だが、それはあくまで一回限りのことである。生き残ったメンバーが新しい集団をつくって、くり返し「集中」を行なう、といったことはそこではない。単なる「死者」の発生だけでは、そうした行動への十分な動機づけは与えられないのである。

「再集団化」や「集中」のためには、戦闘行動(ないしそれに近いもの)という前提が必要なようだ。だが、なぜそうなのか。なぜ「戦闘行動中の死者」の場合に限って、人びとは「再集団化」―「集中」といったような行動パターンを示すのだろうか。

この問いに答えるためには、「戦闘行動中の死者」が生き残った者たちにとってどのような意味をもっているか、が明らかにされなくてはならない。

いま、仮に戦友会(対面型戦友会)の成員の集合をA、その成員たちとかつて同一の原集団に属していて戦闘行動(ないしそれに近い状態)中に死んだ人びとの集合をB、とそれぞれ名づけてみよう。Aに属する人びとと、Bに属する人びととの間には過去、対面関係があったし、また現在でもAの人びとの間には――すくなくとも戦友会の例会においては――それがある。Aに含まれる人びとにとって、Bの人びとはどういう意味をもつ存在なのだろうか。

同一の集団を組んで戦闘行動に従事しながら、Aに属する人(これを以下aという記号で代表させよう)は生き残り、Bに属する人(同じくbという記号を用いよう)は死んだ。戦場においては、死の可能性はa、bに平等に配分されている。したがってbの死後、aの中に、bが死というクジをひいてくれたがゆえに自分にそのクジは当らなかった、という観念が生じたとしても不思議ではない。この場合、bの死はaにとっていわば身代りの死となる。aにとっては、自己の生は自らの所有であると同時に、死という代価を払ってくれたbの所有でもある。aの生はその意味で二重所有である。
一方の所有者であるbは、当然、生き残った人の生、戦後の活動に関心をもつだろう。すくなくともaはそう考える。彼は自分の生、活動がつねにbの視線のもとにおかれていると感じているのである。この視線に動かされて、aは、たとえば毎年八月十五日になると、ひとりで黙禱したり、あるいは戦友の命日に墓参りをしたりするのかもしれない(表6、参照)。

表6　八・一五に戦争をしのんで

黙禱する	104 (33.8%)
戦地・戦友を思い出す	56 (18.2%)
戦友の墓参・慰霊碑参拝	31 (10.1%)
靖国神社に参拝	18 (5.8%)
護国神社に参拝	18 (5.8%)
慰霊祭・式典に行く	13 (4.2%)
反戦・不戦の誓い	12 (3.9%)
絶食（粗食）する	7 (2.3%)
読経する	5 (1.6%)
戦争について文章を書く	4 (1.3%)
仕事を休む	2 (0.7%)
そ　の　他	32 (12.3%)

＊第2回調査「問50 ii」から

こうした個人としての行為を通して、彼は死者と自己との関係を改めて確認しているのだと考えられる。また、戦死した戦友の遺家族の訪問という行為(回答者の四八・七%は、遺族を訪問したことがあると答えている)も、この文脈で考えることができる。

Aに属する「個人」について今述べたことは、そのままAの諸個人間に結ばれる「関係」（a_1—a_2—a_3といった関係）についてもあてはまる。自分自身の生に関するbの関与を認めるa_1やa_2、a_3が、自分たちの「関係」そのものをそれと同様にとらえたとしても、それほど不思議ではないだろう。かつての同僚bはわれわれの「関係」に大きな関心を抱いているはずだ、とa_1、a_2、a_3は考える。彼らにとっては「関係」も二重所有なのである。

会員たちが、「分散」時に活発な個人的交流をしたり、密に連絡をとりあって会の運営をはかったり、相互扶助を行なったりしているのは（表7）、おそらく戦友同士の「関係」の維持が、その関係に関心をもつ死者たちに対する一つの責任であると彼らが考えているからである。

表7−1　会員間の個人的交流（会合外）

活発に行なわれている	526（53.8%）
あまり活発でない	296（30.2%）
ひじょうに活発	115（11.8%）
ほとんど交流せず	27（ 2.8%）
無　回　答	14（ 1.4%）

＊第1回調査「問28」から

表7−2　会員に個人的に世話になったことが――

世話になったことがある	226（21.9%）
〃　　ない	927（76.3%）
無　回　答	22（ 1.8%）

＊第2回調査「問12」から

死者への集団的自己呈示

「個人」や「関係」についてと同じことは、さらに「集団」全体についてもいえる。a_1、a_2、a_3らは、死者が原集団の成員を一つの全体として、つまり、一つの「集団」として関与の対象にしている、と考える。「個人」や個々の「関係」でなく、それらを超えた「集団」がそこで問題にされる。bの死が集団活動の結果もたらされたものなのだから、a_1、a_2、a_3たちのこうした考えも当然のことかもしれない。

「再集団化」―「集中」といった戦友会にみられる行動パターンは、彼らのこうした考えに関係している。死者の側の「集団」への関心に応えることは、成員たちがそれぞれの生活に「分散」しているときは不可能である。そこでは実体としての「集団」がつくられていないからである。死者の関心に応えるには、実体としての「集団」を形づくる必要がある。彼らにとって「集団」の実体化は、「集団」に関心をもつ死者に対する一つの責任なのである。こうした考えから、生き残った人びとは「再集団化」し、定期的に「集中」を行なおうとする。彼らは「集中」することにより、かつてと変らない「集団」を死者に対して呈示しようとするのである。そしてそのことによって、死者の側の「集団」への関心に応えようとしている。「集中」とはこのように、死者に対する「集団的自己呈示*」の場にほかならない。

＊ 自己呈示という概念については、社会学者E・ゴフマンに拠る。「集団的自己呈示」については、拙論「日常における演技と儀礼」（仲村祥一・井上俊編『うその社会心理』有斐閣、一九八二年、所収）を参照。そこでⅢに分類された演技（集団主体による不可視的存在への演技）が、ここでいう「集団的自己呈示」である。

このことは、「集中」時における慰霊行事において最もはっきりしたかたちであらわれる。成員たちは、慰霊行事の場でかつてと同じように整然と動き、死者に対するさまざまな宗教的儀式を一致してとりおこなう。一つのまとまりをもった「集団」が、この行事を通して死者のまえに具体的に呈示されるのである。

慰霊行事ばかりではない。その後の「宴会」も、死者とのコミュニケーションに関しては同じような構造をもっている。成員たちは、他の再集団化集団の成員たちと同様に、そこで過去を共有する者同士の親睦をはかるが、その親睦はそのまま死者、つまり過去同じ原集団に所属していながら、その場に加わりえない第三者、に対する自分たちの「関係」ないし「集団」の呈示になっているのである。

会員たちのことばを引用しておこう。

「苦楽はもとより、生死を共にした肉親以上のキヅナで結ばれた戦友と会え、紙一重の差で生死を分けた亡き友について語り合えることは、当事者でないと分らない〔戦友会の〕魅力であると思う。ある遺族がいわれた『我々ですら忘れかけている息子のことを、こうして思出して下さるだけで何よりの供養です』との言葉が忘れられない。」（Ⅱ・元中尉・六〇歳）

「敵のたまの下をくぐった戦友は、生きのこったこと事態《ママ》がきせきで、戦友会は、あのとき、このときの戦いに亡くなった友への報いの場でもあるのです。生きつづける限り戦争の非をさけび、戦友会に出席して今は亡き戦友、慰《ママ》家族の霊をとむらい、慰めてやりたいと思います。」（Ⅱ・元曹長・六二歳）

「あの恐しい記憶も、あの凄じい体験も、ともすれば忘れがちの現在の世の中、当時若くして逝った友の亡き霊の供養等も忘れがちであり、改めて我が心に銘記して、今日の生あるを喜び合うものである。尚を亡き友を語るも供養の一端と思っている。」（Ⅱ・元等兵曹・五五歳）

戦友会の例会に参加するということは、このように、「集団的自己呈示」というかたちでの死者とのコミュニケーション活動に参加するということである。こうしたコミュニケーション活動は、他の再集団化集団にはない。それに関する関心が例会への参加を促がす、といった事態も他の集団の場合には考えられない。「集団的自己呈示」への参加という動機づけは、あくまで戦友会特有のものといえるだろう。

「死者との連続」という観念

原集団の特殊な活動内容（「戦闘行動」）に注目して成員たちの例会参加動機を説明したが、いうまでもなく、「戦闘行動」とか「死者の発生」とかは、前大戦に旧日本軍の一員として参加した者に限られた体験ではない。あらゆる時代、あらゆる国家の戦争に参加した「戦闘体験者」がみな同じような体験をしている。だが、それらの人のすべてが、右に見たような心理過程を経験するわけではない。また、そうした心理に支えられて、戦友会のような集団を形成しようとするわけでもない。

たとえば、同じ旧日本軍の戦争でも、日清・日露戦争の場合には、その戦後に戦友会ができるということはなかった。また、第二次大戦後の日本と同じような状況にあった第一次大戦後のドイツにも、このような集団は存在しなかったといわれる。戦争のあとに必ず戦友会が成立するわけではないのである。むしろ戦後の日本におけるように、生き残った者たちが、「集団的自己呈示」に固執して集団をつくったりすることのほうが特殊だといえそうである。

したがって問題は、この特殊性がどこから生じてくるか、である。なぜ戦友会の成員たちに限って「集団的自己呈示」の動機づけをもつようになるのだろうか。そのような心理過程が彼らのうちに生まれてくるための条件は何なのだろうか。

論理の上からすぐ指摘できるのは、「生者と死者との連続」という観念の必要性である。この観念があって初めて、死者に対する、「関係」や「集団」の呈示という考えが生まれてくる。もしこの観念がないとするなら、つまり、死者は生者とはまったく別の存在であると人びとが考えるなら、仮に戦友が戦場で死んだとしても、その戦友に対し、残った人びとが格別の感情を抱くはずがない。aが自分自身とbとを比較することもないだろうし、bに対して（死という「クジ」をひいてくれたことに関する）負債感をもつはずもない。

これまでたびたび指摘されてきたように、日本人の間には一般にこの「生者と死者との連続」という観念が強い*。戦友会の成員たちにみられる独特の心理は、明らかにこの観念を前提にして成立している。死んだ戦友が自分たちとつながっていると考えるからこそ、彼らは先に述べたような、死者との関係づけを行なおうとするのである。

* 作田啓一「死と和解」(『恥の文化再考』筑摩書房、一九六七年、所収)あるいは、ロバート・J・リフトン、桝井迪夫監修・湯浅信之他訳『死の内の生命』第一二章(朝日新聞社、一九七一年)、さらに見田宗介「死者との対話」(『現代日本の精神構造』弘文堂、一九六五年、所収)などを参照。

戦友会の内と外

いま一つの条件として指摘しておかなくてはならないのは、戦友会の成員たちと外部社会とのやや特殊な関係という問題である。

戦友会の人びとは、自分たちの集団以外の、とりわけ自分たちより若い世代に属する人びと(およびそれらの人びとによって代表される戦後社会一般)に関して、独特の認識をしている。この認識がなければ、先に見てきたような心理(自己を「死者」たちと連続させる感情)が特に強く形成されるということもなかったにちがいない。このことについては少し説明が要る。

戦友会の成員たちが、自分たちの「戦争体験」について、集団外の、ことに自分たちより若い世代の人びととコミュニケーションをもつことは、かなりむずかしい。コミュニケーションのこのむずかしさは、まず体験というものの本質的な個別性にもとづいている。戦争体験に限らず、一般に自己の体験を部外者に正確に伝えるにはかなりの努力が要る。

だが、第二次大戦の「戦争体験」をめぐるディスコミュニケーションの原因はそれだけではない。体験の個別性ということだけなら、他の戦争（たとえば日清・日露戦争）を経験した人も、同じ困難にかこまれていることになる。

戦友会の成員たちの「戦争体験」に関しては、さらに、社会制度としての旧軍隊の解体（したがって徴兵制の廃止）、全人口中に占める戦争未経験者の割合の増加、といった客観的状況がある。それらが、コミュニケーションを阻害する条件として働いている。

図7　戦争中、何のために戦ったか

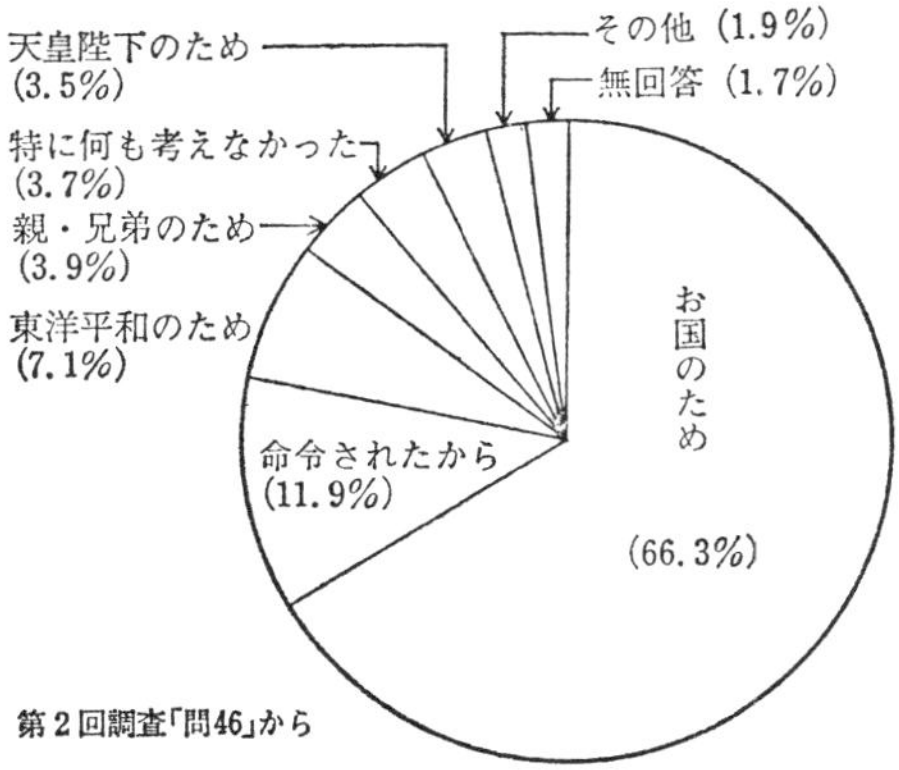

第2回調査「問46」から

社会制度としての軍隊を知らない、戦争を経験していない世代との間に、軍隊生活や戦闘体験に関する有効なコミュニケーションが行なわれる可能性はひじょうに少ない。たとえば、戦友会の成員の七〇パーセント近くは、「お国のため」に戦ったと証言しているけれども（図7参照）、異世代に属する者たちがそのことばの意味を正確に把握することは困難だろう。「お国のため」の「お国」とは何を意味するのか。「国家」なのか、地域共同体なのか、あるいはその双方のことなのか。親・兄弟・友人は「お国」の中に含まれているのか、いないのか。軍隊を知らない世代、戦争を経験していない世代の多くは、「お国のため」の動員に対して、このような疑問を発するにちがいない。

さらにまた、「戦争体験」の懐古についての評価のちがいという問題がある。戦後の社会では、「戦争体験」の懐古は――過去の体験一般の懐古とちがって――、当事者以外の人びとに否定的に評価されるのが普通である。軍隊生活や戦争の話をする人は、しばしば好戦的と評価される。こうした評価の食いちがいが、戦友会の世代の「体験の伝達」に関する動機づけを弱め、そのことを通して、彼らと異世代とのコミュニケーション・ギャップはさらに拡大する。

このような条件の下で、戦友会の成員たちは、自らの体験を自分の子どもや孫に伝えることに対してさえ消極的になっている。全回答者中半数近く（四八・三%）の人が、自分たちの戦争体験を彼らに「伝えたいが理解されないだろう」と考えており、「伝えるつもりはない」という人も一割を越えているのである（図8参照）。

図8　戦争体験を子や孫に伝えたいか

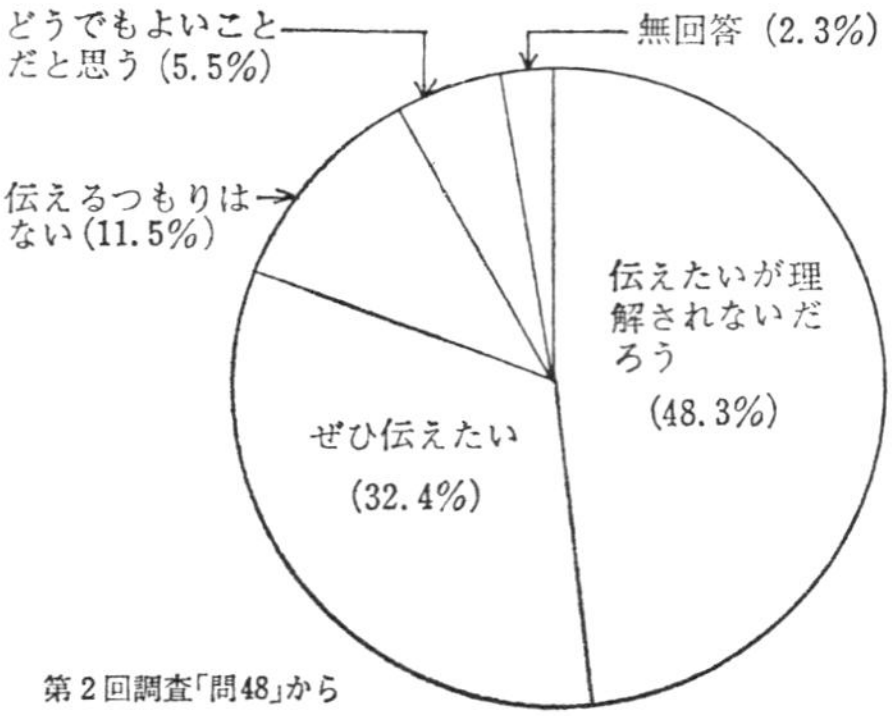

第2回調査「問48」から

彼らのこうした心理は、次のような表現となって表われてくる。

「戦争と云う歴史的な事実として後代に記録を残す事は必要です。然し、戦争を忘れた世情世相に私たちは何も語りかけたくありません。それは返《ママ》って自分をみじめにするだけです。」（I・陸軍部隊戦友会〔野砲兵〕世話人・年齢不詳）

「敗戦後、今日の日本経済の復興は世間、いや世界中から驚異的とされていますが、この復興にも私たちの世代は黙々と挺身し、今や老境に入ろうとしています。妻や子に語るも、共鳴的な理解を得にくい。どうかすると、無批判に侵略戦争に加担した世代などと見られかねない場合すらある戦後の世相をなげく者も多いのです。」（I・陸軍部隊戦友会〔歩兵〕世話人・年齢不詳）

日常においてこのような状況におかれている戦友会の成員たちにとって、戦友会の例会は、いわば「話の通じる」相手に会える唯一の場である。彼らは、仲間とともに、通常は抑えられている「戦争体験の懐古」を積極的に行なおうとする。この種の親睦が社会的にはすくなくとも積極的には評価されていないことを成員たちも知っている。彼らは親睦を愉しみながら、自分たちの集団と外部社会とをはっきり異なったものとして意識しているだろう。成員たちにとって、外部社会は外集団（out-group）なのである。

成員たちが自分たちの集団と外部社会との関係を、内集団―外集団の関係としてとらえ、両者の間に明確な隔たりを設けるといった事態は、むろん、他の再集団化集団にはみられない。久しぶりのクラス会で対面した友人と、学校時代の懐しい思い出話に興ずる人々が、外部社会との間に特別の不連続を感じているとは思えない。また同じ戦争体験者でも、他の戦争を体験した人たちの場合には、自分たちの世代と他の世代との不連続をことさらに意識したりはしないだろう。「外集団視」は、戦後の戦友会だけにみられる独特な現象なのである。

外部社会を外集団とみなすことによって、戦友会という集団内部の統合度は当然高まる。成員たちの連帯意識は、他の再集団化集団に比べてかなり強いといってよい。会報の発行・部隊史の刊行といった「分散」時の活動がさかんなのは（会報を発行している戦友会は全体の四〇・二%、部隊史のほうは二六・五%である)、このことと関係している。

戦死者と戦後の社会

外部社会を外集団とみなす、いま述べた傾向は、戦死したかつての同僚の評価をめぐって最も顕著になる。

日本の社会は、第二次大戦を境にして社会的価値に関するかなり大きな変化を経験した。かつての国家目標は、戦後社会においては明らかに否定の対象になった。その否定のなかには、当然、その国家目標遂行に参加した、個々の人間の行為に対する否定的評価も含まれている。戦後の社会は一般に、かつての戦闘員に対してそれほど好意的ではないといってよいだろう。戦死者たちの死にもあまり積極的意味は与えられていない。自分たちのかつての同僚の死をこのようにみなす外部社会を、戦友会の成員たちが外集団視したとしても不思議はない。

むろん、戦死者に対する国家レヴェルでの対応——たとえば遺族年金など——は、ある程度なされている。また靖国神社の国家護持をはかる政治勢力もある。だが、政治あるいは政策の局面であらわれてくる「戦死者」は、彼らの個々の「死んだ戦友」とは必ずしも重ならない。前者は、後者の中の、政治的に利用可能な部分だけが抽出してつくられた一個の抽象物であるといってよい。「死んだ戦友」のうちの、政治的利用が不可能な部分は、そこでは当然捨象されている。このようなかたちで「戦死者」を政治的に利用する外部社会もまた、成員たちにとって内集団とはなりえない。

そのことから、たとえば次のような、戦友会の反政治性を強調する発言も生まれてくる。

「我等のグループを活用せんとする各種の政治的行動への参加を始め、慰霊に名をかりる諸々の勧誘（寄付行為を含む）等に対しては、特に関連あるものについて若干おつき合い程度の応答以外全て拒否する事としている。」（II・元少佐・六七歳）

「個々の戦友会は政治団体でもなく亦、何かの事業を設定しての会である筈がなく、多くの戦友会の目的は、戦死した英霊の慰霊と生存者の親睦に有り、純粋なものである。」（I・陸軍部隊戦友会〔砲兵〕世話人・年齢不詳）

図 9　戦後の生活に対する評価

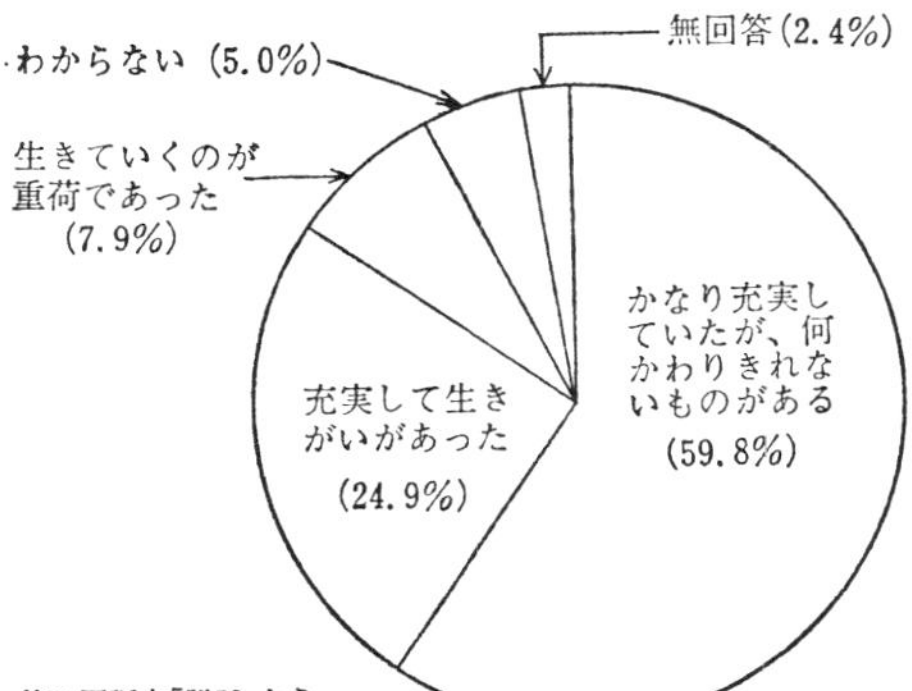

第 2 回調査「問58」から

戦友会の成員たちの六割近くは、戦後の生活について「かなり充実していたが、なにかわりきれないものがある」という感想をもっている（図9参照）。この「わりきれなさ」は、おそらくいま述べたような、戦後社会に関する彼らの認識と関係している。戦後社会を「死んだ戦友」への関心の低い社会とみなすことによって、またそのなかでそれなりの生活を享受している自分自身を自覚することによって、「わりきれなさ」という不透明な感情が生まれてくるのだと考えられる。

外部社会に関するこのような認識は、成員たちの間に、当然次のような自己規定、すなわち、自分たちこそ死者とのコミュニケーションを行ないうる唯一の主体である、という自己規定を生む。そして、このような自己規定は、彼らに「集団的自己呈示」への積極的

図10　戦友の成立時点

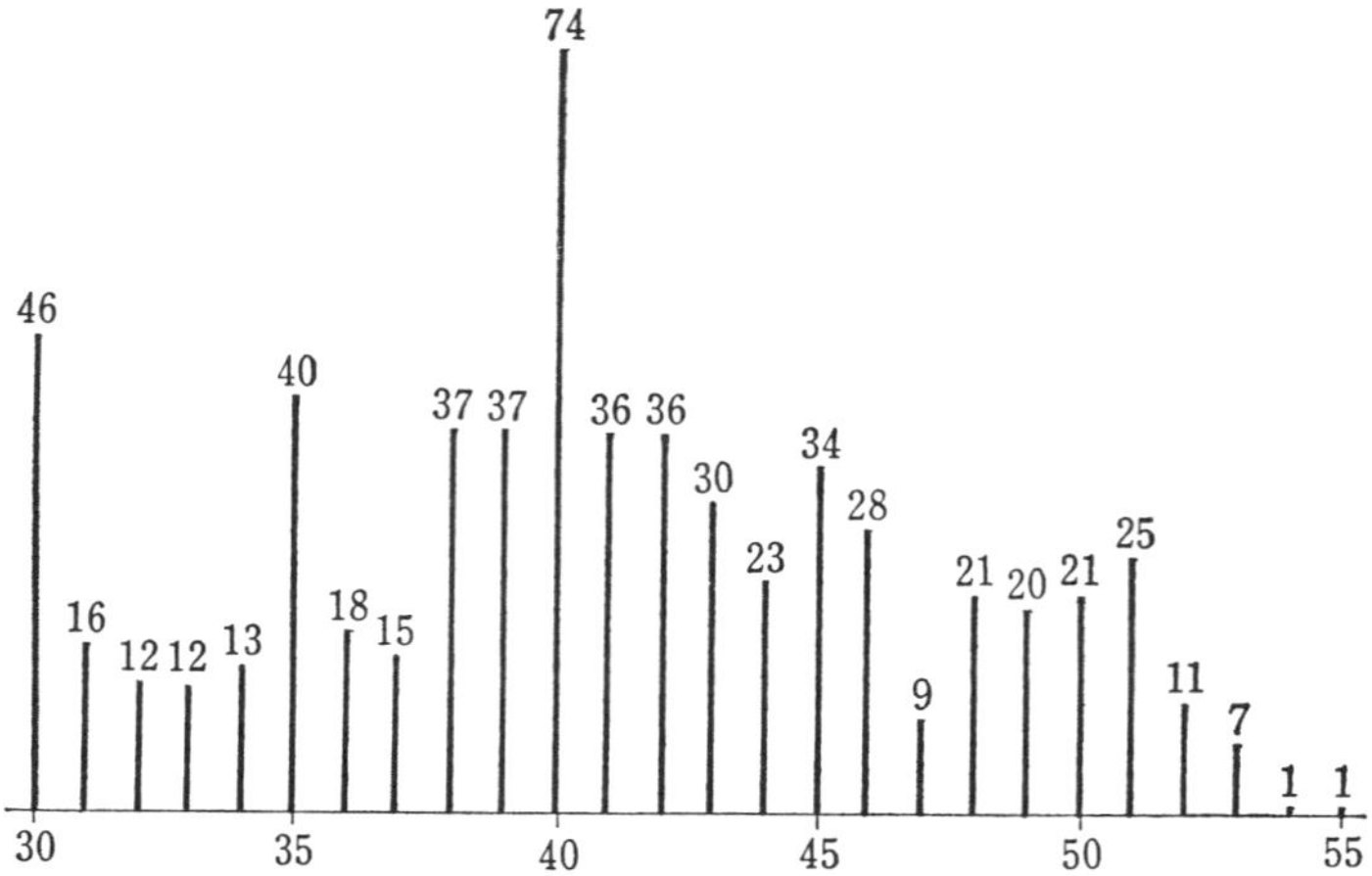

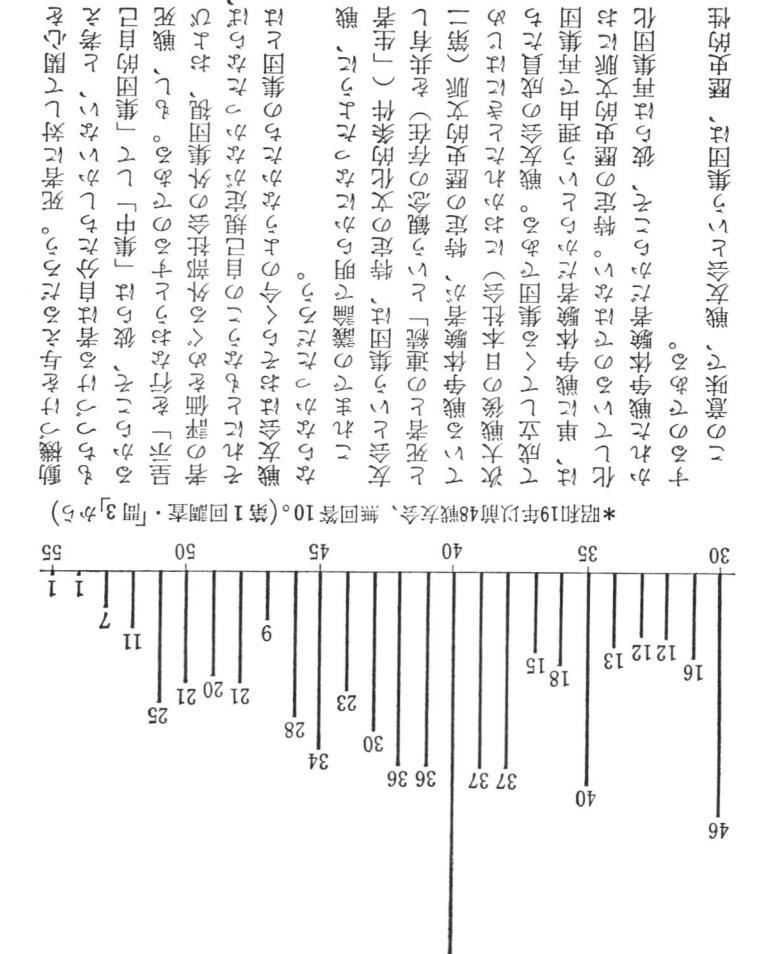

＊昭和19年以前48戦友会、無回答10。(第1回調査・「問3」から)

動機づけを与えるだろう。死者に対して関心をもちつづける者は自分たちしかいない、と考えるからこそ、彼らは「集中」して「集団的自己呈示」を行なおうとするのである。もし、戦死者の評価をめぐる外部社会の外集団視、およびそれにともなうこの自己規定がなかったならば、戦友会はおそらく今のようなかたちの集団とはならなかっただろう。

これまでの議論で明らかになったように、戦友会という集団は、特定の文化的条件（「生者と死者との連続」という観念の存在）を共有している戦争体験者が、特定の歴史的文脈（第二次大戦後の日本社会）におかれたときにはじめて成立してくる集団である。戦友会の成員たちは、単に戦争体験者だからという理由で再集団化しているのではない。特定の歴史的文脈におかれた戦争体験者だからこそ、彼らは再集団化するのである。

この意味で、戦友会という集団は、歴史的性格を強くおびた集団であるといってよい。これまでは、成員たちが死者に対して行なう「集団的自己呈示」のみに注目してきたけれども、成員たちは同時に、「集中」することを通して、自分たちにとっての外集団、つまり、戦後社会になんらかのメッセージを送りつづけているのかもしれない。その限りで、彼らの「集中」は、死者に対してと同様に、戦後社会全般に対する「集団的自己呈示」にもなっているといえるだろう。

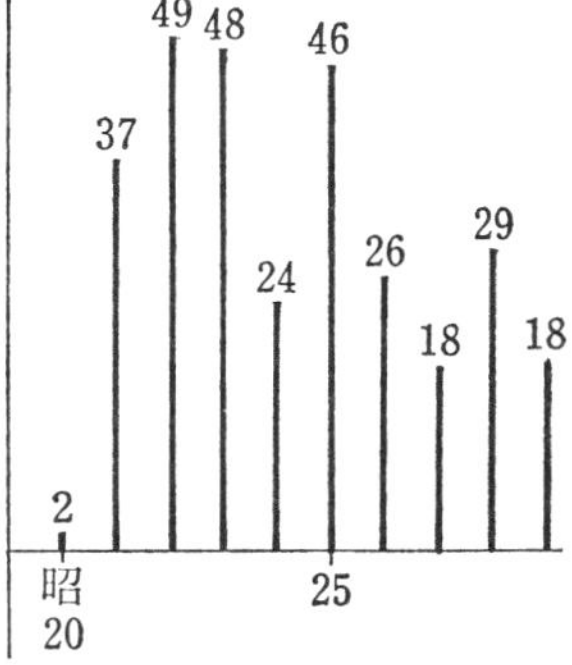

戦友会の理念と現実

本稿でこれまで扱ってきた「戦友会」は、いうまでもなく、一種の理念型としての戦友会である。現実の戦友会は、今までの議論では包括しえないほどに多様である。

最後に、戦友会の「現実」という問題について、一つの点だけを指摘しておきたい。それは、戦友会集団の経時的変化の問題である。

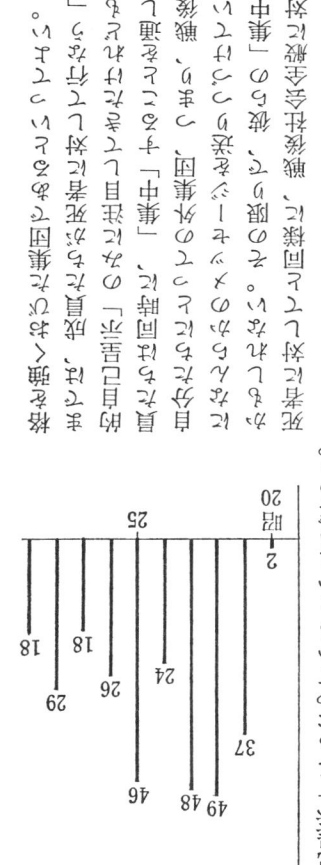

図10に明らかなように、個々の戦友会の成立時点は一様ではない。戦後まもなく成立した戦友会もあれば、ごく最近に結成されたものもある。だがいずれにせよ、各戦友会は、戦後の三十数年を生きてきて、それぞれに年齢を重ねてきた会員たちから構成されている。戦争終結時から現在までのこの時間の経過は、これまで述べてきたような「参加動機」の内容にも、当然なんらかの影響を与えてい

るはずである。「参加動機」は時間の経過とともに変化せざるをえない。

その変化とは、ひとことでいえば、図6における（i）の層、つまり他の再集団化集団と共通する動機の層の比重が大きくなるということである。時間の経過とともに、成員たちの意識の中で「死者」の存在は相対的に希薄化する。成員たちが死者と関連づけて自分たちの「関係」や「集団」を考える度合はしだいに小さくなると考えられる。そしてそれにともなって、当然、（ii）の層、つまり「集団的自己呈示」という動機づけは弱まってくる。ある成員は、そうした事態を次のように否定的に評価している。

「戦友会開催も年々、邂逅も戦友愛も薄くなってきました。始めは陣中生活を偲び、又御互いの健康を祝福しておりましたが、回を重ねる毎に旅行に伴ふ宴会化し娯楽となりました。他の団体と異なり、このような思いでよろしいのでしょうか。今日只今生き永らえて、戦友会に出席させていただく身の果報を感謝して欲しいと願うのは、一人私ではありません。浅ましい人の心です。亡くなった戦友に申し訳けありません。」（I・陸軍部隊戦友会〔高射砲兵〕世話人・年齢不詳）

それをどう評価するにせよ、人びとは「集団的自己呈示」のためというよりは、しだいに「現実離脱」あるいは「自己確認」のために例会に参集するようになる。その限りで、戦友会も一般の再集団化集団と変りのない集団になりつつあるといえるのかもしれない。

III　戦中派世代と戦友会

伊藤公雄

はじめに

「戦中派」という言葉があり、そう自称し他称される「世代」が存在している。

そして、この「戦中派」という言葉に「戦無派」であるわれわれは、ある複雑な想いを抱いている。それは、ある種の拒否感をともなった蔑称（「戦争加担者のくせにデカイツラしやがって」）であり、またある畏敬の念を含んでもおり（「生死の境をくぐり抜けてきた人びと」）、また同時に、一種のあわれみ（「不器用な世代」「戦争の犠牲者」）をも意味している。

当然のことながら、当の戦中派自身にとって、自らの世代に対する想いは、いっそう錯綜した形をとって存在していることであろう。

戦場に兵たりし人ら黙しつついま中年期後半に入る　（大越一男　大11～　『昭和万葉集』巻一四）

「黙しつつ」という言葉からは、かつてこの世代の人々に強いられた事どもがあまりに多すぎたこと、「兵たりし」ことの悲しい自負心、自己の存在証明も未だ定かでないままにやがて老年に入ろうとする戦《おのの》き、などが読みとれはしないか。

もちろん、こうした自らの世代に対する感慨は、個々の戦中派自身がたどってきた戦前—戦中—戦後の個人史と密接に関わっているのであり、一律にくくるわけにはいかない。再び『昭和万葉集』から引用してみよう。

戦場のシーンとなればテレビ消すいまも兵の日を語らぬ夫は　（谷ゆき子　巻二〇）

戦歴を誇らかに語る声きこゆすでに乱れし酒宴のすみに　（大田隆美　大6～　巻九）

自らの体験の重さ故に、戦争のことには今なお頑として口を開かぬ人。酒席で人の首を切った話を何の屈託もなく大声で語る人。それぞれに、それぞれの戦前—戦中—戦後史がある。

戦友会という集団は、そうした戦中派の個々の想いが、様々に出合い、重なり合い、錯綜する場でもある。戦友会の構成員たちは、戦友会という場を通じて、個人史のある時代と「再会」する。しかし、そのようにして再会する過去は、かつて彼らが体験したそのままの過去ではない。四〇年近くの「戦後」という時代をくぐり抜けてきた個々の歴史が、そしてさらに、老いへ向おうとしている現在の彼ら自身の境遇が、この再会にある偏倚を与え、純粋な過去との出合いを許さない。

戦友会に出席する時、彼らの胸に去来するのは、単に戦時のみではなく、彼らの戦前—戦中—戦後を通じた個人史の総体である。彼らが戦友会を通じて彼らの戦時と向き合う時でさえ、彼らの立脚点は、彼らの現在、つまり、彼らの半生の歴史が積み上げてきた「今の足場」なのである。

本稿で対象としようとするのは戦友会の構成員たちにとって、特に彼らの現在の生活において、戦友会がどのような意味の装置として機能しているのか、という問題である。彼らは何を求めて戦友会に参加するのか。また、そこで獲得されるものは何か。こうした問題を、彼ら戦中派が、戦友会という場を通じて、彼ら自身の個人史といかに対面し、またそれに対してどのような意味付けを行なおうとしているのか、を分析するなかで考えてみよう、ということである。

【一】では、分析のための基礎的作業として、戦友会をいくつかの類型に分け、各々のタイプの戦友会のもつ志向性をたどる。そして、その分類にもとづいて、【二】において、「意味の装置」としての戦友会の機能を、戦後との関わりの中で考察していこうと思う。

一　戦友会的結合の諸相

戦友会は、基本的には、戦中の陸海軍の部隊、兵学校、病院、その他の軍関係集団が、戦後、再びかつての集団枠組をもとに再形成—再組織化された集団である。

ただし、再集団化された集団として戦友会を見る時にも、二、三人の規模の小さい戦友会から、「東部ニューギニア戦友会」「ソロモン会」など、ある地域に作戦を展開した、陸海軍の将兵、軍属、看護婦、医師等、全関与者を対象とする幅広い戦友会に至るまで、様々の種類の戦友会が存在しているのである。

ここで、注意しなければならないと思われるのは、戦後、過去の集団を再組織化するにあたって、大部分の戦友会は、中隊レベルで再集団化を行なうか、師団レベルでそれを行なうかというように、かつての集団（原集団）の枠組—範囲を、「選び」とっている、という点である。原集団のどの範囲までをとって戦友会を形成するか、ということの問題は、各々の戦友会の集団としての性格にきわめて強く反映することになるのではないか。本章においては、原集団の範囲選択という視点から、戦友会集団の結合の質の異同を探っていこうと思う。

その場合、分析の材料を与えてくれるのは、一九七八―七九年、われわれ「戦友会研究グループ」が行なった、全国一五八九の戦友会の「世話役」の方々に対するアンケート調査の結果である。

1　戦友会の分類にあたっての基準

学校戦友会

かつて属した集団の範囲選択という問題を考えるにあたって、まず第一に俎上にあげなければならないのは、原集団の存在していた「場」ということである。原集団が、戦闘部隊として形成されていた集団なのか、部隊以外の存在なのか、という点が、第一にあげられねばならない。病院を原集団として形成されている戦友会なども、いくつか存在してはいるけれど、部隊以外の戦友会として、最も典型的で数も多いのは、同期生会などの兵学校を中心とした戦友会であろう。われわれの調査に回答していただいた、学校を原集団としてもつ戦友会は、全体の一二・四％（陸軍五七ケース、海軍六四ケース）にのぼる。

学校を原集団として持つ戦友会を、仮に「学校戦友会」と呼ぶことにしよう。これに対して、部隊を原集団として持つ戦友会――いわば狭義の戦友会といえるかもしれない――を「部隊戦友会」と呼ぶことにする。

部隊戦友会における原集団の選択という問題をもう少し考えてみよう。部隊を原集団としてもつ戦友会に関していえば、この集団の原集団は、旧帝国陸海軍のヒエラルヒーの一部である。それ故、再集団化にあたっては、原集団の枠は、分隊・小隊レベルから、大隊・師団レベルまで様々のレベルでの選択の可能性がある。

部隊戦友会における範囲選択というこの問題を、調査者の側から再構成して考えてみよう。分類の基準は、集団としての第一次的接触—対面関係の成立の可能性、という視点である。部隊における一次的接触—対面関係の成立可能性、という問題は、後に述べるように、戦友の死の現場に立ち合ったか否かの可能性にも関わる問題として、戦友会的結合において特別な意味をもつと考えられるからである。

具体的な分類の基準としては、陸軍では中隊以下を、海軍では駆逐艦以下を、対面関係の可能性がより大きい原集団として、また陸軍の大隊以上、海軍の巡洋艦以上を、対面関係の可能性がより小さい原集団として考える。前者を「小部隊戦友会」、後者を「大部隊戦友会」と呼ぼう。

われわれの第一回調査に回答された九七八ケースの戦友会中の八二%が、この部隊戦友会にあたる。うち、大部隊戦友会は四五五ケース、小部隊戦友会は三二六ケースあった。

以上、戦友会集団を、その原集団の範囲選択という視点から、学校戦友会、大部隊戦友会、小部隊戦友会の三つに分類した。この先取的な分類をもとに、考察を進めていこう。

2　戦友会と戦死者

「親睦が全てだが、同窓会などと違うのは、戦場体験者が軍隊という集団生活で、かけがえのない青春をともに浪費し、死生の間『戦友』という特殊な友情に支えられたものの集まりであることだ。背後に、会員の何倍、何十倍とも知れぬ戦死者が参加している。」（竹森一男『兵士たちの現代史』）戦友会は、「死んだ戦友」の問題を抜きには語れない。「ただ、戦争で死んだ仲間の視線から、身をかくすすべのないこと、彼らに顔向けできないことが辛いのである」（吉田満「観桜会」『季刊芸術』一九七九年夏号）、あるいは「生きて帰ったということだけで、死んだ仲間になにかすまないという気持がある」（大岡昇平『戦争と文学と』）と語る、かつての将兵たちは、死んだ戦友に対する一種のうしろめたさ、「負債感」を、今なお持ち続けている。戦友会は、第一に、そうした死んだ戦友に対する負債を、集団として「支払う」場である。

こうした、集団としての負債の支払いにあたって、前述した三つの戦友会の類型の間に、その支払いの方法をめぐって異同が存在しているだろうか。もしあるとすれば、それは、いかなる根拠にもとづいた異同であるのか。調査の結果をもとに分析していこう。

時間の軸

第一の分析の軸は、時間の軸である。過去の集団を再集団化した集団としての戦友会が、集団とし

表1　会合における話題

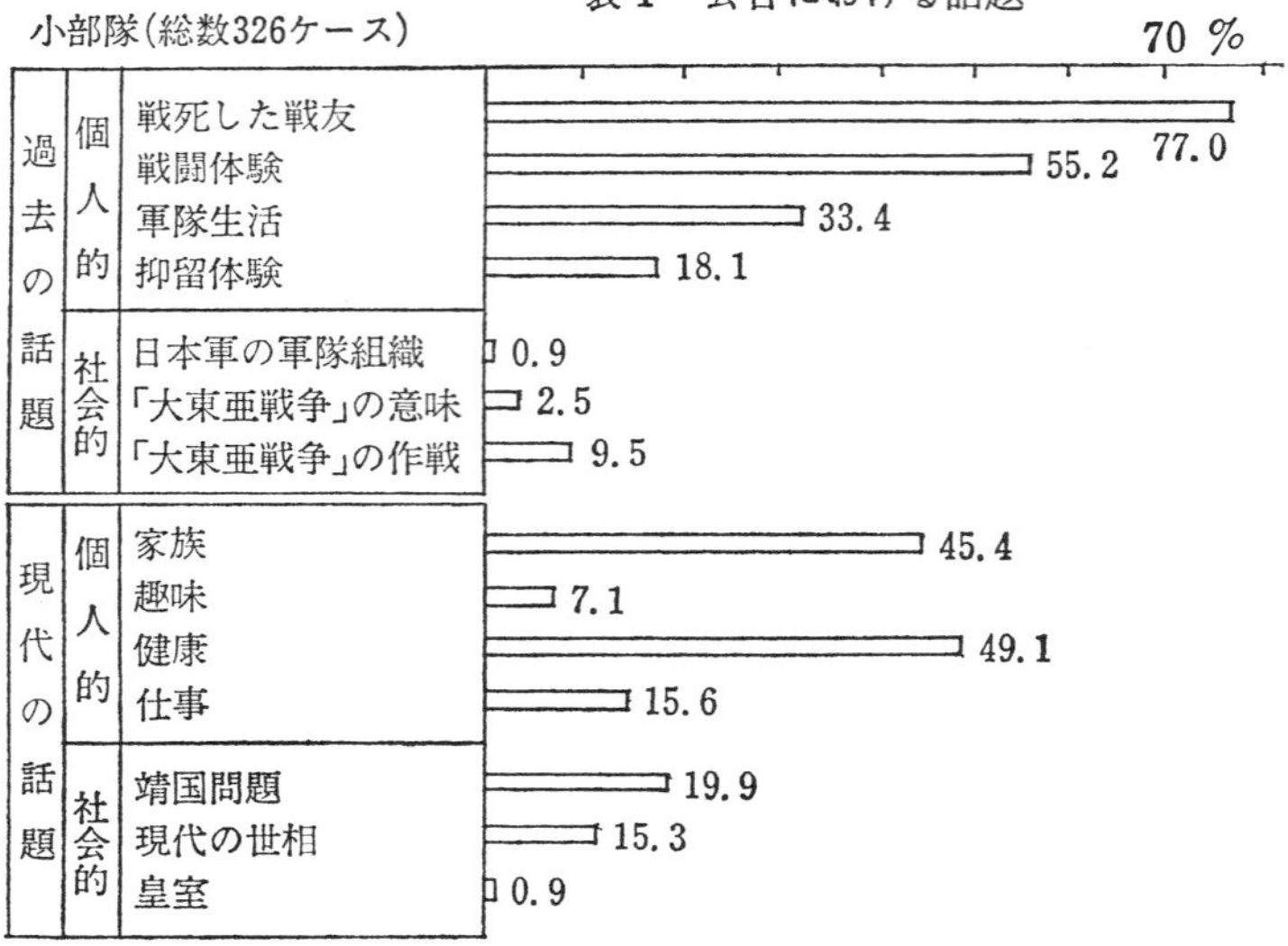

て、より過去を向いているか、それとも現在に強く引かれているのか。

この、戦友会と過去とのつながり、という分析の枠組を、戦友会の各成員の現在の意識が、ある程度吐露されていると思われる、戦友会会合における「話題」に関するアンケートの結果を中心に考察しよう。

表1は、原集団の性格により、先取り的に分類した三つのカテゴリーにおける、各々のグループの話題の頻度を表わしたものである。これらの三グループ間には、ある差が認められるだろう。

その第一は、学校戦友会と部隊戦友会との差である。学校戦友会においては、「話題」は、過去よりも現在により強くひかれているのである。

次に、部隊戦友会内部にも、ある差が認められる。部隊戦友会は、全体として過去に強く引かれているのであるが、原集団の

表1　会合における話題

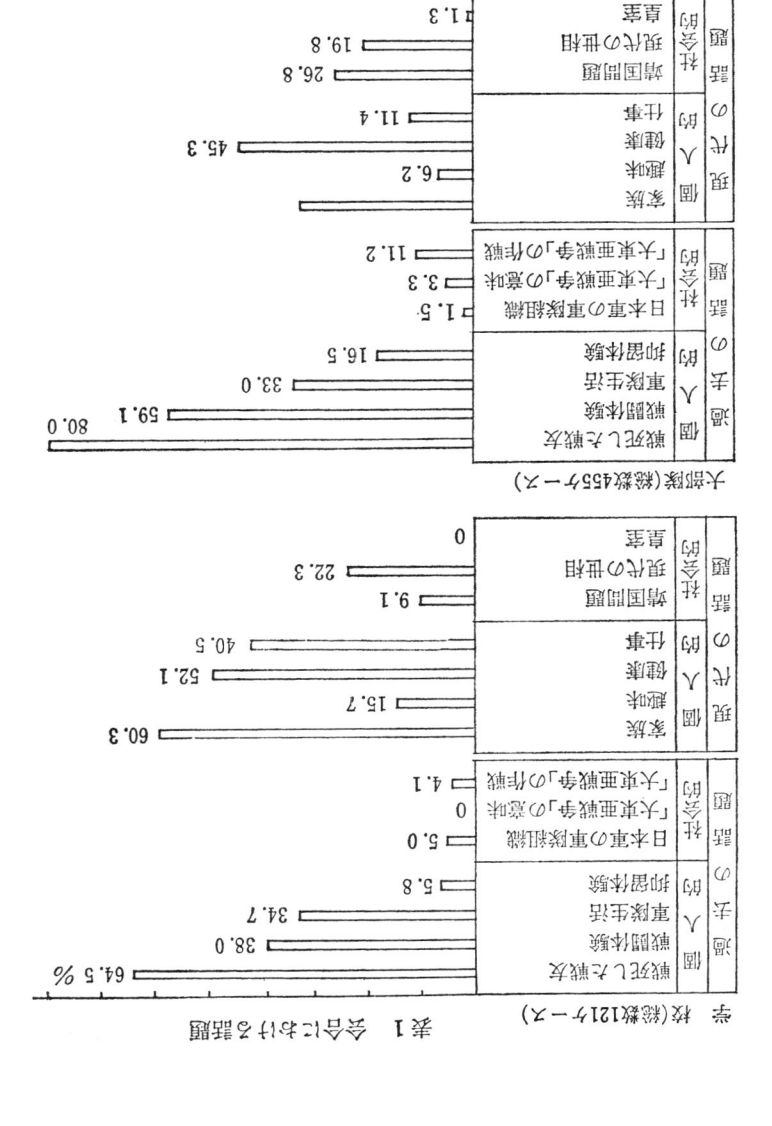

学　校（総数121ケース）

			%
過去の話題	個人的	戦死した戦友	64.5
		戦闘体験	38.0
		軍隊生活	34.7
		抑留体験	5.8
	社会的	日本軍の軍隊組織	5.0
		「大東亜戦争」の意味	0
		「大東亜戦争」の作戦	4.1
現代の話題	個人的	家族	60.3
		趣味	15.7
		健康	52.1
		仕事	40.5
	社会的	靖国問題	9.1
		現代の世相	22.3
		皇室	0

大部隊（総数455ケース）

			%
過去の話題	個人的	戦死した戦友	80.0
		戦闘体験	59.1
		軍隊生活	33.0
		抑留体験	16.5
	社会的	日本軍の軍隊組織	1.5
		「大東亜戦争」の意味	3.3
		「大東亜戦争」の作戦	11.2
現代の話題	個人的	家族	
		趣味	6.2
		健康	45.3
		仕事	11.4
	社会的	靖国問題	26.8
		現代の世相	19.8
		皇室	1.3

表2　結成の動機、現在の絆

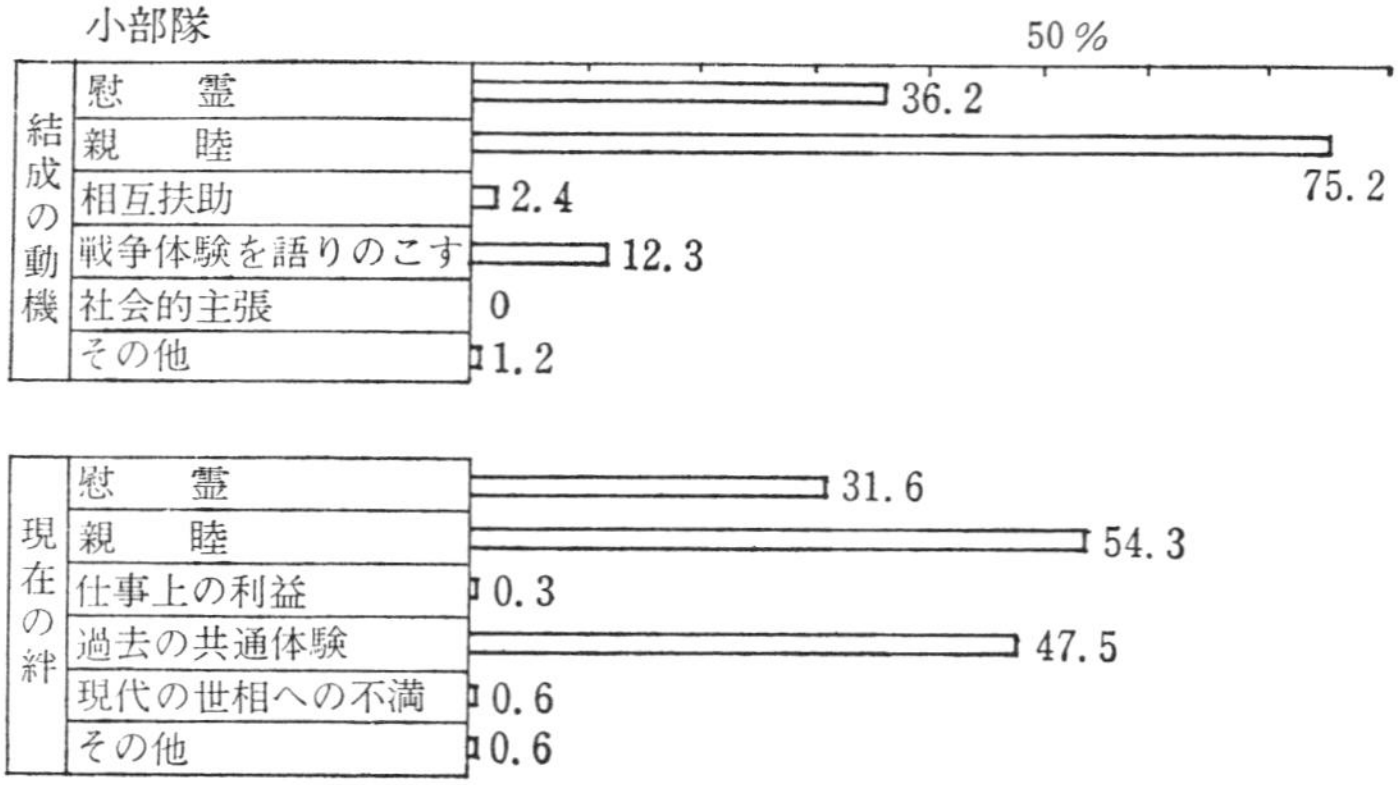

大小によって、わずかながら差が存在しているのだ。つまり、大部隊を原集団とする戦友会の方が、小部隊戦友会と比べて、より過去の話題に強く引かれているのである。

こうした差は、戦友会集団の再組織化にあたっての「結成の動機」、また「現在の絆」の項目を見れば、より明らかである。

表2を見ていただきたい。大部隊を原集団として持つ戦友会は、より強く過去と結びついていると思われる「慰霊」を、「結成の動機」「現在の絆」にあてる傾向が大きい。これに対して、小部隊戦友会、学校戦友会は、より現在に関わると思われる「親睦」を、「結成の動機」「現在の絆」ともに第一にあげているのである。

再集団化集団としての戦友会集団において、原集団の範囲の選択の差によって、現在の集団のもつ性格の差が何故生じるのか。

まず、学校戦友会と部隊戦友会との差について考えてみよう。

表 2　結成の動機、現在の絆

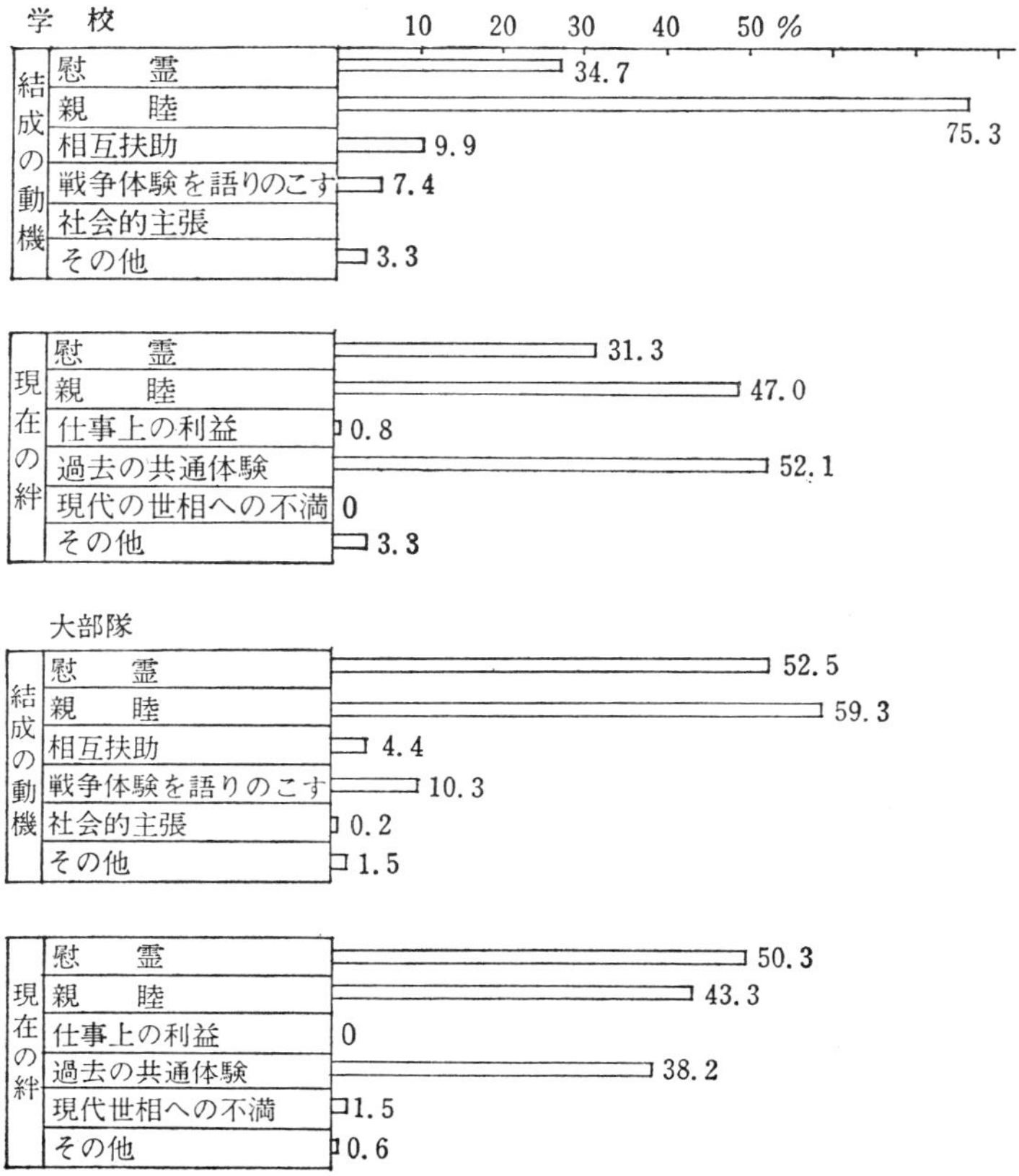

「現在」を志向する学校戦友会

原集団を「学校」として選択した戦友会集団が、過去の話題よりも、現在の話題をより志向することの根拠は、いくつかあげられよう。その理由の一つに、士官学校、兵学校出身者の「エリート」性、ということがあげられるだろう。そのことは、学校戦友会の個々の成員が、現在、多く社会的にめぐまれた地位についているであろう、ということからの分析を可能にさせる。彼らは、過去の仲間たちに対して、現在の自己を語ることによって、自己の現在へのある充足感を得ることも可能なのである。また、同期生会などは、かつて多くは対面関係をもっており、後に述べるような、小部隊戦友会の性格と相似た性格を持っているとも言えるだろう。

しかし、決定的な差は、過去の共通の戦争体験の培われた「場」の違いであろう。共通体験が、戦場で培われたか、それとも「後方」で形成されたものであるのか、の差ということであろうと思われる。そのことは、死んだ戦友の死亡現場に立ち合ったか、立ち合っていないか、の差でもある。(ここで「戦友の戦死の現場」というのは、必ずしも「目撃した」ということを意味しない。同じ戦場ということだけをもってしても、戦死現場のイメージは再生可能であろうからである。)

同じ戦場で戦っていた部隊戦友会においては、「死んだ戦友は自分でもありえた」という意味においても、死者との一体視が、より強く生まれると思われるからである。例えば、安田武は、一九四五年八月一五日、終戦のその日に、自分の「十糎ほど右の方にいた」戦友の死を、「ホンの十糎ほど左の方に位置していた」者として引き受けようとしている。(安田武『戦争体験』) こうした事情は、まさに「死者との連帯」という意味において、集団としての負債の仕払い方の問題として、部隊戦友会により強く関わってこざるを得ない、と考えられる。

部隊戦友会の間に生じた差

次に、部隊戦友会内部の考察に移ろう。すなわち、原集団が対面関係をもつ可能性のより大である小部隊戦友会と、可能性のより小である大部隊戦友会の差、という問題である。

表1においては、対面関係をもつ可能性が大であり、共通の戦闘体験を、より密度の濃い形でもっていたと思われる小部隊戦友会の方が、より現在の話題にひかれている。これは、大方の予想とは「逆」の結果ではないか。小部隊戦友会のほうが、死者に対する集団としての負債を、感じることがより少ないのだろうか。

そうではない、と思われる。表2を再度見ていただきたい。戦友会の「現在の絆」において、小部隊戦友会は、学校戦友会とともに、それを「過去の共通の体験」におく傾向が強く出ていることが読みとれるだろう。

「過去」の内容の差

過去へと強く引かれるこれら二つの戦友会類型の間には、過去への志向性において、過去のもつ内容の差、という問題が潜んでいるのではないか。

前述したように、原集団において対面関係をもっていた可能性の高い――すなわち、共通の体験の密度の濃い――小部隊戦友会に比べて、大隊以上を原集団としてもつ大部隊戦友会においては、対面関係は、充分には成立していなかったと思われる。そして、まさに、この過去の不充分な対面関係こそが、話題におけるこうした結果の差を生み出したのではないか。大隊以上を原集団としてもつ戦友会は、かつて充分な対面関係をもってはいなかったが故に、会合において、過去の話題を名刺代りにしなければ、全体として会話が成立しにくいのではないか。

これに対して、小部隊戦友会は、表2からも理解されるように、すでに過去において共通の基盤が成立しており、ここでは、対話を成立させるために、過去の話題はそれほど必要ないのではないか。過去の密度の濃い共有体験をもつこれらの戦友会のうちには、時として、話したくない、避けたい話題の存在の可能性さえうかがうこともできるのだから。

こうしたことは、大部隊戦友会が、「結成の動機」においても「現在の絆」においても、「慰霊」をより強くかかげていることから、逆に、うかがえるように思われる。

戦友会形成の要素には、前述したように、集団としての負債の支払いが大きな部分を占めている。慰霊は、そうした意味からも、戦友会にとって切り離すことのできない営為である。それでは、慰霊すべき戦友の多くと、対面関係をもっていたであろう小部隊戦友会と比べて、対面関係が充分には成立していなかった大部隊戦友会のほうが、より「慰霊」をかかげる傾向を強くもっていることの根拠は何か。

それは、集団としての負債の支払い方に関わる問題であると思われる。

大隊以上を原集団としてもつ大部隊戦友会は、小部隊戦友会や学校戦友会と比べて、「現在の絆」において「過去の共通の体験」の占める率はより低い。この集団にとっての再結合の契機は、この点からも、小部隊戦友会、学校戦友会のような「過去の共通の体験」ではなく、過去の「所属」（〇〇大隊所属等）が問題とされているのではないか、と思われる。当然のことながら、この過去の「所属」

は、過去の共通の「体験」と比べて、再結合の契機としてはより弱い契機である。そして、このことが、大部隊戦友会に、再結合を維持し強化するための新たな「装置」を要求する。

過去の共通の「所属」というより弱い再結合の契機に、いわば「第二次正当化」ともいうべき制度化された枠組を加えることにより、再集団化集団としての自集団を維持していこうとする傾向、この傾向こそが、大部隊戦友会に、「慰霊」をより前面に押し出させているのではないか。

これに対して、小部隊戦友会は、そうした「儀式」の枠組をそれほど必要とはしない。過去の共通の「体験」が、よりストレートに再結合を維持させることになる。

「所属縁」と「体験縁」

われわれは、ここで、再集団化集団としての戦友会の分析から、新しい概念を提出しようと思う。それは、再結合にあたっての契機をめぐる概念である。

大部隊戦友会は、前述のように、再結合の契機は、過去の「所属」をより重視したものといえる。そこでは「○○連隊所属」が成員たる唯一の資格である。これに対して、小部隊戦友会・学校戦友会の多くも「部隊」「同期」という枠が前提とされているのであるから「所属」は、当然のこととして一つの資格である。しかし、かつての一次的接触―対面関係は、そうした「所属」という前提より、一段強い再結合の契機――過去の共有の「体験」――を、暗黙のうちにではあれ、一つの資格として要求する。再集団化にあたって、過去の「所属」を再結合の主な契機とする集団の結合様式を、「所属縁」にもとづいた結合、過去の「体験」がより強調されていると思われる結合様式を「体験縁」にもとづいた結合、と各々呼ぶことにしよう。

部隊戦友会内部の負債の支払い方の差、という視点にひきつけて、再度、この結合の契機の差について述べてみよう。「所属縁」を結合の契機とする大部隊戦友会は、戦死した戦友との絆は、この「所属」をもとにした絆であった。それ故、部隊全体としての戦死者たちは、小部隊戦友会と比べて、より抽象的な相で――つまり、より直接性・具体性を欠いた形で――把握されざるを得ない。抽象化された戦死者たちとの連帯は、儀式―制度化された枠組をもって表現される。大部隊戦友会と「慰霊」は、この点で強く結びつく。

「体験縁」にもとづいた小部隊戦友会にあっては、戦死した戦友は、部隊全体としても、より具体的な相で現前することになる。つまり、戦死した戦友との連帯は、集まること自体のうちに、過去の集団を一時的に再生させることのうちに、すでに表現されているといえる。ここでは、かつて共に生き共に戦った「死者の戦友が、背後にじっとうずくまり列席している」（竹森一男、前掲書）のだから。

3　生き残った者たち――体験の意味づけ

「『恥多き』戦中派の沈黙は、無学、疲労感、自己不信、共犯意識と、さまざまの理由に基いていたが、沈黙の底ふかく、一つの決意、誓い、を秘めていたと思う。いかなる決意か。それこそ『恥多き』世代という自己規定を、一時も忘れてはならぬ、という誓いではなかったか。それ故の沈黙ではなかったか。」（安田武『人間の再建』）

沈黙していた「恥多き世代」が、少しずつ語りだし始めている。「戦記」「戦史」「戦争体験記」は、各書店に一つのコーナーさえ生み出している。そこには、マスコミの煽動以上の、何かより深い歴史的根拠さえ感じさせる。

四〇年前の「強制された死」の時代から、今「自然な死」の接近を前に、かつての将兵たちは、過去の戦闘体験を、また死者のまなざしを「総括」しようとしている、と思われるのだ。このことは、「戦中派」と呼ばれるこの「世代」の、戦前―戦中―戦後を貫くアイデンティティをめぐる問題――「意味の領域」――へわれわれを踏みこませる。

戦中派のアンビバレンツ

かつての将兵たちに対する、戦後の、「戦争加担者」としての批判的風潮の中で、そしてまた、背後にいつも存在している戦死した戦友のまなざしの下で、彼らは、自らの世代の「負い目」「自己不信」「他者不信」を感じたであろう。しかし、そこには同時に、自己のかつての体験には、抽象的な戦争否定ということだけでなく、そこから抜け落ちた何かがあるという想い、それに何とか意味付与し、自己の、戦死した戦友の、過去を意味づけ、再確認したい、という想いが存在していたであろうことは、想像に難くない。

吉田満は語る――

「われわれがこうして集まるのは、過去がただ懐かしいからではない。われわれは、戦後の時代を生きてきて、奥深いところで満たされないことを知っている。それぞれ自分の言動に釈明はできても、重大なことに道を誤った悔いがある。生き残った者に課せられた仕事を、怠ってきたのではないか、という苛立ちがある。その不甲斐なさの共感が、仲間同志くり返し集って語り合いたいという衝動にかり立てるのである」と。（前掲「観桜会」）

戦友会は、死んだ戦友への負債返済の場であるとともに、生き残った者自身の戦中—戦後への意味付与——自己のアイデンティティ確認の場でもある。

戦中派世代の個々の意味領域に分け入るには、材量も、また力量も不足している。ここでは、その意味付与の方向が、集団として外へ向っている——いわば、社会的な枠組での承認の要求へと向うのか。それとも、内を向いている——集団内で自足しようとしているのか。という点に焦点をあて、調査結果をもとに考察していく。

靖国問題と戦友会

分析の道具は、質問項目「戦友会として靖国神社国家護持をどう思いますか」である（表3）。いうまでもなく、靖国神社国家護持の問題は、戦死者の死を国家によって「顕彰」させることを要求する、という問題である。それはまた、国民全体に、戦友の死を、そして自らの戦争体験を、「意味あるもの」として承認を求めようとする作業でもある。ここには、戦友と共有した過去の体験の意味を、社会的な脈絡で再認しようという動機が働いている。

表3は、この項目に関する三つのカテゴリー各々の態度を示したものである。ここから、大部隊を原集団としてもつ戦友会集団が、相対的に、靖国神社国家護持運動に積極性を示していることが理解されよう。そしてまた、このことは、「所属縁」を再結合の契機とする大部隊戦友会が、集団維持のために、制度化された枠組をより必要とする、という問題と重なることでもある。すなわち、過去の所属という、より弱い再結合の契機が、靖国神社国家護持という新たな目標を設定されることにより、

表3　靖国神社国家護持に関する態度

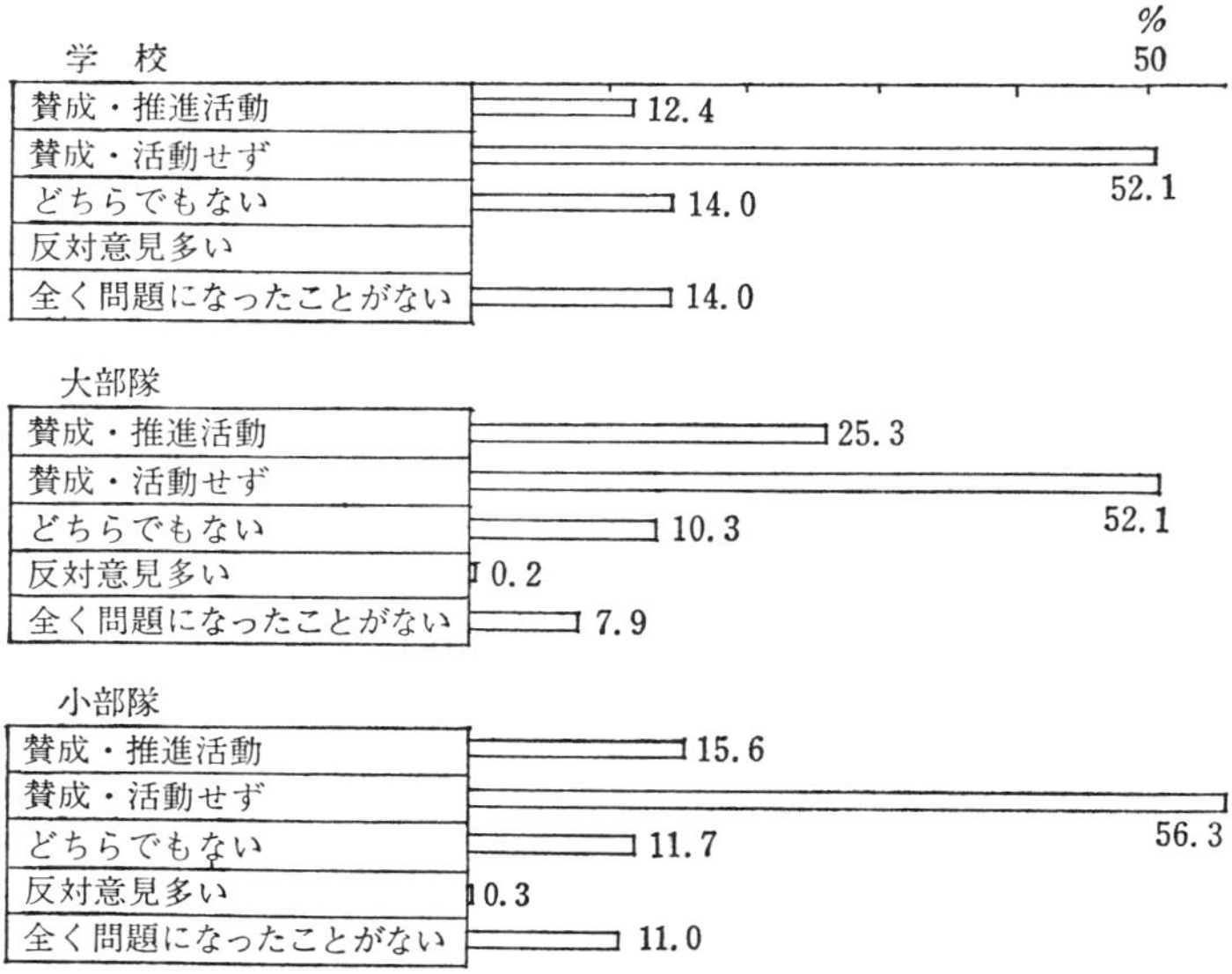

より強化される、ということである。ここで戦友会は、「政治化」され、集団から一歩外へと踏み出そうとしている。

これとは逆に、小部隊戦友会は、「国家護持」の必要性を承認しつつも、大部隊と比べれば積極的に活動しようとする傾向は少ない。「体験縁」でより強く結びつけられたこの戦友会グループは、死んだ戦友と共有する過去の体験を、そして、生き残った者の戦後史を、集団の内部で「総括」する傾向にある、と考えられるだろう。

学校戦友会は、靖国神社国家護持の問題について最も消極的である。このことは、戦死した戦友が、共通の戦闘体験の場で死亡してはいない――死者との連帯の回路が、部隊戦

表4　遺族の参加

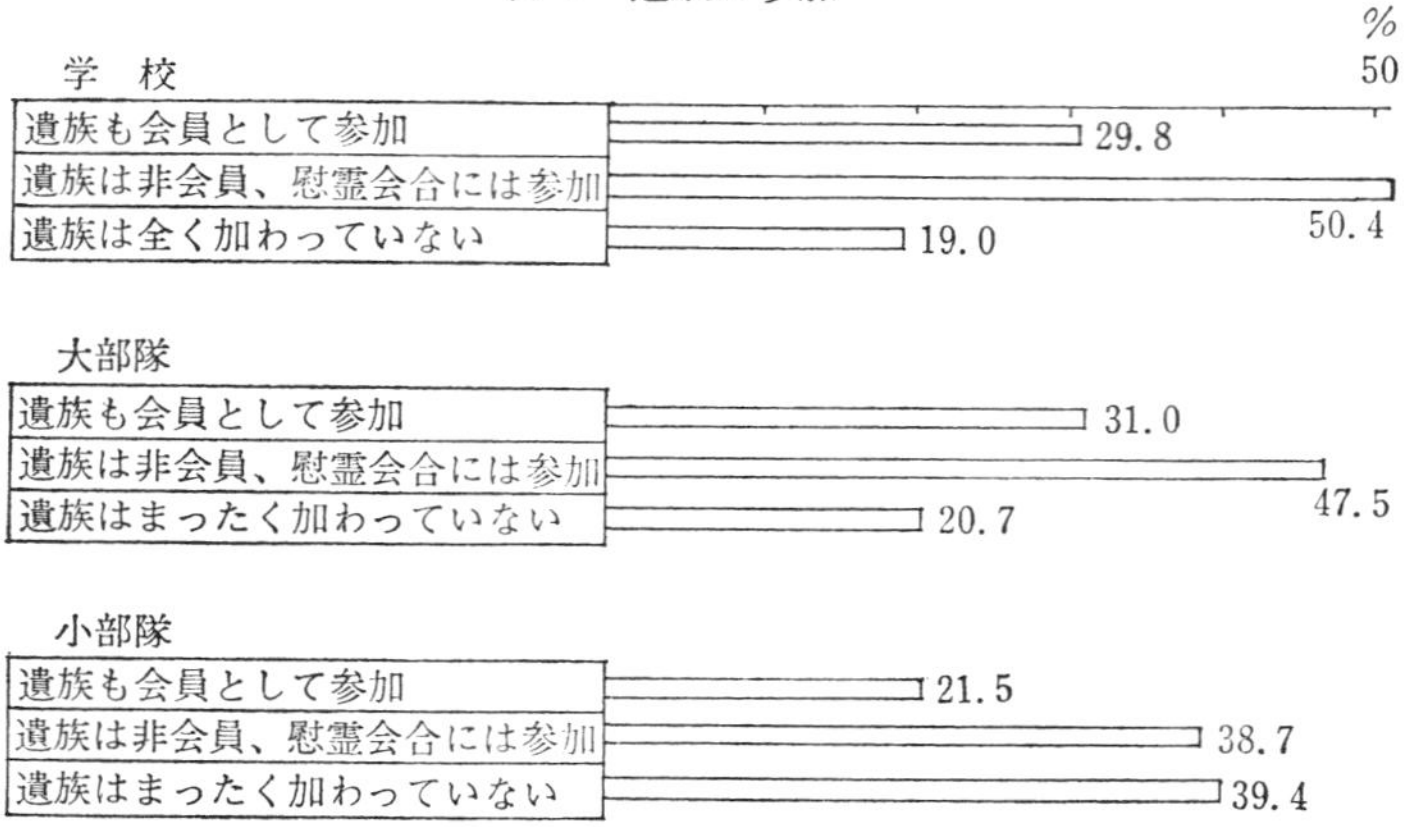

友会ほど強くない、ということを意味している。このタイプの戦友会の再結合の契機が、戦死した戦友―戦場体験にではなく、学校という、いわば後方における、部隊戦友会のそれとは別種な「体験縁」にもとづいたものであることが、理解されよう。

対外閉鎖性と開放性

三つのカテゴリーをめぐる、戦争体験―戦後史に対する「意味付与」に関する問題について、別のデータをつけ加えることができる。戦友会の会合への遺族、家族の参加の問題である。共通の体験をもたない者を、集団の成員として認めたり、彼らが会合に参加することを許すのか、それとも集団から排除しようとするか。表4、表5は、戦友会における戦死した戦友の遺族、および戦友会各成員の家族の参加の程度を各々示している。

大部隊戦友会と小部隊戦友会を比べれば、両者の相異は明らかである。前者は、後者に比べて、遺族・家族に対してより開いた態度をとっている。このことは、

表5　家族の参加

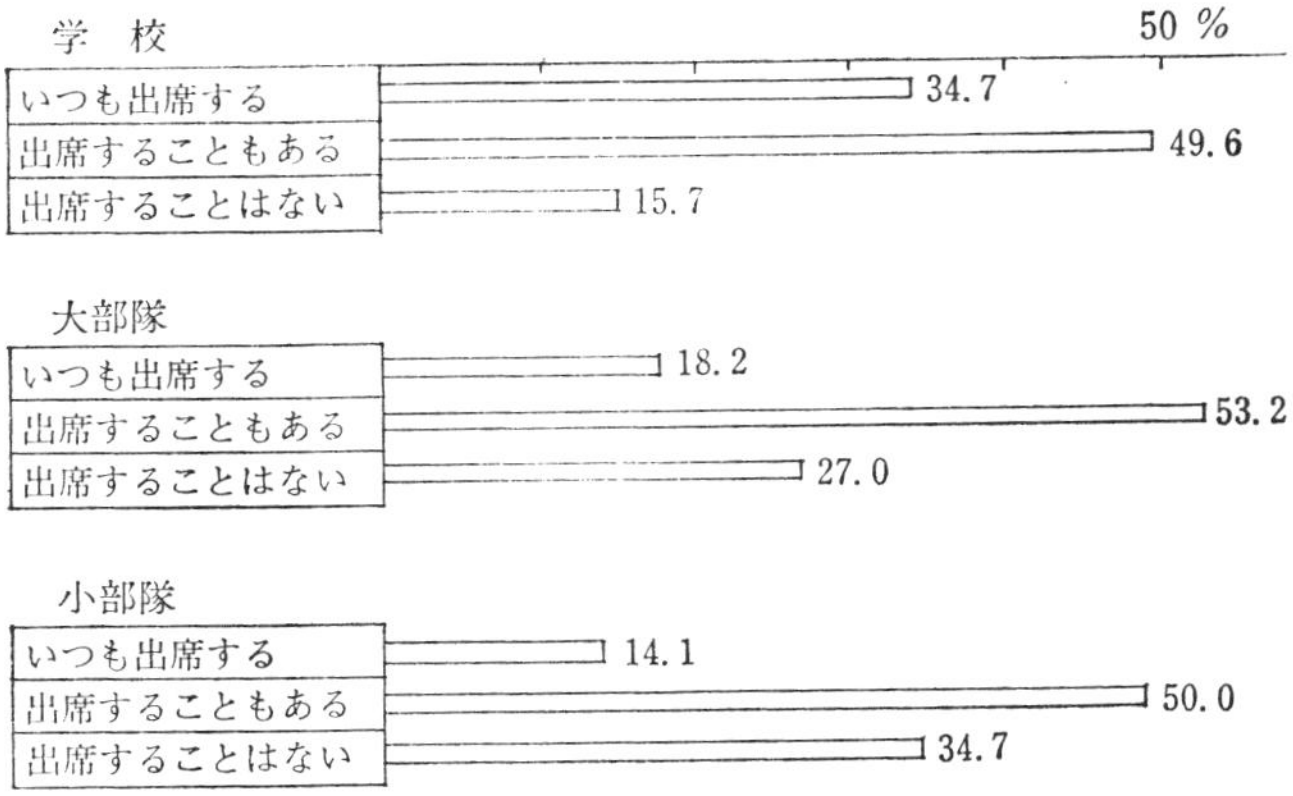

逆に、小部隊戦友会が、より内向的である、という前述の言を裏付ける。

学校戦友会もまた、遺族・家族に対してより開放的な態度を示している。特に家族の参加に関しては、他の二グループよりその傾向はかなり大である。学校戦友会は、その多くが、同期生会等、過去の士官学校、兵学校での「体験縁」に、より強く基礎をおく集団であることは前に述べた。この体験縁は、一般の同窓会等とは異なった、いわば「兄弟の契り」的な結合の契機であったことは、士官学校、兵学校関係者の口からしばしば語られることである。過去の共通の体験が、家族間のレベルにまで拡大されようとしている、全体が一つの大家族であるかのような交流が、このグループにおいてはもたれている、と言うこともできよう。

ただし、こうした学校戦友会のもつ開放性も、さきほど述べたように、社会的脈絡をもった自集団の意味づけへと志向することはほとんどない。相互の共有体験を、家族間へと拡大することによって、より内部的な親密度を高めるためにこそ、こうした家族に対する開放性が存在していると考えられるからである。

学校戦友会のこうした「明るい」イメージは、同じく「体験縁」をより強い結合の契機としていると思われる小部隊戦友会とは、大きく異なっている。両者は、過去の共通の体験を再結合の契機としている。両者共に「靖国」という、過去の戦争体験者を社会的に意味付ける回路を、それほど強く選択しようとしてはいない。しかし、過去の共通の体験の意味づけ、という点では、小部隊戦友会は、よりいっそう内に向っていると考えられるのである。小部隊戦友会が、遺族・家族に対して、より閉ざされていることのうちに、そのことははっきりと読みとれる。両者の間に存在する、戦死した戦友と共有する体験への意味付与——生き残った者としての戦後の、集団としてのひきうけ方の「差」を、ここからうかがうことができるのではないか。その「差」の根拠は——何度もくり返すが——戦死した戦友の死亡現場の具体的イメージの差、であり、部隊戦友会の会全体としての非エリート性——「兵」としての戦争体験——ということではないだろうか。

遺族・家族を「排除」した上で、自集団の内部で、戦死した戦友を、自らの戦中—戦後を「総括」しようとする小部隊戦友会。ここでは、戦死した戦友の姿は、自己の集団の過去の体験は、どうしても「総括」し切れないものとして、まだ澱《おり》のように底の方に残っているのではないか。それは、遺族・家族にはさらしたくないもの——さらすべきでないもの、として、そしてまた、国家による顕彰や社会的認知への要求にではなく、あくまで共に戦い共に生きた仲間の集団内部で決着をつけるべきこととして、意識されているのではないか。

もちろん、そうした過去の「決済」は、不可能であろう。戦死した戦友の戦中—戦後をひき受けようとすれば、揺れ動く心の中で沈黙せざるをえない。そうしたやり場のない沈黙は、宴会のドンチャン騒ぎのうちにもデンと控えている。あらかじめ失われている自己の、そして集団の、過去―現在を貫くアイデンティティを求めて、彼ら小部隊戦友会のできる唯一のことは、最後の一人まで、年に一回集まり続けることであるのかもしれない。

4 戦友会の三類型・まとめ

「私達の戦友会は……殊更に何等の行事も手がけようとせず、物故した戦友の慰霊さえ怠っているのも、そうした戦友たちを忘れているのではなく、いささか手前勝手な幻想ととられるかもしれないが、それ等の戦友は今も私達の心の中に生きており、年一回ながら会合の度に、その場の雰囲気の中に、彼らは立帰っていると信じているからである。」(「私と戦友会」『国民正論新聞』一九七九年)

二・三節で取扱った、過去―現在、外向―内向という二つの軸で、これらの戦友会集団を、原集団の選択という点で位置づければ、次ページの図1のようになるだろう。この図をもとに、これまでの議論をまとめよう。

学校戦友会

過去の集団を再集団化した集団としての戦友会集団において、原集団の形成されていた「場」の違いによって、第一の分類――学校戦友会と部隊戦友会――がなされた。原集団のおかれた「場」の違いは、前者を、現在へとより強く志向させることになった。

図1

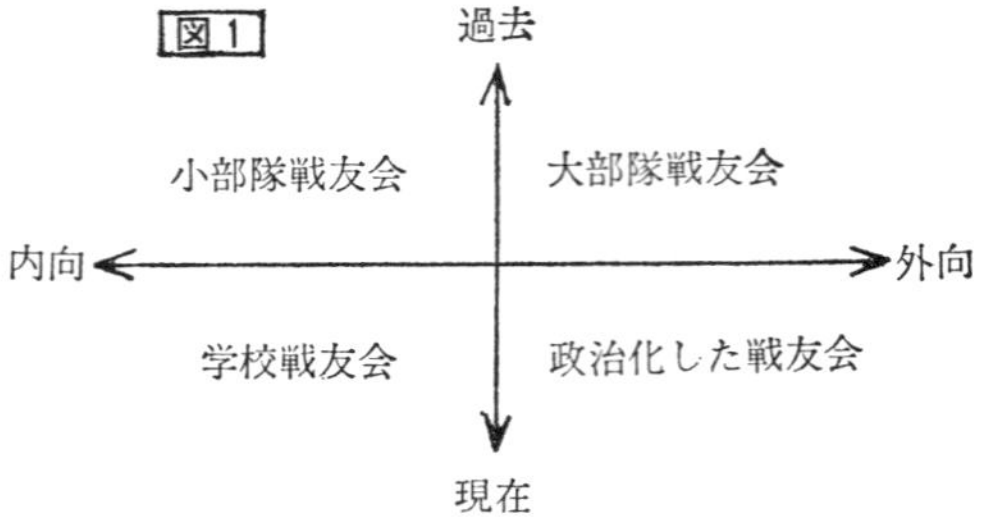

両者の間に存する差の根拠は、第一に、過去の共通の戦闘体験――戦友の戦死をめぐる具体的なイメージの差、であろう。そして第二に、学校戦友会の成員の戦中―戦後を通じての相対的エリート性、ということもあげることができるだろう。兵としての「強制された死」か、将校としての（原則的には）「志願」にもとづく選ばれた死か、という点が、戦死者に対する、そして同時に、各成員の戦中―戦後に対する意味づけの差に、影響を与えているのかもしれない。

ただし、学校戦友会を、一般の同窓会などと同列視することはできないだろう。死の覚悟を前提として培われた過去の共通の体験は、そして多くの同期生たちの死は、この再集団化集団の再結合の契機として強く影響を与えていることは、想像に難くないのであるから。

所属縁で結合する大部隊戦友会

部隊戦友会間の差は、時間の軸においても体験の意味付けの軸においても、対照的ですらあった。そして、この差を生み出した根拠は、再結合にあたっての契機の差であることはすでに指摘した。すなわち、再結合の契機として、過去の集団の「所属」のみを問題とするのか（「所属縁」による再集団化）、それとも、所属と同時に、過去の一次的接触――対面関係にもとづく共有の「体験を」――意識化されているといないにかかわらず――資格として要求するのか（「体験縁」による再集団化）という問題である。

「所属縁」を再結合の契機としてもつ大部隊戦友会は、「慰霊」という制度的な枠組を用いて、戦死した戦友とつながり、集団としての負債を支払おうとする。それはまた、死者たちと共有する過去の体験（戦争）を、社会的認知のなかで意味付けようとする傾向へとつながる。

体験縁による結合——小部隊戦友会

これに対して、「体験縁」を再結合の軸とする小部隊戦友会は、過去の一時的接触—対面関係にもとづく共有の体験が、よりストレートに現在の結合とつながっているため、制度化された枠組をそれほど必要としない。過去の共通体験こそが集団の結合を維持していくための重要な要素となっている。ここでは集うこと自体が、すなわち、過去の集団を一時的に再生させることが、すでに死者とつながる術《すべ》である。それは、負債の支払い、というよりも、死んだ戦友をもまじえた過去の集団の再現であり、過去の体験の、そして現在の生活の再認なのであろう。この作業は、集団内部で自足する方向をとりやすい。こうしたことは、体験縁で結ばれた小部隊戦友会が、結果として、その枠を大部隊レベルと拡大しようとしない意識のうちに、そしてまた、体験を共有しない者を、集団内に入れようとしない態度のうちに、読みとることができよう。

かつて顔をつき合せ、共に戦った戦友の死を、顔を知っている者、共に戦い共に生活した者としてひきうける。集団として背負う返済不能の負債を、集団の外へ向けてではなく、死者との共有の時間を互いに見知った同志で持つことにより支払おうとする。そうした意味において、慰霊行事を再結合の軸とし、社会的認知を求める中で集団としての負債を支払おうとする大部隊戦友会に対して、「体験縁」で結ばれた、この小部隊戦友会は、集まること、集まり続けること、それ自体のうちに意味を見出そうとする集団、といえるのではないか。

5　戦友会は政治化するか

「わが戦友《とも》が発揮した、かつての栄光を取り返そうではないか。幻想としての自由民主主義から目覚め、ポツダム体制を克服して、天皇精神を確立し、このかけがえのない日本、その国土と歴史の防波堤として、われわれ戦中派は、奮起、勇進しようではないか。忠魂顕彰の一点に余命を捧げようではないか。」(金城和彦・大12〜「戦中派の余命は」『戦中派の遺書』)

靖国神社国家護持と「全国戦友連」

前節において、二つの軸で形成された四つのボックスに、三つの戦友会のカテゴリーを分類した。ここで、外向―現在、という空いたボックスを埋めるふさわしい戦友会の類型は存在しないものだろうか。つまり、自己および自集団の現在の活動を志向し、しかも自らの過去―現在を、社会的な脈絡のうちに意味づけようとしている集団類型である。この項に入れるに最もふさわしい存在は、「政治化した戦友会」ともいうべきものであろう。(ただし、この類型は、原集団にもとづく戦友会集団の分類という、これまでとってきた方法から逸脱した類型であることはいうまでもない。)

たとえば、右寄りの雑誌として知られる『ゼンボウ』(一九八一年七月号)は、「海軍は生きている――予科練から海兵まで、戦友会の動向」と題して、戦友会の政治化のきざしをめぐる記事を掲載している。

「横須賀、呉、佐世保、舞鶴など各鎮守府（兵―下士官―特務士官）出身者の全国組織『海交会』は、八〇年に、『金権腐敗政治打倒』を掲げ総決起集会を開催したが、この点は『政治抜き』の他の海軍団体とは異なる。」

「また、政治は無縁――が、これまでの掟みたいなものであったが、昨年の衆参同時選挙では、軽く雲散霧消した格好となっている。……参院神奈川地方区では、大西裕氏（新自ク、新）が、落選したものの、獲得した三五万票のうち一八万票が海軍関係者のものであることがわかった。同氏は、兵科四期予備学生で……」

ここには「政治化」を開始した戦友会の姿がうかがえる。

一九六〇年代から「靖国神社国家護持法を成立させる」ことを目的に活動している「全国戦友会連合会」も、そうした政治化した戦友会の一つとして数えることが可能であろう。ただし、靖国神社国家護持運動の推進は、連合体としての「戦友連」の目標であり、これに参加している戦友会、およびその個々の構成員がすべて積極的に活動しているわけではない。なかには、「政治的に利用されたくない」と、意識的に脱退した戦友会もある、と聞いている。

先述した三つの戦友会の類型のうちにも、政治化する可能性をもった、あるいはすでに積極的に政治活動を展開している戦友会も存在している。なかんずく、そうした「政治化」の可能性を、最も秘めている類型は、大部隊型の戦友会ではないか、と思われる。（もちろん、小部隊・学校に関しても、こうした政治化を志向する戦友会が存在していないというわけではない。）

というのは、大部隊戦友会においては、小部隊や学校戦友会のようには、過去の体験に結びつけられる相互に確認しうる共通のイメージがより薄い、と考えられるからである。彼らを結びつけているのは、戦中の彼らの「所属」であり、「慰霊」「靖国」という会の「現在」の活動であることはすでに述べた。ここでは、過去の集団の体験は、相互に具体的イメージをもって、戦中―戦後へと連続することは少ないのである。集団全体としての過去―現在のイメージの不連続性は、彼らに、別の装置による空隙の穴埋めを要求する。(彼らに「慰霊」を第一に掲げさせ、靖国国家護持に積極的に関わらせているのは、そうした空隙の充足へのエネルギーである) そして、より抽象的なものを通じての自集団の確認は、さらに外へ、社会的なものへと向わせることになりはしないか。

しかし、ことは大部隊戦友会に限らない。戦友会が、彼らの過去の体験や戦友の戦死の意味づけ、という内的作業から、それらをバネにして、生き残った彼ら自身の戦後から現在に至る「満たされざるもの」の充足へ、そして、それを埋め合わせるための政治的理念の呈示とその実現の活動へと向うとき、戦友会の「政治化」が開始される。

その場合、各々の戦友会と、こうした不満の理念化、組織化との「親和性」(結びつき)は、理念が先行する形で組織が形成される(純粋な意味での政治的戦友会)場合もあれば、先に大部隊戦友会の例で述べたように、集団維持という内的要請から政治化していく(結果としての政治化)場合もあるだろう。

いずれにしても、こうした場合、戦友会は過去の体験の意味づけ、という過去へと向う作業を飛び超えて、自らの過去、死んだ戦友への想いを一つのテコとして、彼らの現在の不満、戦中―戦後を通じての個人史・世代史における彼らの満たされなかったものを、社会的脈絡=政治において充足させようとする。それは、何よりも、彼らの「現在」(というより「未来」) へ向けられた営為といえるだろう。

政治への関心と無関心

しかし、こうした理念の先行、戦友会の政治化は、時に、戦友会自体を集団としてある種の危機に導きかねない。つまり、(理念先行によって形成された戦友会は別にしても)政治化を図ろうとする人びとと、一般構成員との間の溝の発生、という問題が、そこには生じてこざるをえないからである。戦友会の場で政治的アピールに対して送られる一般会員の冷やかな視線、そこにはもう二度と再び「政治的なことにまき込まれたくない」という、この世代の一つの特徴的な「心構え」が示されてはいないか。

児玉隆也は、「一銭五厘たちの横町」と題した非エリート兵士たち(彼のいう「町民兵士」「庶民兵士」たち)の戦後を描いたルポルタージュで、次のように述べている。

「私は、大君の御楯と出でたつことになりし横町の蠟燭屋、麩屋、どんつくさん、下駄屋、指物師、呉服屋、湯の花屋、金具屋……の一銭五厘たちの言葉を改めて思い出す。『靖国神社法案、何だね、それ。うちには自まえの神棚も仏壇もあるよ。もうこれ以上神さまには手がまわらねえなあ』」

靖国神社をめぐる戦中派の思いが、多くの場合、政治的な理由によって支えられているのではない、ということは理解できる。それは、主観的には、彼らと死んだ戦友とをつなぐ、戦後社会に残された数少ない絆の一つとして意識されているのである。しかし、こうした思いも、政治的な「かたち」をもって、それが登場してくるときは、なにかうさんくささを感じさせるのである。「町民兵士」の言葉には、そうしたうさんくささに対する明るい拒否が含まれている。

戦友会と政治、という問題は、戦後日本社会において、それほど社会的にクローズアップされてきた問題ではない。むしろ、それは今後に関わる課題であるといっていい。戦友会へと向けられた戦中派のエネルギーが、右へであれ左へであれ、「政治」へ向けて転換されうるか否か。それは、戦友会のもつ集団としての志向性とともに、戦中派個々人の戦争の総括、自らと死んだ戦友との、戦中―戦後を通じての意味づけ、に関わる課題であろう。

二　戦友会と戦後

戦争参加者にとっての戦後は、その時代の推移とともに、彼らの戦争体験の意味づけに様々の色合の変化を帯びさせることになった。それは、記憶のうすれや時代の変化にともなった戦争体験の風化という形をとったかもしれないし、また、強烈な戦時のイメージを日々に新たに強化していくような戦後であったかもしれない。また、老年にさしかかり、ふと気がついた過去への悔恨、というような形での戦争との再会、という場合もあるだろう。

1　昭和二〇年代と四〇年代

『昭和万葉集』を戦争を軸に辿っていくと、戦後という一つの時代と戦中派との関わりの概略を見ることができる。

シベリアに虜となりて死にし友そのつまにわれはにくまれていたり（昭23・遠山繁夫　大8～　巻八）

癒え難き顔創映ればああ憎し軍靴にて打ちし永谷軍曹（昭27・森　実　巻一〇）

昭和二〇年代、戦争はまだ現実のものとして人々の前に存在していた。

鐘楼に再び登りうらかなし死にし部下の名も思い出せず（昭27・生井武司　大4～　巻一〇）

と、自己の記憶のあやふやさがすでに語られているとはいえ、そこには、まだ傷口が生々しく開いている。

昭和三〇年代に入ると、

空ばかり見てなぐさみし時期がありき追ひまはされしかの兵の日に

（昭31・吉野昌夫　大11～　巻一一）

弾道の下におびえて石のごと沈黙したることもありにき（昭31・岩間正男　明38～　同）

海軍に在りし日の記憶遠し遠し旧火薬庫を瞰《みおろ》して過ぐ（昭30・山崎喜久一　同）

と、戦争はすでに過去の「記憶」となりつつある。しかし、戦時の体験は、すっかり過去のものになってしまったわけではない。

戦友の名の大方は忘れしが銃の番号を今に記憶す（昭32・三嶋洋　大10～　巻一二）

疲るればまだ戦の夢を見る戦後経たるになお砲ひきて（昭37・池田富三　明44～　同）

戦争の話やめよと隣室の母するどければ息ひそむ（下島ふみ世　大11～　同）

しかし、昭和も四〇年代に入ると戦争の記憶はいっそう遠くなる。

君のいふ兵の名はわれの記憶になく小倉伍長の死にたるは知る

ラッパに起きラッパにいねし二十代小柳ラッパ卒いづくにありや（吉野昌夫　大11～　巻一四）

そこにはすでに「思い出」といってもよいような淡々とした趣きがある。

移る世に同じがたくて漂泊の日々積むごとく過ぎし二十年（昭40・葛原繁　大8～　巻一四）

凍る雲藍に寄り合うかかる日や吾ら「戦後」と呼べるつかのま（昭49・近藤芳美　大2～　巻一四）

と、自らの過去に戦後が射程に入ってくるのもまさにこの時期である。

時代の変化は、こうして、戦争との距離を少しずつ形成してきた。個々の戦中派の思いが、時代とともに移り変わってきたのと同様、戦友会もまた、この戦後という時代の流れの中に存在してきたことはいうまでもない。

本章においては、前章で展開してきた戦友会の三類型に、こうした戦後の展開を重ね合わせるなかで、戦中派にとっての「意味の装置」としての戦友会を考えてみようと思う。

意味の装置としての戦友会

ここで、「意味の装置」としての戦友会、といったのは、次のような心づもりからである。つまり、彼ら戦友会会員にとって、戦友会のもつ機能を「自己確認の場」として措定しようということである。戦中―戦後を生き抜いてきた彼ら戦友会の会員たちにとって、戦友会が、数少ない「何かほっとする場」であるのは、戦後史における彼らのアンビバレントなアイデンティティに、この戦友会がある秩序を与えてくれているからではないか。あるいは、すくなくとも、そうした秩序を与えてくれるのではないかという期待を抱かせてくれる存在だからなのではないか。

分析の基準としての入会年

しかし、個々の戦中派の戦後史、個々の戦友会の戦後史を、ここで分析の対象とすることは避けようと思う。力量の不足という問題とともに、調査の結果の数量的な分析、という前章からの方法を継承したいと思うからである。

ここでは、戦友会と戦後史との関わりを、戦友会員たちの入会年・入会時期を基準に考えていこうと思う。戦後のどの時期に戦友会を形成し、またそれに参加したかをもって、意味の装置としての戦友会に対する、戦中派の抱く期待を分析しよう、ということである。

戦友会の入会の時期は、彼ら戦友会会員にとって、単なる数字以上の意味をもっている。終戦直後の声高な「平和主義」のなかで、それに逆行しながら、タブーであった「戦争」を――公然とであれ、ひっそりとであれ――掲げて戦友会に集まった人々と、昭和四〇年代以後の高度経済成長の波の中で戦友会に出会った人々とは、戦友会に対する思いがおのずから異っていると思われる。つまり、自らの戦争体験を、戦後のどの時期に、集団として総括しうる場をもったか、いわば彼らの体験を、戦後のどの段階で――個人としてではなく戦友会という集団の場を通じて――「せき止めた」か、が、彼らの戦後社会に対する態度にある変化を与えているのではないか、と思えるからである。

戦友会の各構成員、二三九一人に対して、一九八一年に行なわれた第二回戦友会調査アンケートにもとづいて、以後の論を進める。

2 〃戦後戦争〃の将校団――学校戦友会

「パーティに移ると、私は今日のホステスはいやに年をとったのばかりだなと思っていると、これが皆戦友たちのKA（夫人）であったのには驚いた。その中の一人に『私、西村の家内でございます』と挨拶されて訳が分らなかったが、俳優の西村晃の奥さんであった。『主人がコマ劇場に出演中でこられないもので』ということだったが、奥さんだけでも出席する熱心さに再び驚いた。」（向坊壽『再び帽振れ』）

会員にとっての意味の装置としての戦友会の分析を、学校戦友会からまず開始しようと思う。それは、前章でも明らかにしたごとく、この戦友会が、部隊戦友会とは一定程度異なった性格をもっていると思われるからである。また、先に述べた入会年という点に関しては、このタイプの戦友会には多くはそれが存在していない、という特別の理由からでもある。というのは、同期生会などは、卒業と同時に自然入会という形をとっているものが多いためである。

前章において、学校戦友会は、兵学校・士官学校で培った体験縁が、戦中―戦後の連続性をもって存在している集団であり、また同時に、彼らの戦中体験を社会的脈絡で表現することをある程度回避する集団、として描かれた。

内向―現在、という志向性を基本的にもっていると思われる学校戦友会は、その構成員にとって、どのような意味の装置として機能しているのか。

学校戦友会とエリート性

前章で明らかにしたように、このタイプの戦友会は、部隊戦友会が「過去」を向いているのに比して、より強く「現在」にひかれている戦友会である。過去の体験縁を再結合の契機としつつも、彼らの集団における自己確認の作業は、彼らの戦後の生活、なによりも彼らの「現在」を媒介として、すなわち、相互に自己自身の現在（現在の社会的・経済的位置）を確認し合うことによってなされてい

表6　名古屋幼年学校四八期生（第一訓育班）の現在　『サンデー毎日』80・8・24　pp 34-39.

児玉洋生	（死亡）	
小林宏介	小林写真館経営	旧長野工専
坂井徹	名古屋家裁調査官	京大
佐々木康雄（泰夫）	モービル石油需給部長	名大
佐藤行孝		
設楽雅衛	東芝生産技術レーザー課長	早大
篠田勝郎	（死亡）	
清水敏治	リバースチール横浜工場長	名大
下田和夫	富士電機松本サービス代表取締役	旧明治工専
杉浦嘉之	杉浦外科医院長	岐阜県立医科大
杉江良治	日本技術開発推工部長	京大
杉山孝	兵庫塚口病院胃腸・内科部長	京大
鈴木勲	農水省経済局海外技術協力官	京大
鈴木靖夫	創和実業業務部長	旧海南中
高瀬克忠	稲城台病院医局長	金沢大
多賀義明	多賀会計事務所長	旧沼津中
竹内弘	小野田エンジニアリング課長	旧福井中
竹内良矩	三菱銀行検査部検査役	東大
多田樹	福井市民新聞主宰	
田村晶俊	サカイ店装技術部長	旧富山中中退
塚本芳和	電通総合計画室次長	東大
中井周三	岡谷鋼機名古屋鉄鋼部付部長	名大
中田直人	東京合同法律事務所弁護士	東大大学院
中野宏夫	（死亡）	
新山昭輔	三菱商事原動機輸出部長付　次長	慶大
西秀雄	ナラハ電気代表取締役	東農大
西山領	川崎製鉄土建部長	名古屋工大
野村正夫	東海農政局地方参事官	東大
長谷川淑彦	荏原製作所官需第一営業部長	京大
長谷川弘	岐阜県立犬山高校教諭	旧岡崎高師
羽根田春夫	羽根田工業所経営	旧八高中退
原誠	富士フィルム商品技術部長代理	旧東京工専
広瀬武夫	通産省福岡通産局長	東大
福井佑吉	積水ハウス取締役技術部長	京都工繊大

福島則之　土岐市立濃南中学教諭　旧岐阜師範
藤井康助　スーパー経営　旧彦根経専
相川豊　ダイヤモンド社制作副部長　国学院大
秋丸舜二　日立製作所電力事業副技師長　京大
阿謡豊　ツイン電機専務　慶大
天野一成　（死亡）
安藤馨
石井寿郎　麒麟麦酒福岡工場製麦課長　鳥取大
石原修　千葉県立流山中央高校教諭　日大
石丸和夫　安田生命大阪支社・営業推進課副長　金沢大
磯部恭三　甲府家裁主任調査官　東京外語大
伊藤幸三　名古屋商工会議所管理部長　名大
伊藤正義　静岡大学教育学部教授　東北大大学院
井上孝雄　井上医院医師　新潟大
内山輝之　浜松教施研代表取締役　早大
梅林（三浦）昌彦　梅林病院長　信州大
江崎瑞裕　光洋ジェネラル常務　神戸大
海老原一三　日本カナダ・パッカーズ社長　立教大
扇本肇　岐阜県立瑞浪高校教諭　岐阜大
大森克巳　（死亡）
大田英憲　川崎重工電送部第二電送課長　旧神戸工専
大竹孝英　東京タンカー機関長　旧清水高等商船
大村（菊田）平　航空自衛隊航空実験団副司令　東京工大
岡（三垣）昭市　岡山県総合グラウンド事務所　旧岡山農専
岡田幸大　国鉄中部鉄道学園労務主事　中大
奥平昌彦　国立横浜病院小児科医長　千葉大
加藤紀之　信州大学、文部教官講師　東大
河村幸吉　関東電波監理局監視第四課長　旧金沢工専
神田（望月）竜夫　山梨県立甲府一高教諭　中大
菊沢吉治　博報堂課副主幹　東京外語大
久保敏　石金精機製造課長　旧富山高中退
久保田幸七　日本流通産業仕入担当　大阪商大
藤田進　矢部商店常務　広島県鯉城高
上月昭吾　三重交通取締役総務部長　名大
上妻精　成蹊大学文学部教授　東大大学院

表7　年　　収（海兵出身者/全体平均）

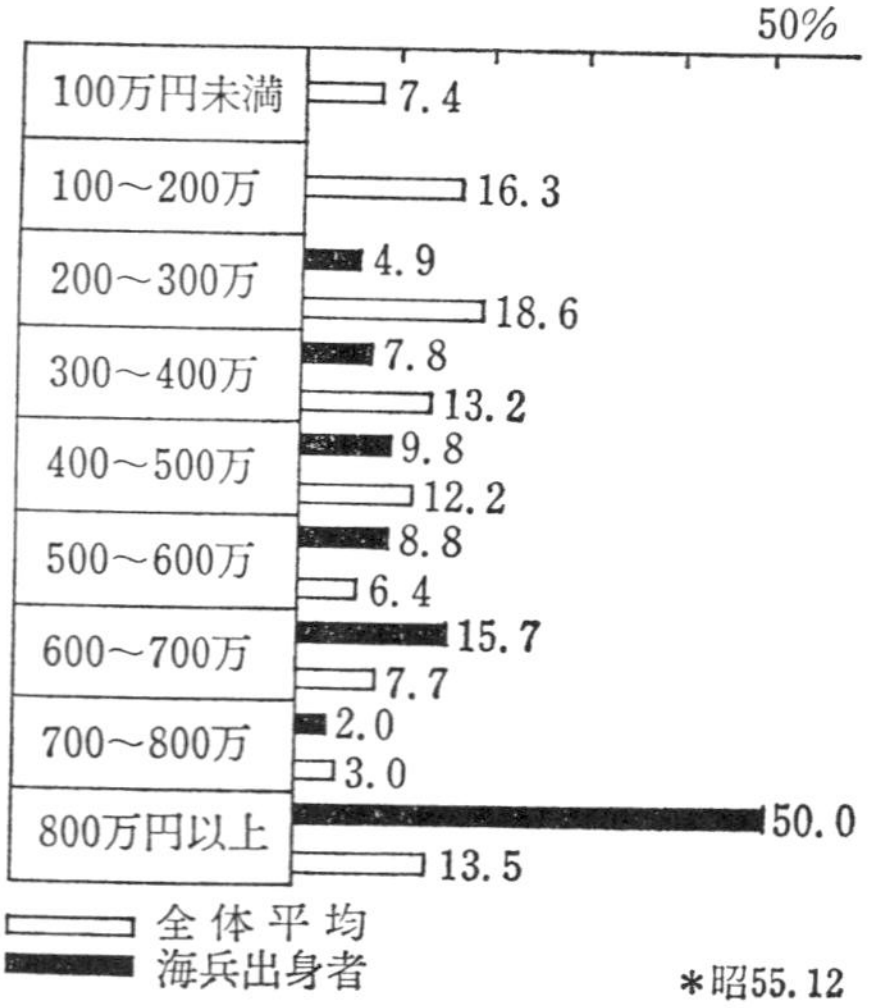

ると思われる。つまり、多くは、今なおエリートである彼らにとって、戦友会の場で確認されるのは、彼ら自身の現在の境遇である。

例えば、冒頭に引用した向坊氏の属する元海軍第一四期飛行予備学生の戦友会は、その新年会を、毎年「銀座マキシム」において開いているという。そして、そこには次のような人物たちが登場する。「西鉄グランド ホテル専務」「裏千家宗主」「ＮＨＫ解説委員」「エーザイ社長」「電通専務」など。

われわれの得たデータにおいても、学校戦友会会員の、現在のエリート性は際立っている。表7は、海軍兵学校同期生会の会員（一〇一人）の年収の平均と全体（一二二五人）の平均との比較である。一見して明らかなごとく、年収八〇〇万円以上が半数という数字には驚きを禁じえない。また、『サンデー毎日』の「五〇歳になった名古屋陸軍幼年学校四八期生会」と題する同窓生の追跡調査（表6）には、このエリート「軍国小学校」の卒業生たちの戦後が、「中途半端」という自嘲をこめながらも、きわめて「堅実」なものであったことを教えてくれる。

表8　希望する生活(海兵出身者／全体平均)

	なごやかな平和な家庭でくらす	やりがいのある仕事にうちこむ	世の中のためになることをする	その日その日を愉快に楽しむ	何でもそろっていて便利で豊かな生活	無回答
全体	45.2%	23.3%	18.8%	9.7%	1.5%	1.5%
海兵出身	27.5	42.2	22.5	2.0	2.9	2.9

とにかく、職業分布をつくれば九〇パーセント以上が「事務・技術職」か「経営・専門職」かに入るし、ほぼ八〇パーセントが「大卒以上」の学歴をもっているのである。

学校戦友会の戦後空間

表8は、今回のわれわれの調査における「希望する生活」に関する、全体の平均と、海兵同期生会の平均との比較を示している。

海兵出身者の多くが、希望する生活として「やりがいのある仕事」を選択している。海兵出身者たちは、おそらくは、戦後の経済戦争においてもそれを将校あるいは下士官として戦ったであろう。彼らは「なごやかで平和な家庭生活」や「その日その日をゆたかに」暮らす生活ではなく、「仕事」を戦後失われた「価値」の代償（戦争自体が彼らにとって「仕事」であった、ともいえるであろうけれど）とするかのようにして、まさに戦闘を継続したのである。

吉田満が「戦中から敗戦まで、徹底的に肉体を酷使され、戦後の混乱期からようやく立ち直るとただがむしゃらに戦争協力者の汚名をそそぐには、身を粉にして働くほかないようにして働き、妻子の愛し方も、人生の楽しみもろくに知らず」（『戦中派の死生観』）と描く「戦中派」の姿は、こうした兵学校出身者の戦後（それは必ずしも一般の「町民兵士」と同一ではないだろう）の主要な傾向を描いたものといえるのではないか。

戦時中、戦争の意味、自らの死の意味を追い求め、それを納得しようと努めたのはなによりも、この人々、学徒兵や兵学校生徒などに代表される知的エリート軍人たちではなかったか。彼らにとって、ある一つのまとまった価値観を戦中に維持しようとしてきた分だけ、敗戦の与えた精神的な空洞感はいっそう大きいものであったであろう。「仕事」が、戦後失われた戦中の価値観、理念を埋め合わせるものとして選ばれる。

ただし、自らの依ってたつ価値を、戦中とは別のもの（仕事）へと移し変えた戦後の戦争においても、彼らはやはり士官であり将校であった。しかも、この戦争は、何はともあれ勝利をおさめつつある戦いなのである。彼らにとって、戦友会は、戦中の過去とともに、むしろそれ以上に、戦後の戦争を総括する場として機能しているといえるのではないか。

「同期生の集まりに夫人たちの参加がめっきりふえてきた。初めの頃は海軍への愛着にとりつかれた男たちだけが主役で、夫人は何か異分子の感じがあったが、今日は……奥さんたちも立派な主役に見える。いやむしろ、元海軍の会合らしく姿勢を正して生き生きと行動しているのは彼女たちである。」（吉田満、前掲書）

部隊戦友会と比較したときの家族に対する開放性や会合の華やかさも、戦後戦争の勝者の会合という観点から見れば、いっそううまく説明できるかもしれない。

「戦友会の魅力」という質問項目に対する回答を見ると、学校戦友会のそうした傾向をもう少しうまく明らかにすることができるのではないか。「戦友会の魅力とは何ですか」という自由回答の質問に対して、「実利」を内容とする回答が、この海兵同期生会には、他と比べてかなり高いのである。（全体平均三・三％に対して九・九％）ここでは、「過去」の体験縁を最初の結合の契機としつつも、現在の結合の絆が彼らの現在の「仕事」、彼らの社会的・経済的地位をめぐるものとなりつつある、ということがいえるのではないか。相互の企業の情報交換から「つて」の形成という形で、一種のギルド的な側面さえもっている、ということもできるだろう。

戦争体験の意味づけ

彼自身、ほとんど一四期生会に参加したことはない、と語る向坊氏の言を再度引用させていただく。「一日に少くとも一回戦死した奴のことを想い出す」という彼の心情は、「同窓会的雰囲気でホイホイ集まるにはあまりに酷烈な経験です。生きている奴とはつき合っていなくても、死んだ奴とはつき合っている」と語る同会の「レジスタンス組」である「宇佐空」の人びとと同じ線上にある。

こうした学校戦友会へのレジスタンス組的態度は、戦友会を世俗の垢に染まってしまっている、と見ているのかもしれない。そして、そのことは、逆説的に、現在の学校戦友会のもつ開放性、明るさ、を物語ってもいる。自らの仕事、自らの現在の社会的地位を媒介にして、自己の現在を確認する場（多くの同窓会的再集団化集団の傾向は、ノスタルジーを媒介とした、彼ら自身の現在の自己確認へと向っている）という、このタイプの戦友会のもつ傾向は、確かに、集団としては戦争という要素が――たとえ一人一人の意識の裡には重く残っていようとも、すくなくとも戦友会の会合の場においては――部隊戦友会ほどの重さをもってはいないように思われる。彼らの「戦友」は、むしろ彼ら個々人の意識の内部で、あるいは彼らが別の形で属している部隊戦友会の場で、よりしばしば総括の俎上に登ることになるともいえよう。

「何となく気疲れを覚えながら、ホテルの外に出て、電通の専務の吉岡文平が、二次会はここですと書いてくれたメモをポケットにしまって、やはり私は、独りで追悼会をやろうと銀座のバーに向って歩いていた。」(向坊壽、前掲書)

3　戦後の共有体験――昭和二〇年代結成の大部隊戦友会

「意味の装置」としての部隊戦友会(今回の第二回調査においては、海軍の部隊戦友会は、データが不充分であり、ここで行なわれる分析の基本データは、陸軍の部隊戦友会を中心としている)を考えるにあたって、戦友会のもつ内的凝集性、という問題を考えてみよう。

前章で扱ったように、戦中の共有体験の密度が高かった小部隊戦友会は、共有の体験密度のより薄い大部隊戦友会と比べて、より内部へと志向し、凝集度も高い。そのことは、戦友会の出席率に典型的に示されている。出席率の高さは、戦友会のもつ会員に対する「引力」の強さを明らかにするとともに、内的親密度の一つの重要な指標として考えられるからである。

〝戦後戦争〟における体験縁の形成

一九八一年の調査における戦友会員たちの出席率を、昭和二〇―三〇―四〇年代という入会時期別の区分と、大小という原集団の規模をもとに分類すると表9のようになる。前章の分析を裏づけるように、小部隊戦友会の出席率は「つねに出席」が、各年代を通じて四〇%を超えているが、大部隊に

表9　戦友会への出席率

大部隊戦友会

入会年＼回答	毎年必ず出席する	よく出席する	ときどき出席する	ほとんど出席しない	出席したことがない	無回答
昭和20年代（138ケース）	40.6%	28.3%	24.6%	5.1%	0.7%	0.7%
30年代（164ケース）	29.3	25.0	31.1	11.6	2.4	0.6
40年以後（278ケース）	28.8	19.1	32.4	9.4	10.4	—

小部隊戦友会

入会年＼回答	毎年必ず出席する	よく出席する	ときどき出席する	ほとんど出席しない	出席したことがない	無回答
昭和20年代（35ケース）	42.9%	34.3%	11.4%	8.6%	2.9%	—
30年代（34ケース）	44.1	26.5	17.6	5.9	5.9	—
40年以後（79ケース）	40.5	20.3	26.6	8.9	3.8	—

関しては、全体平均は三〇%を割っている。ただし、ここで、昭和二〇年代入会グループのみは四〇%と、小部隊戦友会の会員なみの出席率を誇っていることに注意されたい。

こうした事態もまた、「体験縁」――「所属縁」という分析枠組を用いて説明することが可能であろうと思われる。昭和二〇年代形成の大部隊型の戦友会においては、戦中の共有された過去は、小部隊ほどには緊密なものではなかったはずである。なぜなら、彼らの間には対面関係にもとづいた、相互に見知った関係をもつ機会は、それほどなかったのだから。ただし、体験縁という概念を、戦中という一時期に限ることをせず、戦後をも含むタイム・スパン（時間の幅）で眺めれば、こういうこともできる。戦後の四〇年近い戦友会活動は、彼らに戦後の生活の中で、戦友会という場を通じて相互に共有の体験を形成させたのだ、と。

彼らの戦友会は、戦中の体験縁を直接の契機として結合している戦友会ではない。あくまで戦友会結成の契機は、過去の「所属」であったはずである。しかし、戦後の戦友会活動は、彼らに、戦後形成された「体験縁」を生み出させはしなかったか。あまりうまい言葉ではないが「戦後の戦争」を、戦友会という場で戦った仲間、という意味での共有体験が彼らの現在の結びつきを強化している、と考えられるのである。つまり、彼らの集団としての過去と現在との連続性は、「一五年戦争」ではなくて、戦後戦争における体験の連続性なのである。

戦後の孤立のなかで

それでは、彼ら終戦直後の大部隊戦友会における「戦後戦争」とは、何であったのだろうか。そしてまた、この戦後戦争の渦中で、彼らの戦友会は、いかなる意味の装置として彼らのアイデンティティを保証しようとしてきたのか。

戦中派にとっての戦後戦争が――少くとも意味の領域にあっては――「戦争協力者」あるいは「戦争の犠牲者」としての自己に対する外部からの視線との対決において開始されたということは想像に難くない。たとえそれが厳しい内的対決を含まないものであったとしても、そして、それ故に、あいまいな形で一応の決着がつけられたとしても、なんらかの形で、彼らと戦争との関係をめぐる「総括」が要求されたことであろう。

それは、戦後の苦しい生活の中で必死に働いている最中にもふと浮かぶ、戦死した戦友の姿や、自らの苦々しい体験を契機としたかもしれない。あるいはまた、一応の生活の安定の後で、くつろぎの時間に突然脳裡をよぎる自分の過去、というかたちをとったかもしれない。とにかく、彼らには、なんらかの形で戦争に対する内的決着が要求された。多くの戦中派は、この決着を充分にはつけきれぬままに現在に至らんとしているのであり、そしてまさにこうした決済未了の過去こそが、彼らの戦後のアイデンティティの動揺の背後にある。

「親子の断絶などとさかんにいわれていますが、断絶なんかじゃない。親が子に遠慮しているのです。最大の原因は、敗戦というコンプレックスじゃないかな。」(児玉隆也、前掲書)

しばしば語られる彼らの「自信のなさ」「コンプレックス」不器用さは、そうした揺れ動く自己の不確定さに根拠をもっていた、と考えることもできる。

いち早くなされた「戦争」の枠づくり

しかし、戦後直ちに形成された戦友会の会員においては、事情が少し異なっていると思われる。彼らは、そうした個人的な内的対決を、ある程度回避しえたのではないかと思われるからである。彼らには、戦友会という集団的な戦争総括の機関が存在していたのだ。

例えば表10を見ていただきたい。この表の示しているのは、「戦争裁判」に対する各入会時期、原集団の大小別の

表10　戦争裁判について

大部隊戦友会

入会年＼回答	戦勝国の押しつけで腹が立つ	負けたのだからしかたがない	戦犯と呼ばれる人は裁かれて当然だと思う	わからない	無回答
昭和20年代	46.4%	39.9%	8.7%	3.6%	1.4%
昭和30年代	35.4	50.0	9.8	4.3	0.6
昭和40年以後	36.0	47.1	11.2	5.4	0.4

小部隊戦友会

入会年＼回答	戦勝国の押しつけで腹が立つ	負けたのだからしかたがない	戦犯と呼ばれる人は裁かれて当然だと思う	わからない	無回答
昭和20年代	40.0%	54.3%	2.9%	—	2.9%
昭和30年代	32.4	55.9	8.8	2.9	—
昭和40年以後	27.8	48.1	10.1	7.6	6.3

回答表である。見てすぐわかるように、昭和二〇年代大部隊の戦友会員たちにとって、戦争犯罪への判決は「押しつけ」として強く意識されている。つまり、彼らは、戦争の加害者としての負い目から相対的に解放されていると考えられるのである。

彼らは、戦友会によって、戦後いちはやく、彼らの戦争体験をある意味の枠の内におさめることに――それが必ずしも完全になされたのではないにしても――成功したのである。

彼らの戦友会は、戦後社会においてマイナスのレッテルを貼られ続けた「戦争加担者」という視線から、彼らを比較的自由にしてはくれなかったか。あるいはまた、そうした戦後の風潮に反発するなかで、彼らの集団が形成された、と順序を逆にして考えることもできる。いずれにしても、彼らにとって、戦友会が、戦後の彼らのアイデンティティに対する攻撃を防衛する装置として機能してきた、ということはいえるのではないか。

アイデンティティの防波堤として

この戦友会を通じて防衛されたのは、戦争参加者―戦中派としての自己の内的―外的位置づけであり、傷つけられようとした自我は、この戦友会という意味の装置に守られて、深い傷を負うことなく戦後を生き抜いてきた、といえる。自我―自己意識を防衛する戦後の戦いにあって、彼らには、戦友会という避難所があったのである。

自己のアイデンティティの避難所、としての戦友会の下で、彼らは、自らの戦中体験をある程度総括し、それに意味の枠づけを与えた。彼らが、自らの戦争体験に関しても、また、戦後の彼らの生活に関しても、比較的ポジティヴな方向を維持しえているのは、戦後も初期の段階で、戦争に決着を

表11　希望する生活

大部隊戦友会

回答／入会年	なごやかな平和な家庭でくらす	その日その日を愉快に楽しむ	やりがいのある仕事にうちこむ	何でもそろっていて便利で豊かな生活	世の中のためになることをする	無回答
昭和20年代	45.7%	8.0%	18.1%	2.9%	23.9%	1.4%
30年代	54.9	10.4	17.7	1.2	14.6	1.2
40年以後	53.6	14.0	19.1	0.7	12.2	0.4

小部隊戦友会

回答／入会年	なごやかな平和な家庭でくらす	その日その日を愉快に楽しむ	やりがいのある仕事にうちこむ	何でもそろっていて便利で豊かな生活	世の中のためになることをする	無回答
昭和20年代	45.7%	14.3%	17.1%	—	20.0%	2.9%
30年代	52.9	17.6	11.8	2.9	14.7	—
40年以後	50.6	10.1	16.5	—	20.3	2.5

つけえたためではないだろうか。

表11に示される、このグループの人々の社会に対する積極性も、そうしたことをある程度示している。「世の中のため」という回答の多さは、彼らが社会に対して、比較的堅固な態度（立脚点）をもっていることを示していると思われ、全体からみても、特殊な位置を占めている。

昭和二〇年代に入会した大部隊戦友会の会員たちは、戦後の混乱期を、自らの戦争体験に対する批判や非難に対して、戦友会という防波堤をもって闘い抜いた。戦友会という場を通じて、彼らが確認する自己の姿は、戦争加担者としてマイナスの価値を与えられた戦中派像ではない。むしろ、戦中派としての自己の積極的側面が強調される。彼らにとって、戦友会は、戦後四〇年近い年月にわたって、戦中派としてのプラスの側面に光をあててくれる場として機能してきたのである。そして、自己の戦中派としてのアイデンティティを強化する装置としての戦友会のこの機能こそが、毎回出席四〇パーセント以上という、大部隊型戦友会には稀な、会員に対する「引力」の秘密なのであろう。

ただし、戦中における共有体験の密度がけっして濃くはなかった彼らの現在における結合を与えているのは、すでに述べたように、彼らの戦中体験ではない。戦後の共有体験――すでに戦中の記憶を大幅に越えてしまった共有の仲間意識――こそが、彼らの現在の凝集性の高さを支えているのである。

4　連続する戦中・戦後――昭和二〇年代結成の部隊戦友会

――愚かなる戦争という批判易し　吾らはげみき　しかも破れき　（大田隆美　大6～　巻九）

昭和二〇年代における小部隊戦友会の入会者に関しては、大部隊とは異なり、密度の濃い戦中の共有体験が彼らの再結合の契機となっている。ここでは、戦中の共有体験が比較的スムーズに戦後の共有体験へと連結している。このグループの戦友会員たちが、二〇年代大部隊型の人々よりも、いっそう強い内的凝集性をもつのは、そのためである。彼らは、生死をかけた「一五年戦争」も、また同時に、自己のアイデンティティに対する剝奪との戦い（戦後戦争）も、緊密な仲間意識―戦友意識で乗り超えてきたのである。出席率（「毎回出席」と「よく出席」で七〇パーセント以上）は、そのことをよく示している。

いまなお強い対外閉鎖性

表12が示すように、家族の同伴に関しては、二〇年代大部隊型の人々が、戦後四〇年近いつき合いのなかで、多くは家族を交えて会合を楽しんでいるのに比べて、このグループの人々は、今なお、家

表12　家族の参加

大部隊戦友会

入会年＼回答	毎回行く	よく行く	ときどき行く	ほとんど行かない	行くことはない	無回答
昭和20年代	5.8%	10.1%	13.0%	26.1%	40.6%	4.3%
30年代	3.0	2.4	11.0	18.9	62.8	1.8
40年以後	1.8	2.5	15.5	12.2	63.3	4.7

小部隊戦友会

昭和20年代	2.9%	8.6%	2.9%	11.4%	74.3%	—
30年代	5.9	2.9	—	11.8	76.5	2.9
40年以後	1.3	2.5	7.6	25.3	59.5	3.8

族を会合に対する「よそ者」として排除している。この点に、同じ二〇年代入会型のグループとはいえ、大部隊型と小部隊型の差がはっきりと表われている。

小部隊型では、家族を戦友会の会合につれていくことは「ほとんどない」と「ない」が回答表の九〇パーセントを占めているのである。これに対して、大部隊型は、「毎回」「よく」「ときどき」合計で三〇パーセントと、部隊戦友会の各グループのなかで家族に対してもっとも開放的なのである。おそらくそれは、大部隊型のグループの結合の軸が、戦中の体験よりも、戦後の共有体験により関わっているためであろう。また、この二〇年代大部隊型の人々の志向性が、学校戦友会と同様、より「現在」へと向けられているためである、ということもできよう。

これに対して、二〇年代小部隊型のグループにおいては、その入会時期、すなわち集団としての戦争の枠づけの時期が、かなり早期であったにもかかわらず、戦後の戦争における共有体験よりも、今なお戦中の体験のほうが重いものとして残っているのである。彼らにとって、過去の戦争のイメージは、そして死んだ戦友のおもかげは、共有のもの

はいつだったか

昭和20年代	昭和30年代	昭和40年代	昭和50年代	とりたてて良い時代はなかった	無回答
0.7%	10.9%	21.7%	15.2%	8.7%	2.9%
4.3	12.2	17.1	18.3	12.8	1.2
2.2	9.4	21.6	16.5	14.4	1.8
—	8.6	14.3	14.3	14.3	2.9
2.9%	8.8	17.6	11.8	5.9	2.9
1.3	10.1	13.9	17.7	22.8	1.3

として今なお強烈に残存している。そうしたイメージは、「思い出」として相対化される以前に——つまり、戦後直ちに——像として確定され戦後集まりを続けるなかで、より強力なイメージとなって保持され続けてきたのであろう。

彼らもまた、戦後の早い時期に、戦争を集団として意味づけ、総括を開始したことで、集団としての意味づけの場を比較的遅くまでもたなかった人たちよりも、個人としての重荷は軽くてすんだのかもしれない。しかし逆に過去を集団として背負いこんでしまったのであり、それ故に、彼らに共通する戦中のイメージは、戦後においてもやはり集団の内部へ内部へと持ち込まざるをえなかったのだといえるだろう。

彼らにとって、戦友会において確認されるのは、個人史のうちに、また自集団のうちに、戦中—戦後を貫いて存在してきた自分と戦友たちの姿なのである。

戦中—戦後の連続性

彼らの再集団形成は、戦後直ちに行なわれた。ということは、先述した昭和二〇年代大部隊型のグループの人々と同様、彼らの戦後においてこの戦友会が、「戦中派」としての自分たちの

表13　良い時代

	良い時代 ＼ 結成年	明治時代	大正時代	昭和一ケタ代	昭和10年代
大部隊	昭和20年代	0.7%	3.6%	18.1%	17.4%
	昭和30年代	0.6	3.0	12.2	18.3
	昭和40年以後	0.4	4.7	13.3	15.8
小部隊	昭和20年代	—	8.6	14.3	22.9
	昭和30年代	—	5.9	23.5	20.6
	昭和40年以後	—	1.2	15.2	16.5

プラスの側面を防衛するための場として働いたと考えてもよいだろう。ただし、彼らの戦中派としての自己の積極的な意味づけは、大部隊型のように、戦後の共有体験を媒介にしたものではない。ストレートに戦後へと連なる戦中の共有体験こそが、彼らの自己確認を行なう際の手段（媒介物）である。

たとえば表13の「あなたにとって良い時代とはいつでしたか」に対する回答に、このグループの人々は、戦中であった昭和一〇年代に最も強く反応しているのである。彼らにとって、戦時は、自らの集団を生み出してくれたという意味で、また、相互の戦友意識が最も強い絆で結ばれた時代という意味で、「良い時代」として、今なお意識されているのである。

しかし、小部隊戦友会にあっては、自らの共有体験の意味を、集団の外部へ向けて迫ることによって自集団の持つ意義をより強化しようという要請は、大部隊型ほどには強くない。集団の存立の意義が、言葉や象徴物で表現することのできない、体験の領域にかかわっているからである。先に示した、「戦争裁判」や「希望する生活」に対して与えられた彼らの回答は、その一つの証左である。他の小部隊型のグループと比べて、戦中派としての自己の立場をより積極的にとらえていることはうかがわせはするが、二〇年代大部隊型ほどには「威勢」はよくないのである。

戦中派としての自分たちの位置を、戦友会という戦時の仲間が集うことによって、つまり、戦時の体験を媒介にすることによって、相互に確かめ合う。このグループの戦友会会員にとって、戦中―戦後の個人史は、なによりも戦中の団結の中で培われ、現在に至るまで、相互に補強し合い、確認し合いながら形成されてきたものなのである。

5　過去との対話――昭和四〇年代結成の小部隊戦友会

「そしてフッと気がつくと三〇数年たって、やっと生活が楽になり、やれやれ泥の上から顔をあげて世間をみて、愕然として自分の老いに気がつく。老いとは年齢だけでなく、世の中の変りようへの対応の心理的にぶさである。まるで浦島太郎だ。」（牧野勇一・大7～「自分の目で」『戦中派の遺言』）『お父さんは古いよ』と云う息子や娘たちの言葉が端的にそれを象徴している。

戦後間もない時期に形成された戦友会は、小部隊のグループも、大部隊のそれも、「戦争加担者」へのマイナスのレッテル貼りのなかで、おのおの戦中―戦後に形成された団結――共有体験を結合の軸として、ともすれば崩れそうになる自己のアイデンティティを集団として保証するなかで生き抜いてきた人々である。しかし、こうした集団としての防波堤を形成せぬままに、戦後二〇年を生き抜き、その二〇年の空隙の後に戦友会と出合った人々にとって、戦友会はどのような意味の場として働いているのだろうか。

戦友会への出席率という点に関しては、昭和四〇年代‐小部隊型の人々は、大部隊型のそれと比して、はるかに高い出席率を誇っている。それは、ほとんど二〇年代‐小部隊の出席率と差がない。そして、このことは、前章で分析したように、小部隊戦友会の結合の軸が、体験縁にもとづいている、ということと密接に関係している。

しかしながら、戦後二〇年以上たってから、かつての戦友と再会した人々は、出席率以外のところでは、戦後直ちに戦友会を形成した人々と比べると、少しばかり異なった傾向をもっている。いままで見てきたいくつかの調査の結果は、そのことを明らかにしてくれている。

「とりたてて良い時代はなかった」

「良い時代は」という質問に対する回答は、その典型的な例である（表13）。一目見てわかるように、戦友会の形成を比較的遅い時期に経験した人々にとって、もっとも強い親和性をもっている回答項目は、昭和二〇年代小部隊の人々が「昭和一〇年代」（戦時中）を選んだのに対して、「とりたてて良い時代はなかった」のである。これは、彼らが個々に背負う「個人的な事情」がそう答えさせているのかもしれない。しかし、それだけではなかったはずである。戦後二〇年というつらく厳しい時代に、彼らは、戦争を個人として背負わされ、個人として戦争を総括することを要求され、戦後の彼らに対する冷たい視線と戦っていたのである。彼らには、自らを守り、自らの戦争体験に意味の枠づけを与えてくれる共有の場、が不在であったのだから。

戦友会と出合うまでの数十年間、彼らの手元に、突然、戦友の名簿と会合の通知が届くまでの数十年間。その期間に、彼らの戦争体験は、個人としてある程度相対化され、また風化したことであろう。

しかし、それはあくまで確定しない、未だ整理のつかないものとして、心の底に沈澱し続けていたのではないか。彼らは、体験を、共同して位置づけ——意味づける場を持たなかったのだから。

こうした傾向は、彼らの現在の生活態度のうちにも読みとることができる。例えば、「希望する生活」（表11）に対する「世の中のため」という回答の多さである。これは、少しばかり逆説めいた言い方になるかもしれない。というのは、昭和二〇年代‐大部隊型のグループや二〇年代‐小部隊型グループも、この項に比較的強く反応しているからである。それは、戦中派としての威勢の良さや、自らの戦中派としての積極的な位置づけに関わっているのではないか、とすでに述べた。実際、大部隊型のグループでは、昭和二〇—三〇—四〇年代と、時代が下るにつれて、「なごやかで平和な生活」や「その日その日を愉快に」が増え、威勢が「悪く」なっていく傾向にあるからである。

それでは、昭和四〇年代に入って以降、小部隊戦友会を形成した人々は、二〇年代の人々と同様、戦中派としてのアイデンティティを世の中に向けて、再び主張しようとしているのだろうか。彼らは、むくわれなかった戦後の不満を、戦友会との遅れた出合いにより、一気に、社会へ、外へ向けようとしているのだろうか。そして、それが「とりたてて良い時代」のなかった、彼らの現在の志向性、なのだろうか。

そうはいえないと思う。そのことは、例えば、表10をもう一度見れば理解できるだろう。戦犯に対する彼らの態度である。ここには、「戦争」に対して、いまなお残っている、彼らの憎しみのようなもの、すくなくとも自らを戦中派として積極的に主張することをはばかっている態度が読みとれる。

表14　戦後の生活

大部隊戦友会

入会年＼回答	充実して生きがいがあった	かなり充実していたが何かわりきれないものがある	生きていくのが重荷であった	わからない	無回答
昭和20年代	24.6%	63.0%	6.5%	3.6%	2.2%
昭和30年代	22.0	59.8	10.4	6.1	1.8
昭和40年以後	18.0	62.2	11.5	4.3	4.0

小部隊戦友会

昭和20年代	34.3%	60.0%	2.9%	2.9%	—
昭和30年代	20.6	67.9	2.9	5.9	2.9
昭和40年以後	24.1	59.5	10.1	6.3	—

決済未了の戦中体験

彼らは、戦争に関して、また戦争をめぐる自己のアイデンティティに対して、自らが戦中派であるということの積極的評価を、いまなおなしえない情況にある。なによりも、彼らには、戦後いちはやく戦争を集団として意味づけ、また、それを年月とともに強化してくれるような場（戦友会）が、不在であったのだから。つまり、とりたてて良い時代のなかった、彼らの戦中―戦後は、いまなお集団としても、充分に決着がつけられてはいないのである。

そうした自信のなさ、いまなお不安定である自己の戦中から現在に至るアイデンティティが、つまり、彼らの戦争および戦死した戦友への負い目が、「世の中のためになること」と答えさせた、と考えるのは、「読みすぎ」というものだろうか。しかし、表14に示されるような、彼らの戦後への意味づけは、すなわち、昭和二〇年代―大小部隊型のグループと比べて「重荷」であったという回答の多さは、こうした見方を支持してくれるように思われる。

彼らは、戦友会という場で、一度は風化しかかった彼らの戦争を、二〇年以上の年月を経た後、共同で「総括」する作業を開始したのだ。それは、戦後の白眼視や苦しい生活の中で、共同してアイデンティティの防衛のために戦ってきた「戦中派」型の戦友会（昭和二〇年代型の戦友会）の戦争への意味づけの仕方とは異なった形をとることになる。一般の社会意識は、すでに戦争を風化させてしまっているし、彼らもまた老いの時期に入り、家庭的にも落ち着いた境遇にいるのだから。しかも、彼らにとって、二〇年代型のグループの人たちが共有していたような、むくわれなかった戦後との共同した戦いは不在である。彼らの現在の結合を支えているのは、戦中―戦後―現在という時間の流れの中で、戦後だけがスッポリと抜け落ちた共有体験なのである。

共にむくわれなかった戦後、という見方をすれば、彼らにとって戦後もまた共有の体験の場であった、といえるかもしれない。しかし、すくなくとも、彼らには、そのようなあいまいな形で共有する戦後よりも、より強力で密度の濃い共有の過去があるのではなかったか。

彼らが、戦友会に集まることを通じて確認しようとするのは、むくわれなかった戦後、むくわれない現在における自己の姿を、外へ向けて主張しよう、ということではない。彼らは、現実の社会とわたり合うにはすでに年をとり過ぎてしまっている。また、集団としては出遅れてしまっている。過去の密度の濃い共有体験（体験縁）に結びつけられているが故に、自集団の維持のために、外に目標を設定したり、儀礼的な方法を用いて集団の凝集性を高める必要もない。戦後が、意味づけるべき共有体験としてスッポリ抜け落ちている分だけ、逆に過去の集団が、すんなりと現在の集団のうちに入りこんでしまっている。なにかほっとする場なのである。

彼らが、そこで相互に確認し合うのは、彼らの心のうちに、戦後の数十年間くすぶり続けていた彼らの戦争——自らの戦争体験、死んだ戦友たちの姿——なのである。

シジフォスの神話

彼らは、過去を媒介にして、すなわち、戦争という良くも悪しくも強い印象を残している人生の一時期との再会を契機として、戦中—戦後—現在の自らの個人史と対面することになる。彼らの視線は、徹底して過去へ向いている。それは、必然的に集団の内部へ内部へと向わざるをえない。彼らにおいて、自らの過去—現在を、社会的な脈絡で承認させようという要求は、けっして強いものではない。むしろ、集団の性格を外部へ現在へと向わせることになるそうした傾向が、自分たちの集団にとって好ましくないもの、集団としての存続さえも危うくするものだ、ということに彼らは無意識のうちに気づいてしまっている。

共有の戦中体験を媒介にして、彼らがここで確認するものは、「戦中派」としてのアイデンティティを、積極的に主張することではない。戦後の時間の経過は、そうしたことを不必要なもの、また不可能なものにしてしまっている。

彼らが相互に確認し合おうとしているのは、戦後一貫して彼らの心にくすぶっていた、彼らと死んだ戦友との共有の体験、戦後埋め切れなかった戦中から戦後を貫く個人史の総体と、静かに対面することなのである。

過去へ過去へと向いている。集団として、あるまとまった像が形成されていくわけではない。また、個人のうちでさえ一つの固定した像へと結ばれることもないのである。ぽっかりと空いた自らの自我の欠落した部分を埋めるために、しかも、会合に参加したところで、それを埋めることが不可能であることを知りながら、彼らは戦友会に集まり続ける。

彼らは、毎年毎年、シジフォスのように、それが頂きにたどりつけば下へ転落することを知りつつ、過去を山上へと運ぶ。

6 共有すべき過去の不在——昭和四〇年代結成の大部隊戦友会

小部隊戦友会のグループ間においては、昭和二〇年代入会者と四〇年代入会者との間に二つのかなり異なった傾向があった。そして、三〇年代入会者は、両者の転換点ともいうべき傾向をもっていた。これに比べて、大部隊の各グループにおいては、時代の経過とともに、その凝集性が次第に拡散していく傾向が見える。昭和四〇年代‐大部隊型のグループは、小部隊戦友会のような密度の濃い戦中体験ももちあわせていないし、また二〇年代‐大部隊型のグループのような、戦後戦争における共有体験——戦後四〇年間の年月の間に、反復強化されてきた集団としての親密度——も薄いのである。出席率の相対的低さは、そのことをはっきり示している。

このグループの戦友会員たちも、戦後の数十年間を、集団として戦争と向きあうことなしに過してきた人々である。彼らもまた、四〇年代‐小部隊型の人々と同様、戦中の体験を集団として枠づけることなく、しかし、個々の内面でのある程度の相対化を終了させて、戦友会との出合いを、長い間待っていた人々なのである。「良い時代」「戦後の意味」に対する問いへの彼らの回答の多くは、やはり

「とりたてて良い時代はなかった」であり、「重荷」であった。

チグハグな時間の流れ

数十年の空白の後、戦友会は、そうした彼らの心の隙間に、「何か埋め合せをしてくれる場」としての期待をもたせて登場したのかもしれない。しかし、この大部隊型の戦友会には、小部隊戦友会のような、共有された密度の濃い過去のイメージは存在しない。会合に参加すれば、昔の戦友、面識のあった仲間に会えるかもしれない。しかし、そうした機会はけっして多くはないだろうし、また、そうした旧交の暖め合いは、会全体の雰囲気とは別の時間の流れの中に持ち込まれざるをえないのである。

会の全体の時間の流れと、戦友会の場に参加した個々人の裡での戦争との対面における時間の流れとは、「所属」をもとに再結合を行なったこのタイプの戦友会においては——戦後における共有の体験を、集団として持ち続けていると思われる早期形成のものは別として——常にチグハグな形で進行せざるをえない。出席率において示された、このグループの「定着率」の悪さ、集団としての凝集度の弱さは、こうした集団と個人の内的時間のズレの結果と見ることもできよう。

彼らは、昭和二〇年代 - 大部隊型のグループのように、戦後戦争における共有体験をもってはいない。つまり、共有された戦後は、けっして密度の濃いものではないのである。ましてや小部隊戦友会のように、強烈な戦中の共有された過去をもっているわけでもない。戦中—戦後を貫く自己の確認を求めてやってきたこの戦友会という場において、彼らは、相互に交換すべき共有の過去をもってはいないのである。

「共有する過去の不在」は、集団を集団として維持させるために、そして、心の隙間を埋めるべくここに集う人々の期待に応えるために、何物かによって補充されねばならない。

フィクションとしての過去

私たちは、いままで参加させていただいたいくつかの戦友会の場や、送られてきた戦友会の会報の中から、そうした空白の過去を埋め合わせるための、彼らのいくつかの「作業」に出合ったことがある。それらは、共有の戦闘体験とはほとんど関係をもたないと思われる「艦の設計者」を会合に招いた海軍系の戦友会の姿であったり、「靖国神社国家護持」という、会から外へ、社会へ向けて目標を設定しようとする戦友会であったり、また、会の活動に緊張を与えるべく開始された慰霊碑建立活動や現地墓参活動であったりした。

こうした活動を行なうのが、大部隊型の戦友会に限られるわけではない。しかし、共有の過去をもたない、昭和四〇年代－大部隊型の戦友会において、こうした作業が開始されるとき、そこには、集団維持のためのある「技術」が隠されているといえるのではないか。彼らは共有の過去をもたないが故に、新たに共有する過去を創り出す作業を開始せねばならなかったのである。つまり、虚構の共有された過去、フィクションとしての過去を媒介にして、集団としての現在の結合を形成しようとし、また、それを維持しようとしているのである。

それでは、こうした集団としての共有する虚構の過去のイメージ生産を通じて、彼ら四〇年代－大部隊型のグループの人々は、いかなる自己の確認を求めて、戦友会に参加しているのだろうか。

二つの流れの中で

このグループにおいては、戦友会の結合の軸が拡散している分だけ、確認さるべき自己のタイプの方向性も拡散しているように思われる。ただし、この場合注意しておかねばならないのは、この拡散が、基本的には二つの方向へ、すなわち、戦中派としての積極的側面の確認へと向うグループと、戦中―戦後の自己の姿を静かに意味づけようとするグループの二つの方向に向いている、ということである。

前者は、自らの満たされなかった戦後を、戦友会において生み出されるフィクションとしての共有の過去を媒介にして埋め合わそうとするだろう。後者は、戦争体験を軸とした個人史との出合いを、たとえ虚構ではあれ、この場に設定された過去を媒介に、楽しもうとするであろう。

こうした分裂は、彼らの現在の結合の軸が、戦中の共有された密度の濃い過去でも、戦後の戦争における戦友会としての共有の過去でもない、という点に由来している。媒介物がフィクションである分だけ、彼らはそれを自由に使用することができるのだ。

しかし、この二つの分裂は、集団の今後の方向性をめぐって、一つの決定的な要素としてはね返ってくることはないのだろうか。

前者のグループは、虚構の過去を、さまざまの手段を用いてより「確実」なものにしようとするだろう。それを通じて、彼らは、戦後貶価された自らの「戦中派」としての否定的な側面を、積極的評価へと転化しようとする。そのエネルギーは、戦後直ちに、彼らが自らの戦争を集団として枠づけることができなかった分だけ――昭和二〇年代型のグループと比べて――より抽象的でより理念的なるものを軸に、そして、より強く作用することになるかもしれない。

言いかえれば、彼らが結合の軸としているのが、かつての共有の戦闘体験のイメージではなく、より抽象化され理念化された虚構の共有の過去である分だけ――自らの集団を正当化するために、より普遍的なものを必要とするが故に――外部への志向性、社会的承認への要求と結びつく可能性が高い、ということである。

体験縁にもとづくことの少ない大部隊型戦友会の政治化、という事態が開始される。

こうした集団内部の「積極分子」に対して、多くの会員は、むしろ、「とりたてて良い時代のなかった」個人史、「重荷であった」戦後に、なんとか意味の決着をつけようと、戦友会に参加してくるように思われる。彼らには、小部隊戦友会のような強烈な過去のイメージを集団として確認し合う場が未だ設定されていない。決着のつかない不安定な自己の姿に、意味の枠を与えてくれる場として、彼らには、今のところこの集団に期待するほかはないのである。

彼らにおいては、自らの個人史、死んだ戦友たちを、社会的な脈絡で位置づけようとする志向性は必ずしも強くはない、と思われる。それらは、個人の内部で、あるいは集団の内部で枠づけられるべきこと、として思念されている。それ故、集団内部の積極分子の活動に対しては、時にはわずらわしささえ覚えるのである。しかし、彼らにとって、自らの個人史との対面は、積極分子の生産しつつある虚構の過去を媒介にする以外、今のところ方法がないのである。

多数派戦友会の今後の動向

昭和四〇年代－大部隊型のグループは、そうした二つの要素のもたれ合いのなかで、いまなお流動化しつつある、といえるだろう。

静かに過去と対面することを望む人々は、対面関係のあった者同士で、別の集まり（四〇年代ー小部隊型戦友会）を創り出すかもしれない。逆に、そうした人々の「脱落」の中で、「戦中派」を積極的に標傍する傾向が強化されていく戦友会もあることだろう。あるいはまた、会の設立以後の共有の経験が蓄積され、時代とともに強化され整理されることを通して、集団としての自己同一性を確立していく、というような場合もあるだろう。さらに、二つの要素が対抗すると同時に、もたれ合ったまま「自然消滅」（会員の死亡による会の終息）へと向う戦友会もあるかもしれない。

いずれにしても、わが国の戦友会の中で、最も多数の会員を擁すると思われるこのタイプの戦友会の動向が、戦友会全体のもつ今後の性格に、大きく作用することは間違いのないところである。

「わかったなどと言ってもらっちゃ困る。いったいなにがわかったというんだ。私が読経を始めたのは、シンガポールから帰ってきてすぐだった。志木野中尉や棚石伍長たちに申しわけない、なんと詫びていいかわからぬと思い、いっそ罪を償うために自殺すべきではないか、と首を吊ることも考えた。生涯死ぬまで、たとえ小さな虫であろうとも殺すまい、とその時誓った。……ところが、今はどうだ。そういう読経の生活が続いたのは三年だった。なんと三年しか持ちこたえることができなかった。……いつのまにか、私は、毎日の暮らしの金を追っかけるようになってしまった。……いまはもう昔の自分と少しも違わない。私はもとに返ったと思っている。」（岩川隆『多くを語らず』）

これまで述べてきた戦友会の類型論や、意味の装置としての戦友会をめぐる論述は、あまりに「きれい」すぎる、といわれるかもしれない。理念の枠組を通じたが故の直接性・具体性の欠如、数量的なものにもとづいた集団のもつ傾向の断定、等々によってしては、戦中派個々人としての思い、その深みには、とても入りきれないからである。「そんなに恰好いいもんじゃねえよ」という声が聞えてきそうである。

戦後の四〇年近い年月の経過は、彼ら戦中派の戦争体験を、すでにぼんやりした過去のものにしてしまっているのかもしれない。彼らにとって戦争は、ここで取り扱ったようには「意味」の枠づけへの要求など、それほどもってはいないのかもしれない。私たちの前で戦争は、「つらい時代だったねえ」の一言で、こともなくかたづけられてしまうこともしばしばなのであるから。

しかし、戦中派、という世代は確かに存在している。

その存在を、「戦無派」であるわれわれに知らしめるのは、彼らとの対面におけるある種の異和感、異物感である。彼らとの対面においてしばしば味わう「(われわれの世代を)わかって欲しい」と「わかるはずがない」の陰に陽にの繰り返し。傲慢さと不器用さ、自信のなさ。

そこには、死んだ戦友への想いや、かつて強いられた死との持続的な対面、「生き残ってしまった」という想い、戦後という時代に対する「同じ難さ」などが、明らかな形をとらぬままに漂っている。

ポッカリあいた風穴

彼ら戦中派の多くの心の内には、時代の大きな転換のなかで開けられた風穴が、いまなお存在しているのだ。本節冒頭に掲げた「もう昔の自分と少しも違わない」という叫びには、その断定する言葉のうちに、それが断定である分だけ、苦い過去がいっそう強く感じられはしないか。

「三年しか持ちこたえることができなかった」ことは、いまなお心の内に大きな場所を占めているのである。それは、苦い思いであればあるだけ、強く抑圧された状態にある。思い出すまい、として心の隅に押しやれば押しやるだけ、「過去」は爆発のエネルギーをいっそう強く充塡させる。岩川隆は、この部分をこう続けている。「酒倉は、自分でも原因がわからぬほど昂ぶって、身体をふるわせた。」「今の自分は戦前の自分と、戦争を通過しなかった自分と、同じ自分だ、という叫びには、逆に、戦前―戦中―戦後の自己の不連続性に対する恐れのようなものを読みとることができる。戦友を戦犯として売った主人公酒倉ほどには、一般の戦中派の過去は苦々しいものではないかもしれない。しかし、戦前・戦中・戦後を貫くアイデンティティが不在である、という点では、そして、それが戦争という歴史の産物である点では、彼は戦中派の一つの典型である。

戦後を通じてのこの世代のアイデンティティの不安定さを、吉田満は「うしろめたさ」の感覚と呼んだ。

「なぜなら、戦中から戦後までを一貫するアイデンティティの確認こそが、戦後生活の出発点であると予感しながらも、それでは、アイデンティティの中身は何か、自分が日本人であることの意味を、具体的にどのように捉えるのか、と問われれば、答える用意がなかったからである」(『戦中派の死生観』)と。

置き残された戦争の意味

そして、彼ら戦中派が、自らの戦中―戦後を貫くアイデンティティを確立するためには、まず次の問いに答えねばならなかった。

「『彼らの死は無意味であったか』――これが我々生存者に提起される厳粛極りなき問である。」(ゼークト『一軍人の思想』)

その問いは、戦死した戦友への意味づけとともに、自己の戦争への総括をも要求する。「自らの戦った戦争は、無意味であったか。」

しかし、わが国の戦後は、その価値観の一挙的な転換とその急激な展開は、そうした問いに回答を与える暇を与えなかった。いや、むしろ、そうした問いそのものを置きざりにしたまま現在に至ってしまった。

彼ら戦中派には、少数の例外を除いて、基本的には二つの道しか残されてはいなかったのではないか。

一方には、戦後的なるもの全てに反発し、自らのアイデンティティを防衛するために、戦中の価値観を維持し強化していく、という道を。そして他方には、戦争の意味、戦死者の意味を、あいまいなままにした戦後的なるものへの流れ込みの道を。

前者の道は、表面的には、戦中―戦後の一貫性を保持しえたかに見えたが、実は「戦争」を、カラ元気のうちにもっともあいまいなまま残してしまうことになった。そして、後者の道は、「代償」を仕事に求めて戦後を生き抜いたにしても、どこかわりきれぬまま時代の流れのなかに彼らを漂わせることになった。

いずれにしても、戦争は、決着を与えられぬままに、いまなお彼らにまとわりついているのである。

戦友会は、そうした「風穴」を埋める装置として、彼らの前にあった。

一方には、戦中―戦後のアイデンティティの不安定さを、戦中派としての積極的な側面を主張することによって、しかも、それを集団として確認することによって克服しようとしてきた人々があった。

彼らにとって、彼らのアイデンティティの連続性を確認させる、もっとも極端な道は、「戦前的なるもの」を再び社会に承認させる、という道であっただろう。戦前―戦中的なるものを、この戦後社会に再び復活させること。そこでは、彼らの絶ち切られたかにみえた主体性を、連続性をもって甦らせることが可能である。

しかし、多くの人々は、そこまで要求することはない。彼らは、戦友会という場で、大声をあげて自らの戦中派としての誇りを確認し合い、いわば架空の「昭和維新」の声をあげることで満足する。彼らもまた、アイデンティティの不連続性、といういらだちを心の奥に持ち続けながら、戦後という一つの時代に、実は、すっぽりとつかりきってしまっているのである。

時の流れの中で

しかし、こうした戦中派としての積極的側面を——社会とは一定切断された場であるとはいえ、また、それが今ではすでにフィクションであるとはいえ——謳歌しうる人びとと比べて、戦中派としての否定的側面をいまなお重くひきずっている人々にとって、事情はいっそう複雑である。彼らは、戦中—戦後の主体の不連続性を、戦前—戦中的なるものの保持、という形で乗り超えようとはしなかった。それ故に、彼らは、この戦後社会を、とまどいながら、つまり、戦争をうまく自らのうちに位置づけできぬままに、生き抜いてきたのであった。彼らにとって、戦前的なる価値を保持し続ける、という前者の道を選択することは、どこかわりきれぬものが残りすぎたのだ。

彼らにできる最善のこと、それは、戦後的なるもののうちに「戦争」——彼らと彼らの死んだ戦友の戦争——を滅びるにまかせること、であった。「政治」や「社会」の文脈で、自らの戦争を意味づけることの不毛さに、彼らはすでに気がついてしまっていたのだから。(そして、こうした政治や社会への彼らの反応の仕方もまた、「戦争の産物」なのである。)

彼らには、不安のようなもの、結着のつかない燠《おき》のようなものが、まだくすぶって残っている。しかも「老い」は目前である。

戦友会という場所も、そんな彼らの心のくすぶりを、すっかり洗い流してくれる場ではない。そんなことはわかっている。しかし、ここには、すくなくともそうした自分のふがいなさ、自分の心の屈折を、共有してくれる昔の仲間がいる。口に出さなくとも、そうした想いは、ストレートに相手に響く。「俺は一人じゃない」。家や会社や隣近所のつきあいよりも、そうした想いはここでは強烈である。戦中の戦友意識は、時間を超えて、別の仲間意識として息づきを開始する。

しかし、明日になれば、また「現在」への復帰が要求される。会合の場で、ふと埋め合せがついたように思った自らの個人史の風穴は、明日になれば、また、ぽっかりと口を開けるであろう。しかし、それはそれでよいではないか。ここが自分にとって幻想の場所であることは、はなからわかっていることなのだ。

宴会は、そんな想いをもまきこんで、にぎやかに展開される。しかし、彼らの心に開いた戦中―戦後を貫く風穴は、宴会の只中にも確かに存在している。

酔い痴れて　唄う軍歌の　節廻し　しどろもどろと　なりて　果てたり

（戸塚静馬　大1〜　『昭和万葉集』巻二〇）

Ⅳ　慰霊と戦友会

新田光子

はじめに

「戦友会の会合では、亡くなられた戦友の慰霊の行事を行いますか」という問いにたいして、われわれの調査した戦友会は、九〇パーセント近くがなんらかの慰霊行事を行なっていると答えている。このことは、戦友会結成の契機が「慰霊」と「親睦」にあることを考えれば当然のことといえるかもしれないが、死んだ戦友の慰霊が戦友会の存在そのものと切り離せないことを示している。

戦友会の慰霊行事は、具体的には会合での慰霊祭（追弔会）、慰霊碑建立、海外への戦跡訪問などである。実際にはさまざまなやり方で行なわれているが、なぜ戦友会で慰霊行事をして死んだ戦友を慰霊しなければならないのだろうか。慰霊行事は会員の自然な感情にもとづいたものであろうか。戦後四〇年近くたった現在においても、慰霊行事はますますさかんになっているともいえるが、なぜ死んだ戦友が繰り返し慰霊されるのであろうか。

戦友会における慰霊行事の意味は、さまざまに解釈できるであろう。たとえばひとつの解釈として、慰霊行事に慰霊本来の意味をあまり認めず、集団の結合を図るための儀礼という側面を強調することも可能である。会員同士の間に戦時中密接な関係がなかった場合（たとえば大部隊や大きな艦艇の戦友会）には、慰霊行事は、会員の一体感を深めるために欠くことのできない儀礼といえるからである。*

そこでは慰霊行事は、生き残ったものの自己確認の手段として大きな意味をもつ。

慰霊行事が結果的に戦友会の結合を強めるという機能を果していても、慰霊行事を行なう戦友会会員の多くは、慰霊行事をそのように手段的・便宜的には考えていないであろう。死んだ戦友を慰霊しなければならないという感情には、そして死んだ戦友の死を意味あるものにしたいという気持には、ほとんど偽りはないように思われる。

本章では、なぜ戦友会が慰霊に熱意をもつのかという視点から、戦友会における慰霊の意味を明らかにしたいと思う。

* 第一次大戦当時のことについて、「兵士たちは犠牲者を集団で慰霊することで最も確かに自己確認できた」といわれている。E.J. Leed, No Mans Land. Cambridge Univerity Press, 1979, P. 212

一 戦死者慰霊の一般的性格

一般に、死者にたいする感情とはどのようなものであろうか。特にその死者が戦争によって命を落とした場合であったならどうだろうか。その場合、慰霊（同義語としては「追悼」「追弔」「供養」「鎮魂」など）とはどういう性格のものとなるであろうか。こうした問題について、まず考えていくことにしたい。

一般に、死者を畏怖し、追慕し、敬愛するなどのわれわれの精神作用には、儀礼化－慣習化したさまざまな宗教的行為がともなっている。宗教的行為が、死者にたいする感情のひとつの表現形態なのである。生者によるそれらの行為は、死者の生理的な死の瞬間からはじまる。そしてそれは生者が、死を抵抗なく受け入れることができ、死者が「成仏できた」と十分感じることができるときまで続いている。*

死者への愛着が強いとき、生者は死者の死を簡単に受け入れにくいものである、生者が、死者は「成仏できないでいる」と考えるのは、なんらかの理由で死を完全に受け入れることができない意識が、生者の側に働いているからである。この場合、生者は、死者の魂がまだ自分のそばにいるとか、この世にあるとか考えるものである。生者が死者の死を完全に受け入れるためには、かなりの時間が必要である。生者は、少しでも容易に死者の死を受け入れることができるように、死者の冥福を祈る。慰霊・追悼は、生理的な死の事実を、生者が完全に受け入れるためにする、生き残ったものの行為である。

＊ 生者が、死者を「成仏できた」と認めるとき、死者はエルツのいう「意識における死」をむかえる。エルツは人間の死を、生理的な死と「意識における死」にわけて、死が社会意識にたいしてきまったひとつの意義を提示することを考察している。この「意識における死」が、社会的に人間が死んだと認められる「死」である。

R・エルツ著、吉田禎吾・内藤莞爾他訳「死の宗教学――死の集合表象研究への寄与」『右手の優越』垣内出版。

死者にたいする慰霊儀礼としては、葬式をはじめ、さまざまなものをあげることができる。たとえば仏教式の死者儀礼であれば、中陰、一周忌、三回忌、七回忌、十三回忌、十七回忌、二十五回忌、三十三回忌などの法要がその主要なものである。そうした法要は、死亡の時朝から時間的経過が少ないほどよりさかんに行なわれ、時間的経過がすすむほど減少する傾向にある。多くの家庭では、通常、死後二五年目あるいは三三年目は、年忌法要を切り上げる「弔《とむらい》上《あ》げ」である。このときをもって一般に死者の霊は、個別性を喪失し、先祖霊と一体となる。「ご先祖さま」「みたまさま」と呼ばれる存在であり、特別な供養・慰霊は必要としなくなる。

こうした先祖供養と呼ぶ一般的な死者儀礼にたいして、戦死者を対象とした死者儀礼は、やや様相が異なっている。戦死者にたいしては通常の死者以上に十分な慰霊が施されており、また施されねばならないと考えられている。それは天寿を全うした自然死と異なって、戦死を異常死とみなしているからにほかならない。多くの人々の意識のなかでは、戦死という異常死は、通常の日常的な人間の死と異なったものとしてとらえられているのである。

非業の死を遂げたものは、さまざまな原因で天寿を全うすることができなかったわけである。そのために現世に怨念を残し、ともすればその怨念が世にさまざまな渦をもたらす霊となっている。この故に、この死霊に対しては、十分怨霊を鎮《しず》めるだけの慰霊を施さなければならないと考えられるのである。こういった感情信仰、すなわち御《ご》霊《りょう》信仰が、異常死者を対象とした死者儀礼を構成する基盤になっている。

自然死と対照的にとらえられる異常死としてあげることのできるものは、戦争による死者だけに限らない。この死のカテゴリーには、胎児の死、夭折、自殺、惨死、変死などを入れることができる。死者がまだ死ぬ齢に達していない場合（とりわけ年端もいかない子どもの場合）、突然あっけなく他界した場合、死が生起した原因がこれといって確定できない場合、たとえ死因が明らかであっても無残な死に方をした場合、などである。ときには新聞・テレビなど、マスメディアを通じて大きく報道され、人々に衝撃的な印象を与えたりするが、日常生活のなかでこれらの死は、けっしてめずらしいものではない。

一方、戦闘状態という非日常的な状況のなかでの死は、日常的な異常死と多くの共通項をもちながら、異常死を特に「異常」たらしめる要因が備わっている。次の四つの要因である。

まず第一は、死に至るまでの状況、ならびに遺体（遺骨）の状態における特殊性である。兵隊は長期間にわたって、軍隊において厳しい訓練を受け、慣れない軍隊生活を送る。そして戦場における死は、多かれ少なかれ病気、怪我、飢えなど精神的・肉体的苦痛を経た、その結果の死である。死が生起した状況・場面は、生き残った戦友が証人で明らかな場合もあるが、容易に把握することはできない。極寒の地あるいはジャングルなど、異境の地で命絶えたものがいること、大洋に沈んだ状態にあるなどで遺体が回収できないでいる死者の存在は、遺族など身近かな人にとっては、耐えがたいことであろう。たとえ死者に身近かな人間でなくとも、畳の上で人生を終え、故郷の土に眠ることを人生最後の希望とする人々にとっては、そうした死者が現実にいることは、痛ましい事実と映るにちがいない。

第二は、死にたいする責任の特殊性である。戦死者の死は、明らかにふってわいた自然災害によるものとは考えにくい性格のものである。戦死者は志願・徴兵の別はありながら、死を強いられた人々である。個人の意志を超えた国家という大きな意志の下で、「国のために命を落とした」人々である。戦闘員の死は、同じ戦争による死ということで、空襲・原爆などの非戦闘員の死とともに同一視することができる。しかし、戦闘員の死と戦災者の死にたいしてやや異なった認識の仕方が生じてくるのは、主として右のように戦闘者は「国のために働いて死んだ」とみなされるからである。こうした見方は、たとえば戦闘員の死と戦災者の死を区別する裁判所の判断にもみることができる。戦闘員の死は、「国から戦う義務を課せられて戦地等勤務を命じられ、生命の危険にさらされながら苛烈な環境下において戦いをなさざるを得ない立場にあったという事実」[*]にもとづいて戦災による死と区別されている。

* この判例は(名古屋地判昭和五五・八・二九判時一〇〇六号)、戦傷病者等援護法が旧軍人・軍属のみを民間被災者と区別して援助することには合理的理由が存在する、と判決した。

第三の要因は、死亡から死者儀礼に至る過程での特殊性である。戦闘員の場合、死の瞬間を肉親にみとられることはほとんどない。肉親は遺骸に接することもできない。遺骨・遺品すら身近かな人のもとに還っていない場合がある。その上、通常の形で葬式を出すことさえ不可能である。死者は一定の儀式、一定の段階を経ることによって、死後安定した状態に達することができる。通夜、葬儀、喪の期間などは、広く一般に慣習化したものとなっている。しかし戦死者の場合は、そうした儀式を順序通り行なうことができないばかりか、死亡からかなり時間を経て戦死の報らせが届くこともめずらしくない。

戦死者の死を「異常」と性格づける第四の要因として、祀り手の特殊性もあげることができる。戦死者は多くは、若くして人生を終えたものたちであり、独身者も少なくなかった。子孫をもたない死者の場合、家庭では親など年長者が祀りの主体となることが多い。そうした場合は「死んだ子の齢を数え」て、祀り手の心から死者が離れないことになる。しかもその祀り手もまた亡くなったとき、戦死者はしばしば「無縁仏」になる。

以上のような戦死者の死は、肉親・知人だけでなく、一般に死者とは無縁な人々によっても十分慰霊されなければならない。死者の冥福が祈られないならば、その死の性格から死者の魂は「しずまらず」、その死は「うかばれない」ことになる。このことは死者に身近かな人間が、いっそう強く感じることであろう。

ところで、日本社会で、戦死者の死はどのように受けとめられてきたのであろうか。

敗戦までは戦死者は、死をもって国に殉じたということで「公死」とみなされた。* しかも国家・社会第一の功労者と位置づけられていたのである。彼らには「護国の英霊」「忠勇義烈の士」「殉国の士」「殉忠の勇士」など、さまざまな称号が与えられていた。そしてそのほかさまざまな顕彰が、しばしば遺族など死を悼む人の気持をまぎらわしたり、悲しみを和らげたりしたものであった。

＊ 桜井徳太郎「日本人の死生観」『日本人の百年』第七巻、七八ページ以下、世界文化社。

しかし、敗戦後は様相が一変した。戦死者は「公死」扱いも十分されず、「私死」的な扱いを受けることになった。戦後、特に占領期は、国家によって顕彰が行なわれることはもちろん、慰霊が行なわれることさえ稀な状況であった。また社会の風潮も、戦死者の慰霊を行なうことをタブー視するものであった。死者に身近かな人で死者の冥福を祈る人のなかには、肩身の狭い思いをする人もかなりいた。そうした人びとが死者にたいしていだく感情は、「死んだ甲斐がない」、「うかばれない」といったものであった。

戦後、国がはじめて戦没者の冥福を祈る趣旨で「全国戦没者追悼式」を挙行したのは、平和条約発効後の昭和二七年五月二日のことであった。一〇年余りのちの昭和三八年になって、追悼式は毎年終戦の日の八月一五日に実施されることになった。

海外の各主要戦域に残されている戦没者の遺骨収集のために、戦没者遺骨収集団がはじめて派遣された年が、昭和二八年である。遺骨収集は、第一次計画（昭和二八年〜三三年）、第二次計画（昭和四二年〜四七年）、第三次計画（昭和四八年〜昭和五〇年）と、可能な地域から着手されてきた。五一年以降は「補完的遺骨収集」となり、公式には収集が打ち切られた形であるが、実際にはなおさかんに行なわれている。収集された遺骨のうちには氏名が判明しなかったり遺族が不明であったりして、遺族に引き渡せない遺骨が多数出てきたが、そのための納骨施設として作られたのが「千鳥ケ淵戦没者墓苑」であり、昭和三四年三月に竣工した。また、その千鳥ケ淵戦没者墓苑で毎年拝礼式・納骨式が行なわれ始めたのは、終戦二〇周年にあたる昭和四〇年である。

国ではこうして戦後しばらくを経て、戦死者の慰霊を行なうことになった。それにつれて自治体や民間団体の多くも、戦死者を慰霊し始めた。しかし生き残った家族や、生き残った戦友たちの、死者が「うかばれない」という感情は、簡単にぬぐいさられるものではない。慰霊の対象になったことは、それ自体よろこばしいことであろうが、それだけでは死の意味をつかめないでいる人々の気持を満足させられるものではない。

人々がさらに求めるのは、死の意味が十分明らかにされるような慰霊・顕彰である。戦友会における慰霊行事は、まさにそうしたものといえるであろう。

二　戦友会による慰霊と顕彰

生き残った戦友たちによる慰霊は、遺族による慰霊や国家による慰霊と共通の性格をもちながら、しかしそれとは微妙に異なっている。結論的にいえば、戦友会による慰霊は、遺族による慰霊や国家による慰霊よりも、慰霊と顕彰の二側面をより強く、より明確にあわせもつという点にある。そしてこの性格は、死者と生者との間の強い連帯感と、生者が死者にたいして集団としていだいている「負い目」によるものであるといえる。

生者と死者、つまり、生き残った戦友と戦死者の連帯感は、戦争（戦闘）体験という非日常的な体験を共有するなかで培われたものである。そうした体験を共有するなかで、ある者は倒れ、ある者は生き残った。戦いに倒れたものは、もちろん「国のため」に倒れたわけである。だが同じ集団のなかで、同じような危険にさらされていたものにとっては、死者は生者の身代りとなって死んだと受け取られ、その意味で死者は「仲間のために」死んだと感じられる。生き残った人々は多かれ少なかれ、死んだ戦友を犠牲にして、あるいは死んだ戦友のお蔭で生き残ることができたという感情をいだくことになる。それは生き残った人々にとっては、ある種の「負い目」と感じられるものである。

生き残った人々自身、悲惨な体験をして生き残ったことを考えれば、逆説的といわなければならないであろう。だが程度の差こそあれ、生き残った人々が死んだ戦友にたいして「負い目」を感じてきたこと、それも、より厳しい体験を経ていればいるほど、より強く「負い目」を感じていることは、まぎれもない事実である。これは、一般の人々や遺族が死者にたいして不憫だと感じる感じ方とは、かなりちがった感情だといえる。

いずれにしても、死者にたいするこの「負い目」を、生き残った戦友は戦後社会の中で償わなければならないと考える。だが、戦後社会は彼らの体験にたいしては否定的であり、戦死者の意味づけが十分得られない世界である。戦死者の死は「私死」として軽んぜられる場合があり、「むだ死」として片づけられることすらある。

そうした死の扱いは、同じく「国のために働い」て、自分たちが死んでいたかもしれないと考えるものたちにとっては、あるいは死者の生前の様子・苦労、死に際の様子などを知り得ているものたちにとっては、納得のいくことではない。まして、自分たちのために命を落としたと死者に恩義を感じるものたちにとっては、耐えられないことである。彼らは死者が「うかばれない」という感情を強くもつ。

死者にたいする強い連帯の感情から、戦死者や自分たちの体験にたいする意味づけが一般社会においてなされていないことにたいする不満の感情から、生き残った人々は死者の冥福を祈る際、社会にむかって自分たちのかつての集団の存在意識を、そして自分たちの体験の承認を求めようとする。つまり、死者を慰霊するとともに顕彰することが必要となるのである。

こうして、戦友会で死んだ戦友を慰霊することが、単に「死者の冥福を祈る」性格のものにとどまらず、自分たちが死者にたいして借りを返すものであること、そのために、死者や自分たちの戦争中の体験を顕彰するものであることを示す性格のものとなってくる。戦友会による慰霊に特有なこの二つの性格（以下では前者を「慰霊」と呼び、後者を「顕彰」と呼ぶことにする）、特に後者の性格は、

図表1-a　戦友会会員の個人的な慰霊

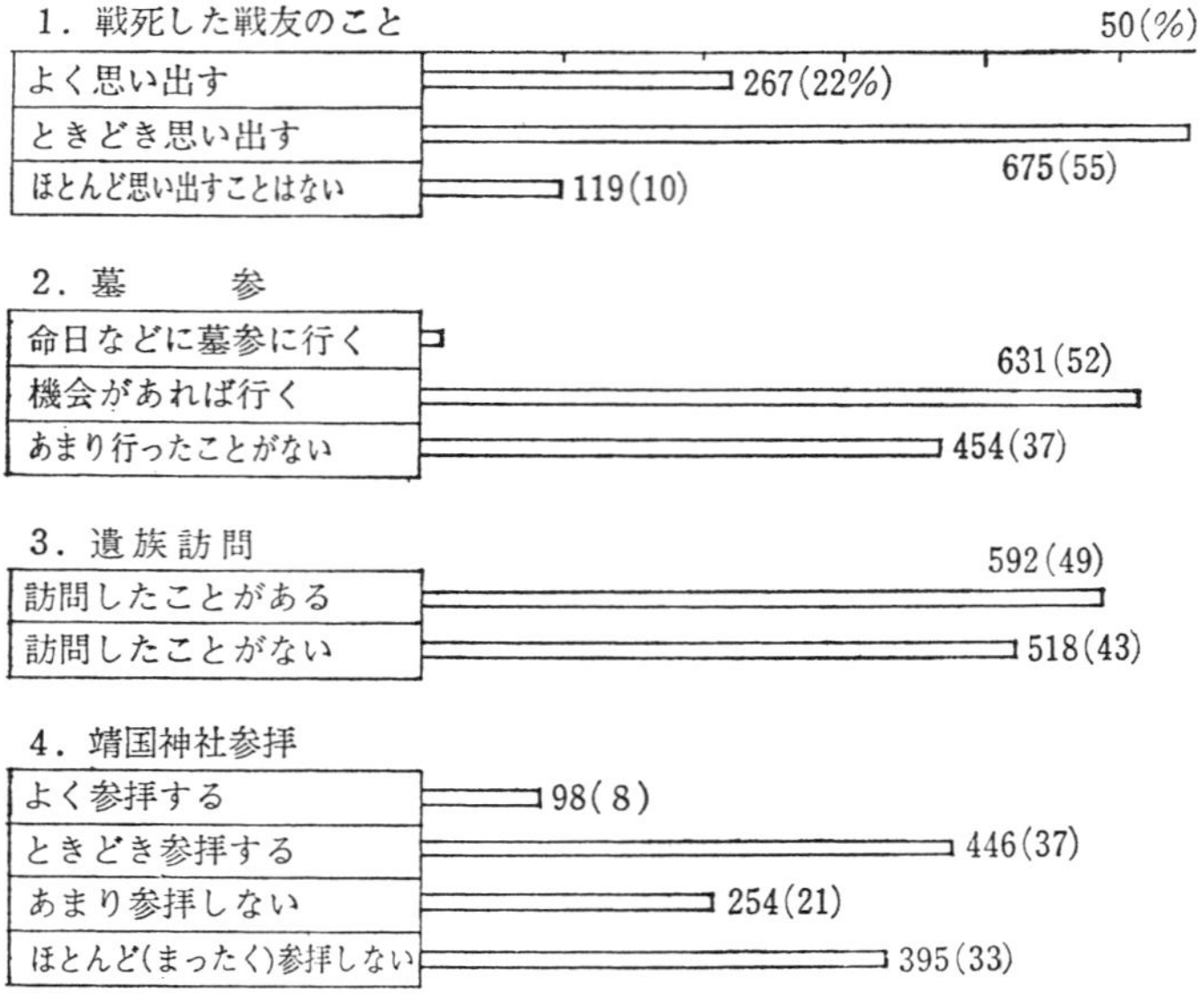

実際には生き残った戦友たちによって十分意識されているものではないかもしれない。しかし、意識的か無意識的かにちがいがあるが、この「顕彰」の側面は、戦友会による慰霊に必然的に備わっているといえる。

われわれの調査によると、生き残った人々は、個人的に死んだ戦友をさまざまなやり方で慰霊している（図表1-a）。

それは死んだ戦友を回想し、心のなかで冥福を祈る行為として、あるいは戦友の墓参りや、戦友の遺族の訪問として具体化されている。毎年八月一五日の終戦記念日を迎えると、特にその日に死者を慰霊する人もいる。（図表1-b）。

しかしそうした個人的な慰霊では、なかなか死者への負い目を払いのける

図表1—b　個人的な慰霊(毎年8.15に行うこと)

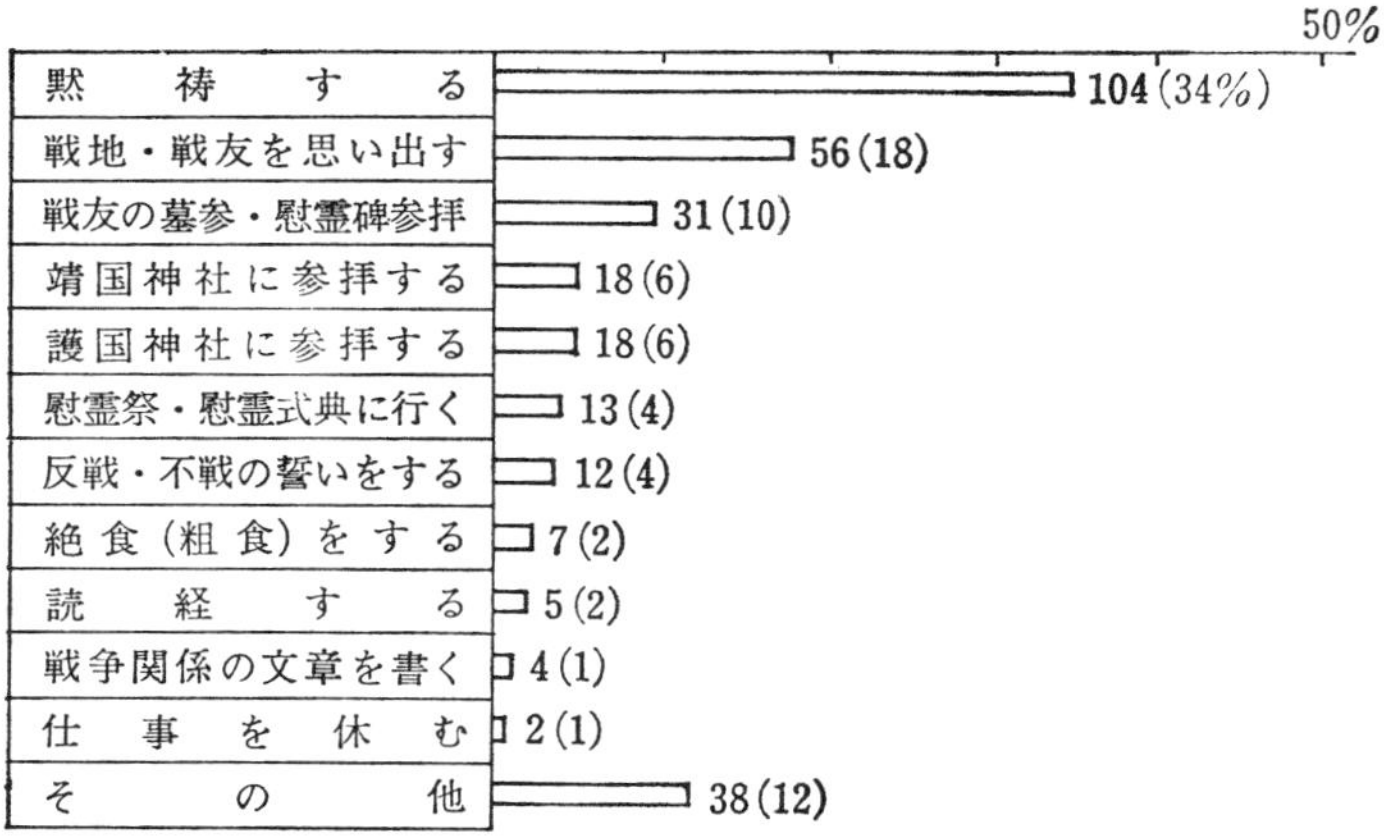

ことはできないものである。特に、死者を顕彰するという行為は、個人の手で容易にできるものではない。「慰霊」と「顕彰」、二つの側面を備える戦友会の慰霊行事が必要となってくるのである。

三　戦友会の慰霊行事

戦友会のどのような慰霊行事も、「戦死」と「顕彰」の二つの側面をもっている。だが、一般的にみてそれぞれの慰霊行事は、「慰霊」「顕彰」の比重が相対的にやや異なっているように思われる(図表2)。以下、戦友会の慰霊行事を、「顕彰」の性格の、より弱いものからみていくことにしたい。

1　会合での語らい

生き残った戦友たちにとっては、膝を交えて酒を酌み交す宴会が、儀式ばった慰霊行事よりも戦死者を偲ぶ追善供養の意味をもつ場合が少なくない。そ

図表2　戦友会の慰霊行事

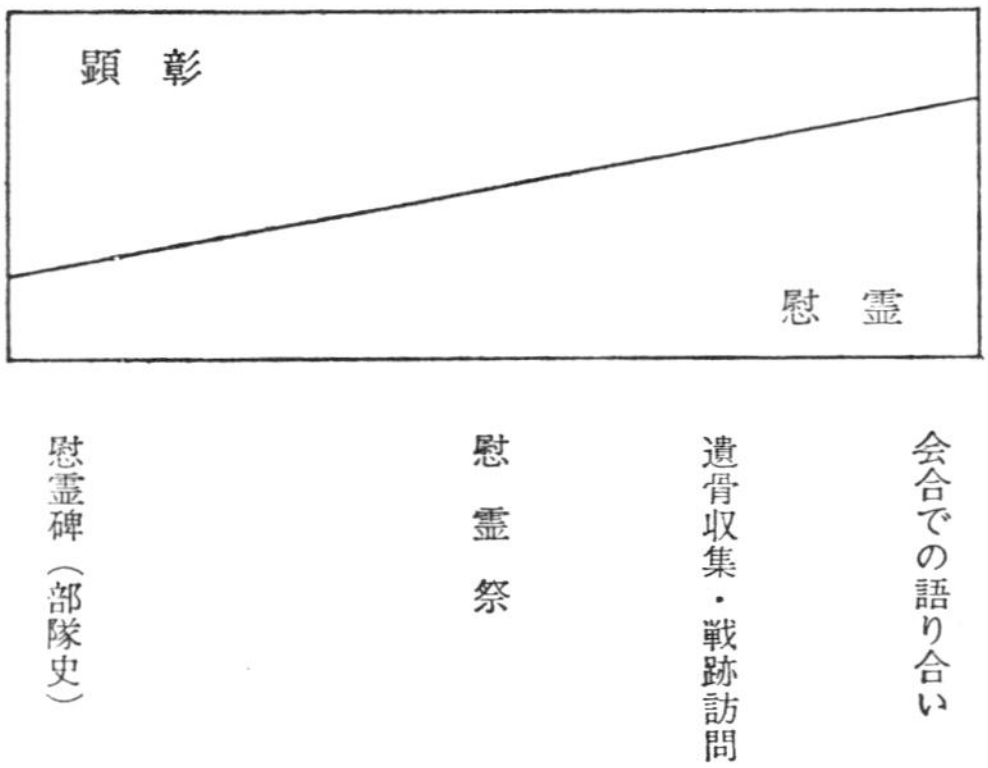

れは、特に過去における結びつきが強く、死者と連帯した意識を強くもつ、小さな戦友会にいえることである。

生き残った人々がそれぞれ過去の思い出を語ると、自ずと死者や苦労した自分たちの体験がよみがえってくる。それが死者の「最善の供養」になるのである。ある戦友会の世話役は次のように語っている。

「殊更に何等の行事も手がけようとせず、物故した戦友の慰霊さえ怠っているのも、そうした戦友達を忘れているのではなく……それ等の戦友は今も私達の心の中に生きており、年一回ながら会合の度に、その場の雰囲気の中に彼等は立帰っていると信じているからである。戦友会の席は、何時も語るに尽きている。……そこで語り合う話題は過ぎし日の手柄話や苦労した思い出に華を咲かせる事もあり、時に昨今の世相や人情を嘆き生活の苦しさをつぶやく事もあるが、最後に落ちてゆく先は何時も亡き戦友の追憶や遺族達の消息である。私達は、我々同士で語り合う今は亡き戦友の追慕に、何にも勝る最善の供養を感じている*」。

* 「私と戦友会」国民正論新聞、昭和五四年一月二〇日号。

2　遺骨収集

戦死者の遺骨を本国へ持ち帰ることを行なっているのは日本だけに限らないが、日本人は遺骨への愛着の強い国民性を有しているといわれている。遺骨を送還することは、明治以降、戦争の慣習上当然のこととされていた。

しかし第二次大戦の戦死者の場合、部隊の復員前、あるいは復員者によって持ち帰られたものは数少なく、多くの遺骨が海外の旧戦域に残されたままになっている。遺骨が戻らないことは、それ自体異常死者である戦死者にたいして、さらにこだわりを強くもたせるものである。それは遺族だけでなく、生き残った戦友にもいえることである。

遺骨が戻らないことは、生き残った人々にとっては特につらい感情を呼び起こすものといえる。戦友の遺骨（あるいは遺品）を遺族のもとに持ち帰るのは、生き残った人々の務めであった。*遺骨を持ち帰り得なかったことは、生き残った人々の気持の中に重荷を課すことになった。「散華した戦友の遺骨を我々の手で復興した祖国へお迎えしなければ、戦後は終らない」と述べる人の気持が、遺骨収集に熱意をもたらしている。

遺骨収集は、関係国への配慮などから、戦友会などの民間団体や自治体が主催して行なうことは、国によって禁止されている。すべて政府派遣団によって行なわれてきた。** 日本本土以外の各戦域における戦没者数は約二四〇万人といわれているが、現在（昭和五三年二月）までに送還された遺骨は約一二〇万柱であり、そのうち政府派遣団の収集作業による収骨数は、約二六万八千柱である（図表3）。

＊「戦場掃除及戦死者埋葬規則」（明治三七年五月一〇日制定）には、「各部隊ハ戦闘終ル毎ニ速ニ掃除隊ヲ

図表3　遺骨収集の年次別推移

年　度	収骨数	収骨地域
昭28.(1953)	758	南方八島など
30.(1955)	6,051	ソロモン・東部ニューギニアなど
31.(1956)	1,950	西部ニューギニアなど
33.(1958)	2,561	フィリッピン
39〜40.(64〜65)	140	インドネシア
41.(1966)	150	香港・ストンカッタース島
42.(1967)	5,481	レイテ島など
43.(1968)	21,976	フィリッピン・サイパンなど
44.(1969)	20,475	東部ニューギニア・硫黄島・フィリッピン
45.(1970)	7,546	硫黄島・ブーゲンビル島など
46.(1971)	50,726	沖縄・マーシャル諸島など
47.(1972)	9,179	マリアナ諸島など
48.(1973)	24,868	フィリッピン・マリアナ諸島など
49.(1974)	24,867	フィリッピン・マリアナ諸島など
50.(1975)	25,605	ビルマ・フィリッピンなど
51.(1976)	28,069	ビルマ・フィリッピンなど
52.(1977)	17,551	ビルマ・ブーゲンビル島など
53.(1978)	6,295	タイ・マリアナ諸島など
54.(1979)	3,617	マリアナ諸島など
55.(1980)	3,588	ソロモンなど
56.(1981)	1,836	マリアナ諸島など
57.(1982)	4,047	フィリッピン・ソロモンなど
58.(1983)		
合　計	267,336	

(厚生省調べ)

編成シ戦場ニ於ケル傷病者及死者ヲ捜索シ且其ノ遺留品ヲ処理スヘキモノトス」(第一条)、「帝国軍隊所属者ノ死体ハ各別ニ火葬シ其ノ遺骨ヲ内地ニ還送スヘシ但シ場合ニ依リ遺髪ヲ還送シ遺骨ハ之ヲ戦場ニ仮葬スルコトヲ得」(第九条)、「前条還送ノ遺骨若ハ遺髪ハ陸軍埋葬規則第六条ニ基キ内地ノ陸軍埋葬地ニ葬ルヲ例トス但シ遺族ヨリ其ノ引受ヲ願フトキハ之ヲ許スコトヲ得、前条仮葬ノ遺骨モ他日之ヲ内地ノ陸軍埋葬地ニ改葬スヘキモノトス」(第十条)などが規定されている。

** 遺骨収集の実施については、次のように定められている。

「一、遺骨収集事業は、政府の派遣団によって実施することにする。

二、地方公共団体又は民間団体等が行なう遺骨収集を主目的とする行事は、遺骨収集の本旨及び現地における混乱の派生を防止する趣旨からこれを認めず、現地慰霊祭及び戦跡巡拝を主とするよう指導する。

(以下省略)」(昭和四三・二厚生省援護局)

収集作業は一貫して政府事業で実施されてきたが、昭和四〇年代後半に民間団体の協力を得ることになって本格化することができた。昭和四六年一〇月に結成された「戦没者遺骨収集促進協議会」は、協力団体の中心的なものであり、戦友会、日本遺族会などが中心メンバーで加わっている。

特定地域の遺骨収集についていえば、たとえば「全ビルマ戦友団体連絡協議会」の果たした役割が大きい。この会は、「太平洋戦争におけるビルマ派遣日本軍戦没者の遺骨収集を実施すること」を主な目的として、昭和四八年にビルマ関係の戦友会が結成したものである。政府への働きかけが効を奏して、それまでほとんど実施されていなかったビルマ・インド方面の遺骨収集が着手された。派遣団員として戦友会会員も多数参加した結果、ビルマは現在では最も収集のすすんでいる戦域になっている。*

遺骨収集は、現在は派遣団によるものだけでなく、現地に収集を依頼し政府が収集された遺骨を引きとる、委託契約（ビルマなどとは政府間協定が結ばれている）によっても行なわれている。しかしそれでも完全な収集は到底困難であり、生き残った戦友の気持の負担になっている。

＊『勇士はここに眠れるか――ビルマ・インド・タイ戦没者遺骨収集の記録』全ビルマ戦友団体連絡協議会、一九七九年。

3　戦跡訪問

戦跡訪問が戦友会の慰霊行事として成立するには、対外的にさまざまな問題がある。簡単には実現できにくいものであるが、生き残った戦友には、戦跡を訪問したいという強い希望がある。

われわれの調査対象で、これまで戦跡訪問を実現したものは、四分の一あまりの戦友会である。実施地域はほとんどが「南方」であり、関係国の了解が得にくい「大陸」の訪問は比較的少ない。まだ実施していない戦友会にあっても、ぜひ訪ずれたいという戦友会は過半数にのぼっている。戦友会会員個人としても強い希望が見うけられる。訪問希望地域をみてみると、「中国」が最も多い。

戦友会による慰霊訪問の実施状況を把握することは、観光ビザによる出入国手続きになるなどの関係から、かなりむずかしい。国の関係機関でも十分把握できていないのが現状である。旅行業者A社を一例にとれば、A社が毎年扱う戦跡訪問団は、戦友会・遺族会主催のものがほぼ半分ずつであり、年間団体数は約一五団体、参加人員数は約二五〇人である。A社は昭和四四年から南方の戦跡訪問を手がけている大手旅行業者である。

図表4　慰霊巡拝地域別・年度別実施状況(厚生省調べ)

地域		戦没者数	実施年度 昭51	52	53	54	55	56	57
フィリッピン		518,000	○			○	○		○
東部ニューギニア		127,600	○				○		○
ビスマーク諸島		118,700				○		○	
ソロモン諸島						○		○*	
ビルマ		137,000		○		○		○	
インド		30,000				○			○
インドネシア	西イリアン	53,000							
	ハルマヘラ、モロタイ、カリマンタン、セレベス、ジャワ、スマトラ等	31,400			○		○		
中部太平洋	マリアナ諸島	91,100		○			○* ○		
	パラオ諸島	16,200		○				○	
	トラック諸島	5,900							
	マーシャル諸島	24,700			○				○
	ギルバート諸島				○				
北ボルネオ		12,000	○					○	
中国（旧満州)		245,400					○	○	○
沖縄		186,500			○	○**			○
硫黄島		20,100				○			
アリューシャン列島		2,600			○				

*海上慰霊　**南西諸島含む

政府は昭和五一年から、毎年、主要戦域となった陸上及び遺骨収集の行ないえない海上において、「戦跡慰霊巡拝」を行なっている（図表4）。

遺族主体に団員が選ばれているが、これに生き残った戦友が参加することがある。その場合彼らには、戦場を案内して遺族に説明できることが条件とされている。最近では、高齢化あるいは旧戦域の様子の変化などの原因で、案内ができるものは少なくなった。

慰霊訪問の希望の多い中国東北地区（旧満州）への慰霊訪問は、昭和五五年の政府主催によるものが最初である。その後、昭和五六年八月に自治体による訪中が実現した。最近では慰霊団は数多くなってきたが、いずれの慰霊団も「〇〇〇中国東北地区友好訪中国」「〇〇〇友好訪中団」を正式名称としている。政府主催の「友好訪中団」は、政府職員を加えず、民間による訪中団の形をとるなどの配慮もなされている。訪中団による現地慰霊祭（追悼会）は、屋外で実施することが困難であり、宿舎のホテルの一室などで実施されている。

これらはすべて旧日本軍の被害を受けた現地住民の感情を考慮して、トラブルを避けるためにとられている方法であるが、これまでに問題がなかったわけではない。訪中団が屋外で、部隊名を書いた卒塔婆を立て法要を行なったために、現地住民の抗議を受けたなど問題も生じている。*中国をはじめとして、大陸戦線では特に現地住民に多数戦争犠牲者を出したことなどから、現地住民・相手国への「負い目」が大きい。戦友会としても戦死した戦友にたいする「負い目」のみを純粋に持ちえない事情がある。

* 朝日新聞（大阪本社版）一九八〇年一〇月二八日付。

戦跡訪問が比較的可能な地域へは、生き残った戦友がたびたび訪ずれているケースが割合多いように思われる。なかには観光化していると批判もないことはないが、多くは純粋な気持から慰霊訪問を行なっているのである。ある生き残った戦友は、何度足を運んでも死者にたいする負い目を持ちつづけ、次のように語っている。

「わたしゃ、あの戦争で、フィリッピンから帰る時、もう二度と、ここにゃ来ん、来とうなか、と思いました。それが、こうやって毎年来ますのは、あの戦争で死んだ人達が、どんなにくやしかったろう、帰りたかったろうと思うからですばい*」

戦跡訪問は、遺骨収集と同様、戦死者を「顕彰」する性格のものというより、どちらかといえば死者の「慰霊」の性格の強いものである。

* 読売新聞大阪社会部編『戦争13・南の碑』読売新聞社、一九八三年、一五九ページ。

4 慰霊祭

慰霊祭は戦死者を慰霊するだけでなく顕彰するものでもあり、「慰霊」と「顕彰」の両方の性格を強くもつものである。慰霊祭のやり方は、各戦友会ごとに異なっているし、同じ戦友会でも会合開催ごとに異なっている場合が多い。しかしいずれの場合も「慰霊」と「顕彰」の二側面は、はっきりと認められる。

慰霊祭は、戦友会の会合開催時に行なわれるのが普通であるが、会合の開催地は全国にまたがっており、会合をきまった場所で行なっていない戦友会が過半数を占めている。開催地の決定の仕方もさまざまで、慰霊祭主体にきめられることはあまりない。しかし会合の開催地が決定すると、その所在の有名神社・仏閣が、慰霊祭の場所にきめられるケースが多い。賑やかな慰霊祭、宗教性の濃い儀式が、「慰霊」「顕彰」の性格を強くもつことになるからである。

慰霊祭は全員集合とともに、会合にさきがけて行なわれる。単に黙禱を行なうなど特定の宗教儀式にのっとらないで行なわれる慰霊祭もあるが、多くは神道あるいは仏教の儀式で、神主や僧侶などの宗教家を介したものである。*なかには神道の儀式、仏教の儀式を交互に行なっている戦友会もある（図表5）。

図表5　慰霊祭の形式

神道	404人	（48%）
仏教	137	（16%）
黙禱など	142	（17%）
神道と仏教	130	（15%）
キリスト教	0	—
無回答	33	（4%）

ある戦友会主催でおこなわれた靖国神社慰霊祭の式次第は上記のようになっていた。

式次第

一、参進（手水）
一、着席
一、奏楽（国歌）音楽隊
一、修祓
一、献饌（山の幸）
一、祝詞奏上
一、祭文奏上　祭主
一、献吟
一、献楽（戦隊歌）
　　昇殿
一、玉串奉奠黙禱
一、撤饌
一、退下

戦友会では、どのような宗教儀式で慰霊祭をとりおこなうかにかかわりなく、「祭文」（「祭詞」「表白」など）が読み上げられることが多い。祭文は同じ戦友会のものでも、そのニュアンスは慰霊祭の実施時期によって異なっているように思われる。たとえば、実施当初のものであれば、死んだ戦友にたいする心情も切々と述べられた祭文であるが、回を重ねて何回目かの慰霊祭の祭文であれば、戦友にたいする心情も淡々と述べられているといった具合である。

一般に祭文は、三つの要素から成り立っている。第一に、部隊・艦船など戦友会の原集団の由来である。特に、厳しい悲惨だった戦闘体験や戦功には、多くの言葉が費されている。第二には、死者にたいする慰霊・鎮魂の言葉が語られていることである。これには短い「霊安らかに」といった意味の言葉から、長いもので、死者を「平和の礎」と規定した上で（ある場合は戦後現実にたいする不満を表明しながらも）、戦後社会に貢献することが生き残ったものの死者にたいする償いであることを強調するものまである。第三には、死者および生き残ったものすべてのものの戦争による苦労が、社会的に顕彰され、後世にまで伝えられるようにという、「顕彰」を求める言葉である。こうした三つの要素をもりこんだ祭文は、いずれも戦友会による慰霊の特質を強く示しているものということができよう。

ここで護国神社と靖国神社で行なわれる慰霊祭についてみておくことにする。これは、祭文同様、戦友会による慰霊の特質を強く示しているものとしてあげなければならないものだからである。

図表6　護国神社で慰霊祭を行なう戦友会

1年に1回	110（30%）
2年に1回	29（ 8%）
3年に1回	19（ 5%）
4年に1回	10（ 3%）
5年に1回	9（ 3%）
10年に1回	7（ 2%）
1年に2回	6（ 2%）
その他	10（ 3%）
無回答	166（44%）
戦友会数合計	366

図表7　靖国神社で慰霊祭を行う戦友会

1年に1回	144（25%）
3年に1回	56（10%）
5年に1回	49（ 8%）
2年に1回	41（ 7%）
4年に1回	23（ 4%）
10年に1回	11（ 2%）
1年に2回	8（ 1%）
その他	27（ 5%）
無回答	225（38%）
戦友会数合計	584

図表8　護国神社慰霊祭実施数

(護国神社調べ)

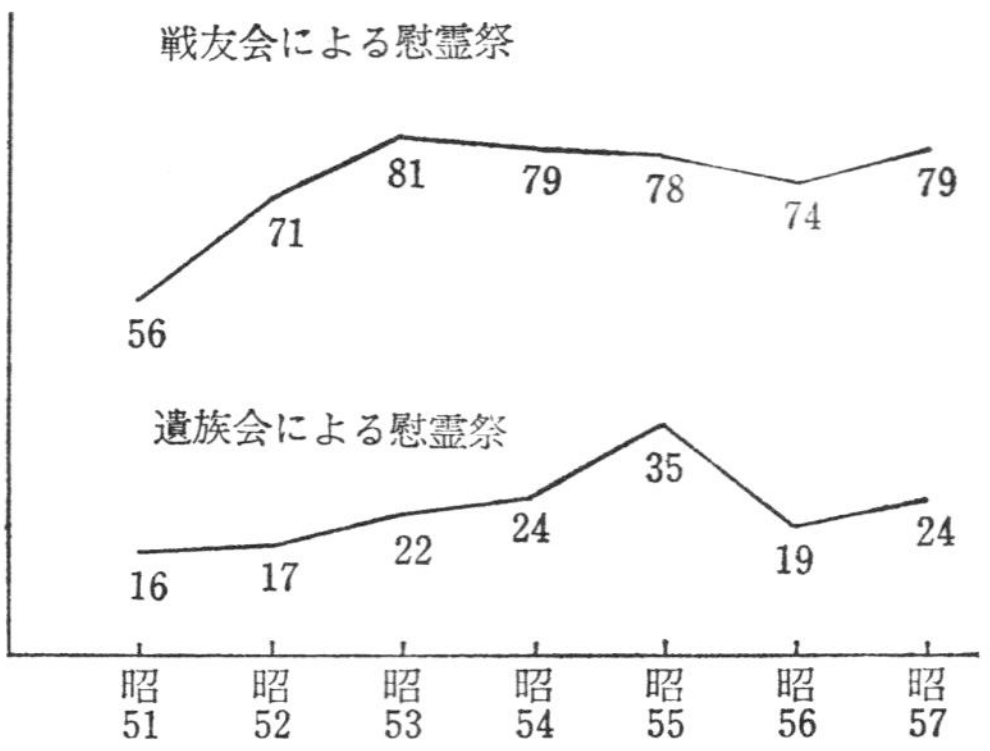

図表9　K護国神社慰霊祭数

	戦友会	遺族会	計
1月	4	0	4
2月	4	0	4
3月	7	3	10
4月	8	4	12
5月	7	2	9
6月	2	0	2
7月	6	1	7
8月	7	4	11
9月	9	1	10
10月	7	2	9
11月	12	2	14
12月	1	0	1
合計	74	19	93

(昭和56年度，護国神社調べ)

戦友会の慰霊祭があちこちで行なわれるなかで、護国神社・靖国神社で行なわれる慰霊祭は、その代表的なものといえる(図表6・図表7参照)。

護国神社での慰霊祭についてみると、たとえばK護国神社での最近の実施数は、図表8・図表9のようになっている。

靖国神社での慰霊祭はかなり多く、靖国神社で慰霊祭を行なったことがあると回答した戦友会は六〇パーセント近くにのぼっている。靖国神社の社殿では、遺族主催の年祭、遺族会・地域団体主催による慰霊祭なども実施されているが、慰霊祭の多くは戦友会主催のものである(図表10・11)。戦友会はまた、境内に献木をしたり、「みたま祭」には献灯をしている。

図表10　最近10年間の戦友会の靖国神社参拝数（靖国神社調べ）

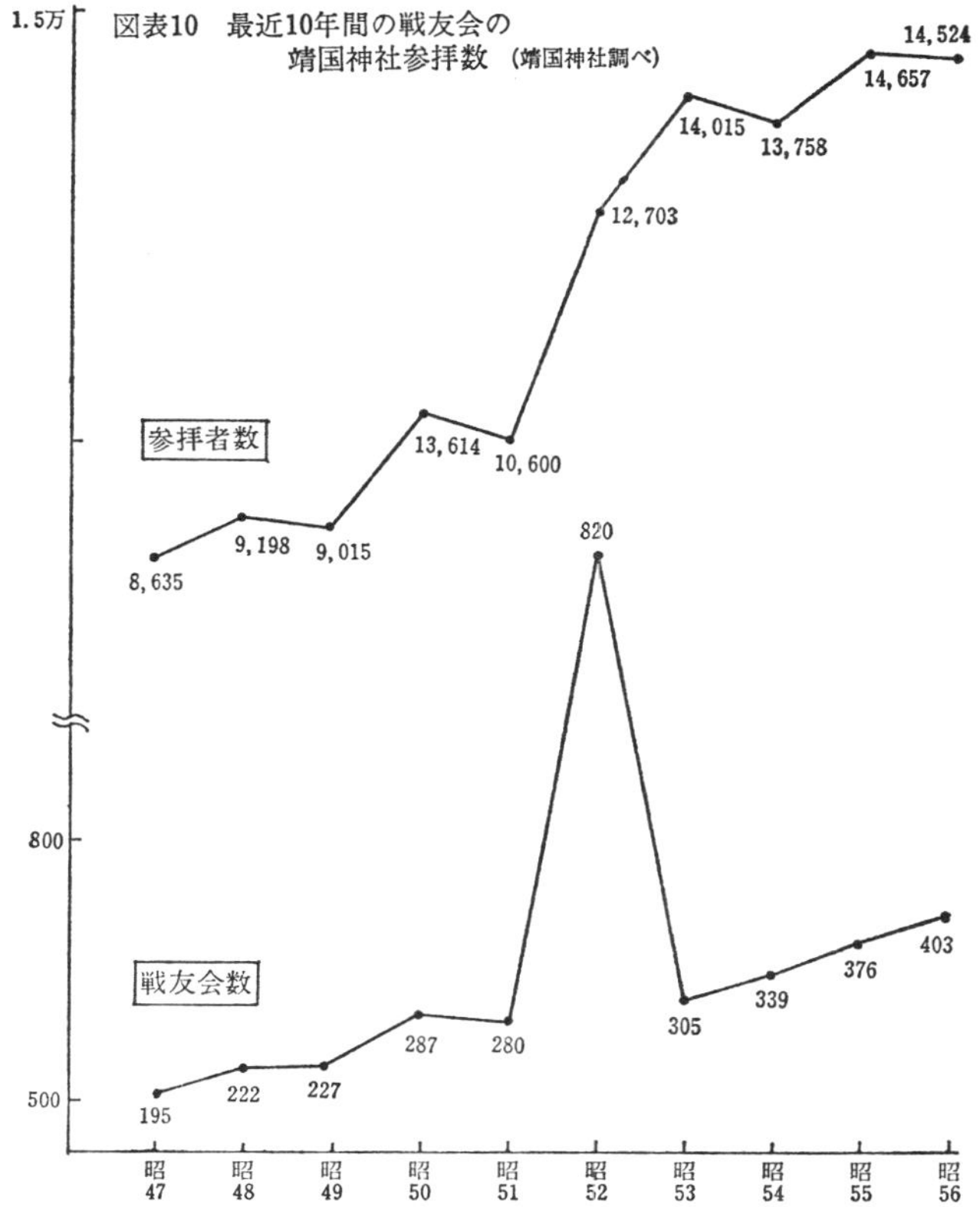

このように、靖国神社あるいは護国神社が頻繁に使われているのは、生き残った人びとの気持のなかに、靖国神社（護国神社）にたいする強い感情があるからである。戦争当時の、靖国神社にたいする意識は、図表12のようになっている。多くの兵士たちの意識のなかで、靖国神社は肯定的にとらえられていた。当時、戦死すれば靖国神

社に祀られることを当然視していた人が多かったということができよう。しかもそのなかには、靖国神社の祭神として祀られることを誇りに思って戦闘に従事した人もなくはない。

当時のこうした兵士たちの意識は、彼らに特有のものではなかった。一般の人々にもかなり共通した意識となっていたといえよう。多くの人々の意識のなかで、戦死と靖国神社の祭祀は、かなり密接に結びついていた。「怨霊」となった戦死者に十分儀礼が施されるためだけの理由からではない。靖国神社（護国神社）で祀られる戦死者は「公死」であり、なによりも「英霊」と定められていたからである。靖国神社の祭神は、国家・社会、すべてのものから崇められるべきカミであった。そのために天皇の行幸や勅使参向などもきまって行なわれた。

戦友会と靖国神社のつながりは、戦前の意識が戦後も存在していることからいうならば、いわば自然なものといえよう。そのうえ、戦死者の慰霊を行なうことが抑圧的でタブー視される戦後の風潮の

図表11　靖国神社慰霊祭数

昭56.	戦友会の慰霊祭	その他の慰霊祭		計
		(個人年祭)	(遺族会など)	
1月	5	1	0	6
2月	4	0	0	4
3月	21	1	0	22
4月	40	2	3	45
5月	31	1	1	33
6月	31	0	0	31
7月	11	0	0	11
8月	19	2	2	23
9月	17	1	1	19
10月	27	0	5	32
11月	34	0	2	36
12月	0	0	1	1
計	240	8	15	263

『靖国』靖国神社社務所発行「慰霊祭予定」欄より算出。

なかで、現実にも国家によって慰霊が行なわれることが少ないなかではなおさらである。戦後社会の戦死者の取扱いに十分満足していない生き残った人々にとっては、英霊祭祀の靖国神社は魅力あるものであろう。「靖国で会おう」と言い残して死んだ戦友も少なくないとなれば、生き残った人びとが靖国神社を慰霊祭の場所に選んだとしても不思議はない。

戦友会が靖国神社で行なう慰霊祭は、戦友会の「慰霊」「顕彰」の両者の性格を、かなり満足させているが、特に「顕彰」の性格を満足させるものとなっている。戦友会の一部にではあるが、「英霊にこたえる会」、あるいは「全国戦友会連合会」に加入している戦友会がある。両会はともに、靖国神社の祭祀に公的な意味を与えて戦死者を顕彰するよう、政府・国の関係機関に働きかけている団体である。

図表12　靖国神社に対する意識

神として祀られたいと思った	197人	(16%)
戦死すれば靖国へ行くと思っていた	632	(52%)
どちらでもよいと思っていた	75	(6%)
靖国神社に祭られたくないと思っていた	5	(1%)
特に考えたことはなかった	284	(23%)
無　回　答	22	(2%)

5　慰霊碑

慰霊碑は、死者を慰霊し顕彰するもので、他の慰霊行事と性格を共通にするものであるが、戦友会の慰霊のなかではもっとも「顕彰」の性格が強く示すものである。

戦友会による慰霊碑は全国いたるところに建てられている。調査対象にした戦友会の慰霊碑は、その一部にしかすぎないが、それでも、建立されたもの、建立予定のものあわせて四〇パーセント近くの高率である。なかには一つの戦友会が複数の碑を建立しているケースもある。慰霊碑の「名称」「建立場所」「建立年」「建立費用」「合祀柱数」「慰霊祭」「碑文」などについて、以下に詳しくみていきたい。*

* 慰霊碑のなかには、いくつかの戦友会が一緒に建立した碑が含まれており、それを確認できていないことから、若干重複して数えているものがあると思われるので、かならずしも正確な数字にはなっていない。後出の慰霊碑に関する図表は、明らかなものだけで作成しているので、慰霊碑合計に違いも出てきている。

図表13　名　称

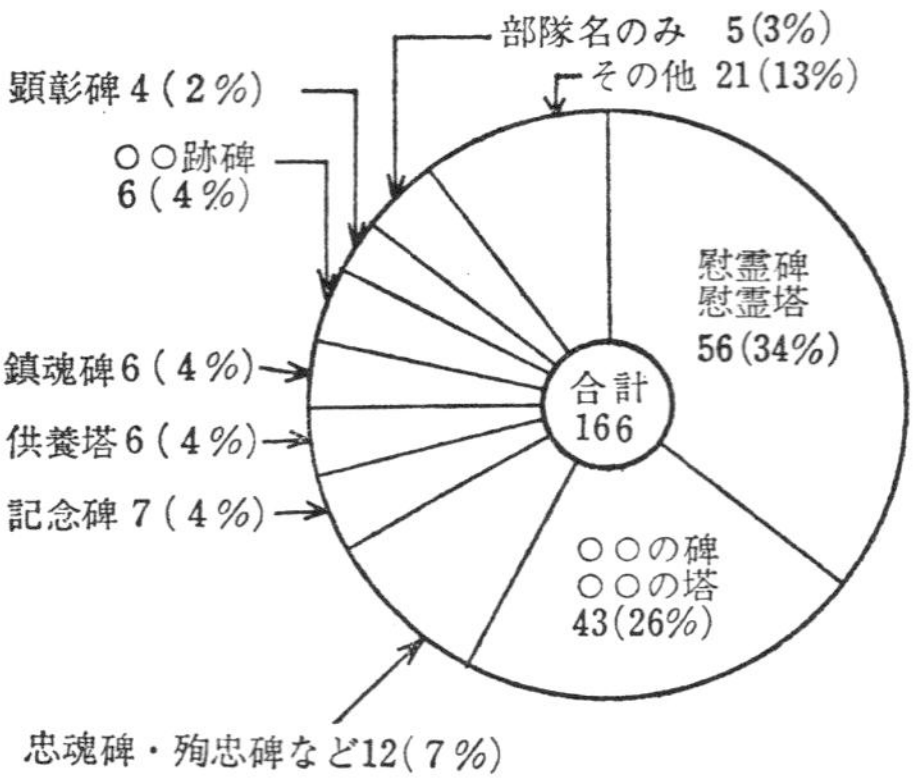

(1) 名　称

図表13のように、呼称はさまざまであるが、それらを総称して「慰霊碑」と呼ぶことができよう。「記念碑」あるいは「跡碑」のなかには、戦死した戦友を弔うという「慰霊」を、直接の建立目的にしていないものもあるが、ほとんどのものが大なり小なり死者の冥福を祈るものである。「忠魂碑」「殉忠碑」「表忠碑」「殉国碑」などは、戦前のものや戦後比較的初期に建てられたものが多い。これらは戦友の死をむだに終らせたくないという生き残った人びとが、自分たちなりにそれに意味づけをなし、死を弔うものである。

これら「慰霊碑」は、多くのものがその名称のなかに、原集団である部隊名、艦船名、学校名を、あるいは死者を多く出した戦地名を明記している。「貴様と俺の碑」「君ここに甦える」といったシンボリックなものもあるが、多くは名称だけで慰霊主体および慰霊客体を識別できるものである。現集団である戦友会の名称をつけるのではなく、原集団の名称を用いることや、過去の共有体験をもとに名づけることは、戦死者を慰霊することからいえば当然のことといえるが、それは、過去の集団の存在を戦友会内外に強く示すものになっており、会員たちの意識を少なからず反映するものといえる。

図表14　建立場所（国内・地方別）

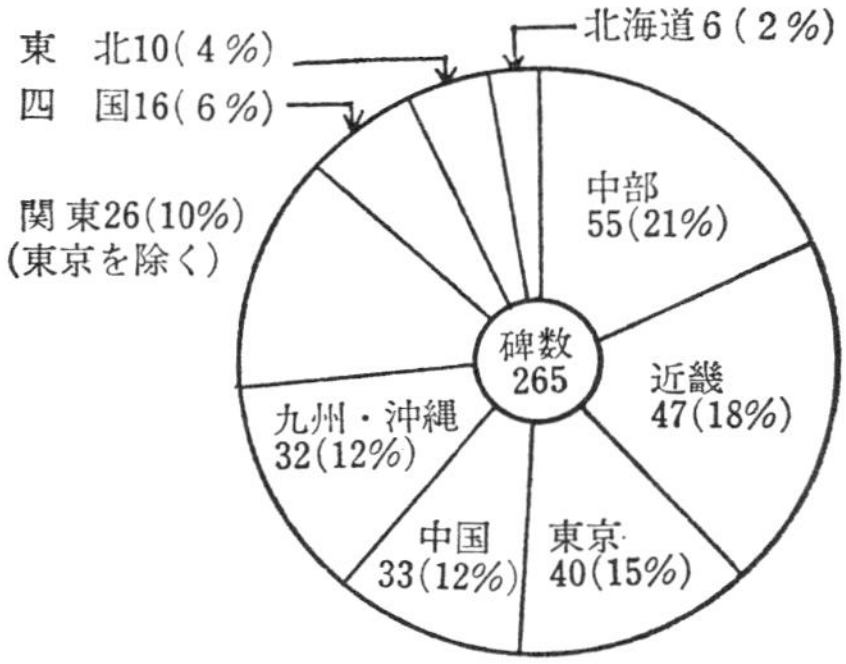

⑵建立場所

まず、国内に建立されているものについてみれば、図表14、図表15のようになっている。

地方別の慰霊碑建立場所（図表14）は、会合開催地とつながりをもっている。これは、会合開催時に慰霊行事を行なうことが多いので、予想される結果である。きまった会合開催地は、「東京」がかなり多いが、慰霊碑建立場所についても「東京」が少なくない。会員の集合に便利であり、しかも靖国神社など慰霊施設もあることから、たとえ戦友会にとって「ゆかりの地」でなくとも、慰霊碑を建立するのに適当な地と考えられたためであろう。

「中部」地方のうちでは愛知県が、「中国」地方では広島県が多い。愛知県には比較的部隊跡など戦友会ゆかりの地が多く、三ケ根山など景観のよい地がある。広島県には旧呉海軍墓地などがあり、建立地に適当であると考えられている。いずれも、会員（遺族）の居住地によって一概には言えないが、交通の便の良いところである。

次に図表15をみると、「ゆかりの地」が第一順位になっている。また、「旧陸軍・海軍墓地」「自衛隊敷地内」もあるが、これらは部隊跡など戦友会の母体に関連した場所となんらかのつながりをもったものである。

「護国神社」が多いのは予想された結果である。たとえば前掲のK護国神社では、整地面積などの関係から建立がなかなか許可されないが、それでも一二基が建立されている。靖国神社境内への慰霊碑建立は、神社側の意志で制限され、戦友会が希望してもほとんど許可されないことになっているので少ない。慰霊碑の替わりであろうか、境内には桜の木など戦友会の献木が数多く立っている。*

図表15　建立場所（国内）

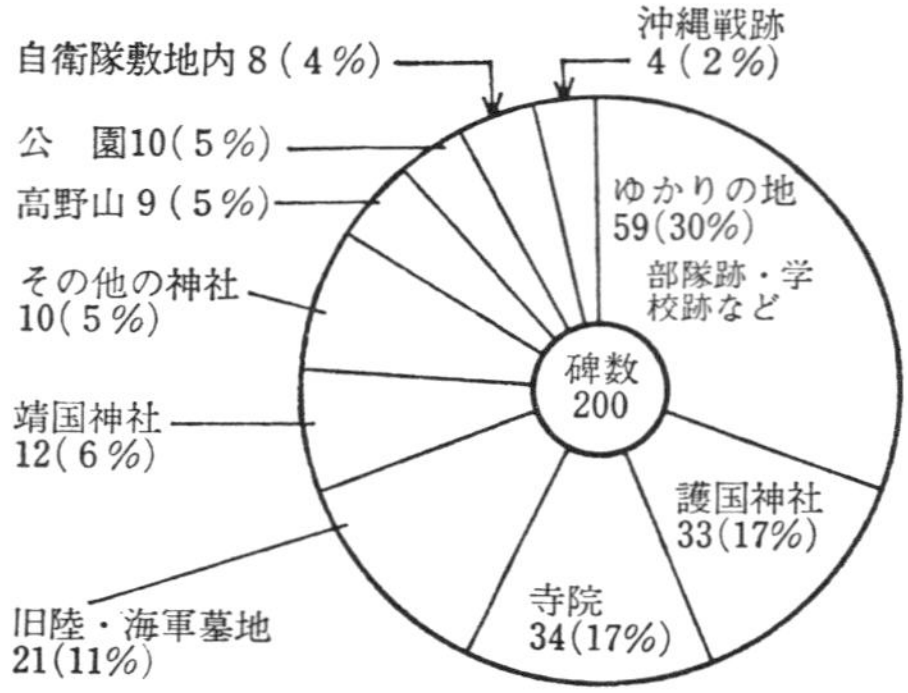

* 戦友会によるものだけではないが、靖国神社境内への献木数は次のようになっている。（靖国神社調べ）
昭和25年〜昭和35年　三一〇件
昭和36年〜昭和45年　三一九件

昭和46年～昭和55年	三四九件
昭和56年以降、昭和57年8月現在	四三件
計	九三一件

「旧陸軍・海軍墓地」のうちの多くは「旧呉海軍墓地」であるが、これは主に艦船に関係した戦友会でよって選ばれたものである。艦船が呉軍港の所属であったこと、旧呉海軍墓地には、戦前からの慰霊が多く建っているので碑の維持・管理に便利である、などの理由からである。一般に、慰霊碑の維持・管理には、かなり配慮が加えられている。関係者の間では、「立派な慰霊碑が草茫々では英霊に申し訳ないし、世間の物笑いになる」とよくいわれている。

神社、寺院が建立場所になっているものは、集まりやすいという便宜上の理由とともに、将来にわたって祭祀・供養が行なわれるといった理由が強い。神社のなかでも、護国神社（靖国神社）は、戦没者の霊を祀るところと考えられているために、戦争に関係した慰霊碑は、十分維持・管理されるであろうと考えられている。高野山は「寺院」のなかに含められるものであるが、古くからさまざまな墓碑が建立されている「聖地」であり、全国からの参拝者によっても供養されるとして、かなりの戦友会によって選ばれている。「公園」は、「市民に訴えやすい」などの理由で選ばれているものである。

国外の碑は、相手国への配慮から国が主体となって建立がすすめられており、戦友会など民間団体が建立することには各種の制限が設けられている。* そうした状況のなかで建てられた「戦友会の碑」は、ほとんどが南方の戦跡に建てられたものである。とくに激戦地に多く見られるが、維持・管理しやすい地、という配慮も加えられている（図表16）。

＊　国外の慰霊碑建立については、次のように定められている。

「一、慰霊碑は、一国又は一戦域ごとに一碑とし、当該地域の中心的な地点に建立する。

二、慰霊碑の建設は、国が主体となって行うのを原則とする。（以下省略）」（昭四六・七　厚生省援護局）国によってこれまで建立された慰霊碑は次のとおりである。

建立場所	碑の名称	建立年月日
フィリッピン	比島戦没者の碑	（昭48・3・28）
サイパン	中部太平洋戦没者の碑	（昭49・3・25）
ラバウル	南太平洋戦没者の碑	（昭55・9・30）
ビルマ	ビルマ平和記念碑	（昭56・3・28）
ニューギニア	ニューギニア戦没者の碑	（昭56・9・16）
ボルネオ	ボルネオ戦没者の碑	（昭57・9・30）

図表16　建立場所（国外）

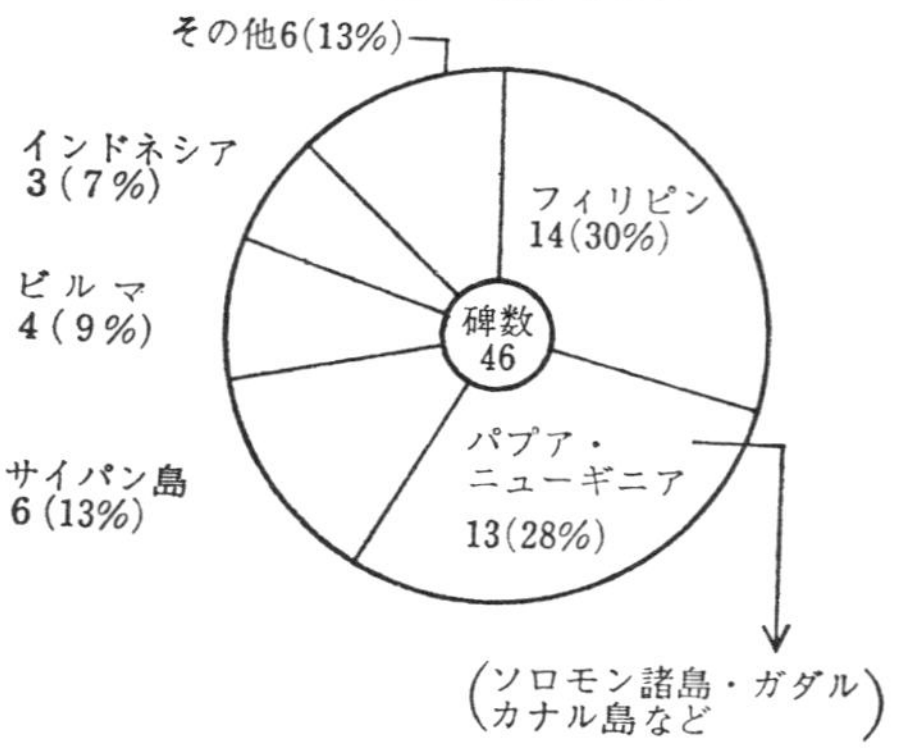

国内の碑、国外の碑、どちらも南方方面を作戦地域とした戦友会に建立が多くみられる。それにたいして、ソ連・中国・朝鮮といった、大陸を戦闘地域とした戦友会には少なくなっている。

国外の碑について特に言えるこうした状況には、遺骨収集・戦跡訪問と同じ事情がある。建立許可が下りない事情もあるわけであるが、現地住民にたいする「負い目」の問題が大きく、戦友にたいする負い目のみを持ちえないからである。また、生き残るという点において、南方戦線のほうが大陸戦線より厳しかったこと、戦争末期には大陸戦線の戦力の多くが南方戦線に集結されたこと、こうした事情が南方・大陸の建碑率の違いになっているように思われる。

慰霊碑の用地確保は、慰霊碑建立に際してもっとも苦心することのひとつである。ゆかりの地が国あるいは自治体の管理地になっている場合は特に建立が困難であることが多い上に、地域住民から「軍国主義的」であるとして建立にたいする理解を得られないこともある。いずれにしても、建立場所を選定するにあたっては、次のような条件が考慮されているように思われる。

①戦地・駐屯地など由縁の地であること。

②会員や遺族の出身地、居住地に近いところ、あるいは集まりやすいところで、日常の維持・管理に便別なところ。

③神社や寺院など「未来永劫」にわたって慰霊・供養することが可能なところ。

④会員や遺族だけでなく、部外者にも参拝され、さらに会員死後も後世に伝えられることのできるところ。

これらいくつかの条件を備えたところが、最終的に建立場所として選ばれているわけであるが、それらは戦友会の「慰霊」「顕彰」の二側面を、直接間接に示すものである。

(3)建立年

図表は年度別慰霊碑建立状況である。そこにみられるように、慰霊碑は昭和四〇年代に入ってから多くなっており、昭和四〇年代後半からの増加には特に著しいものがある。戦友会の増加は（図表17）、

図表17　年度別戦友会結成状況

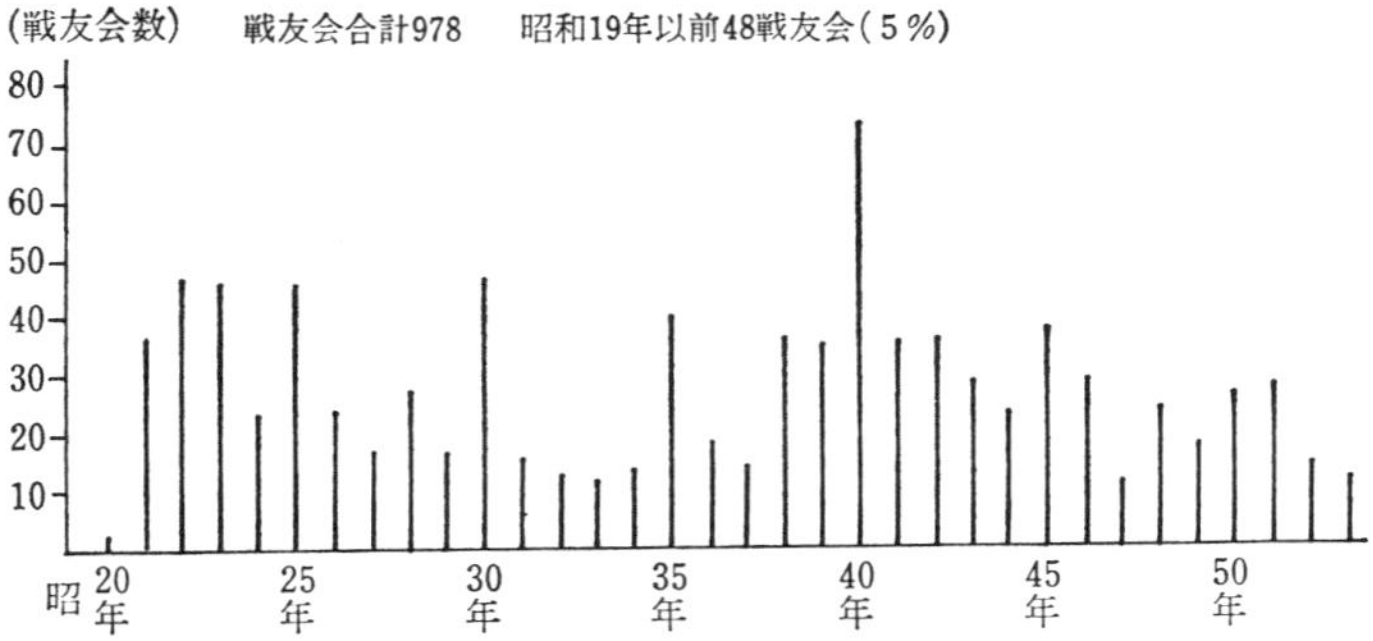

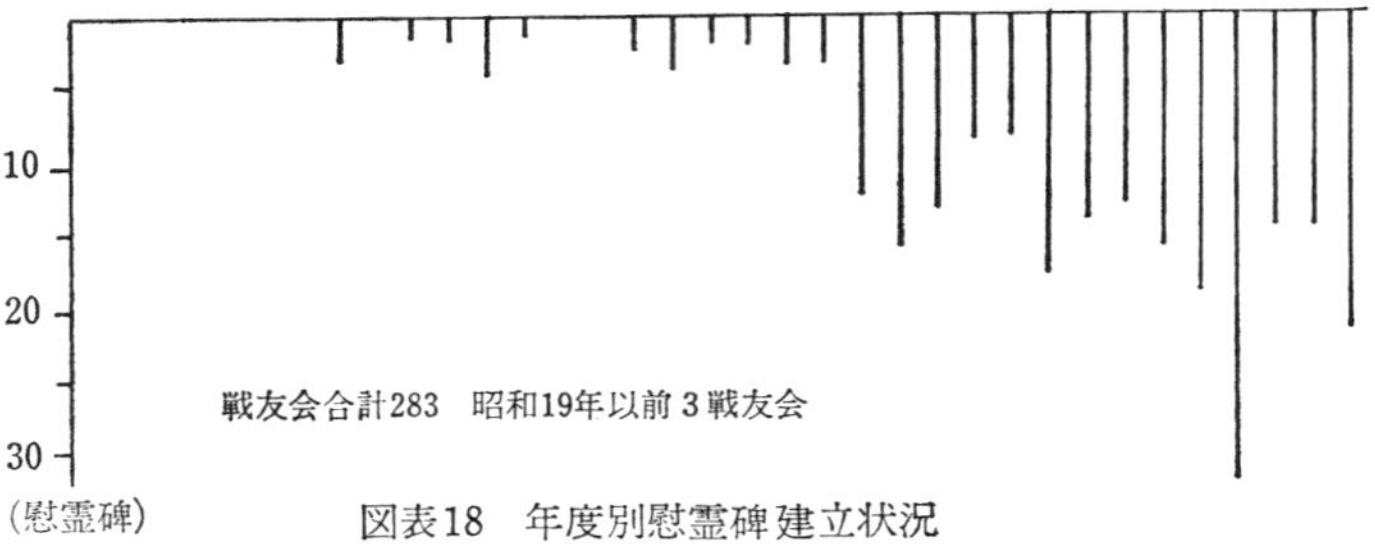

図表18　年度別慰霊碑建立状況

生活水準の向上や社会の安定化、新幹線をはじめとした交通機関の発達などとも関連づけることができるかもしれない。

昭和三〇年代後半ないし四〇年代はじめからの「高度経済成長」は、戦友会増加のひとつの有力な説明となるであろう。経済面でも精神面でも余裕があることが必要なわけであるが、こうしたことは慰霊碑の増加にも大きな影響を与えている。さらに最近では、定年後時間的余裕ができたという会員も多く、慰霊碑の建立に一役買っている人も少なくない。

多くの場合、建立するには、費用を集めるためにも、場所の選定などのためにも、戦友会の組織づくりが十分なことが必要であろう。なかには慰霊碑の除幕式をもって会の発会式にしているものもあるが、多くは会の発足後、慰霊碑建立が会合で決議され、完成にいたるまでに平均一〇年の歳月を費している。着工から完成にいたるまでにしてもかなりの年月を費していて、建立が容易でないことをうかがわせている。こうしたことは、戦友会による慰霊の、どちらか一方の性格だけからは説明できないことといえよう。

(4)建立費用

建立費用は建立場所、碑の形態によってちがってくるし、建立時期によっても異なるわけであるが、図表19のようになっており、多額の金額で建立されていることが理解できる。建立費用はもっぱら会員や遺族などによって賄われるから、会員が少人数である場合には一人当りの出資額が多くなってくる。一方、大きな部隊を母体とした戦友会、会員数が多い戦友会は、比較的寄付を募りやすく会員の負担も少なくなると思われるが、大きな集団ともなると立派なものが望まれるので費用が嵩み、結局はこれも一人当りの出資額としてかなりのものとなっている。一人当りいくらの出資額になっているかは、物価の変動などを考えれば意味がないので算出しないが、かなりな負担であることは間違いなく、会員の建立にむけての意欲を示すものである。

建立費用を募るにあたっては、一部の人が出資するよりも

図表19　建　立　費　用

50万円未満	13	(11%)
50万円以上100万円未満	10	(8%)
100万円以上200万円未満	19	(16%)
200万円以上500万円未満	37	(30%)
500万円以上1000万円未満	21	(17%)
1000万円以上2000万円未満	11	(9%)
2000万円以上5000万円未満	8	(7%)
5000万円以上	3	(2%)
不　　　明		

(慰霊碑数合計　122，不明 205)

会員全員が応分のものを出したほうが「慰霊」「顕彰」の趣旨に適うと考えられている。われわれ部外者が考えれば、多額な建立費用を捻出することは、かなりの苦労であっただろうと推測される。しかし、戦友会関係者にたいする「建立に際し苦労したこと」という問いに、この費用集めがあげられることは案外少ない。かえって順調であったと述べられることもあり、意外な感じを受けることもある。さらに集められたものが当初の目標額を上回るものもある。余剰金は会合の際、将来にわたる維持・管理料、祭祀料に、あるいは部隊史編纂費用などに充当することが決議されている。これらは生存者の、「慰霊」「顕彰」にたいする熱意を示すものであろう。

(5)合祀柱数

戦死者が多い戦友会に慰霊碑建立が多くみられるわけであるが、各慰霊碑の「合祀柱数」は図表20のようになっている。数字の大きなものは、大きな戦友会あるいは戦友会の連合組織のものに多い。戦死者は、厚生省や遺族などと連絡して確認されているが、現在にいたっても、特に戦死者の多い戦友会では未確認のものが多く、確認作業には困難がともなっている。

慰霊碑には戦死者名が刻まれているものが多いが、戦後生存者も「生還者名」として刻印されているものが稀でない。あるいは「建立者名」として戦友会会員の名前（会員の名前だけでなく、遺族など寄付者の名前も入っている場合がある）が刻まれているものもある。戦死者の慰霊を本来の目的とする慰霊碑が、戦後生存者の戦闘体験の「顕彰」の意味も備えていることを示している。「合祀柱数」は、戦死者名が新たに確認されたときに増加して、場合によっては慰霊碑に書き加えられる。また、慰霊碑に書き加えられることは稀であっても、「合祀柱数」に戦後物故者を加えているものもある。この二つの意味から、年々「合祀柱数」が増加していくケースもみられる。

(6)慰霊祭

慰霊碑前で慰霊祭が行なわれることが多いが、概して慰霊祭は宗教儀式にのっとって、賑やかにしたいというのが会員の気持になっている。それが、死者を慰めることになり、ひいては意識的であれ無意識的であれ、生存者たちを顕彰することになるからである。除幕式、三三年目など宗教的に意味のある年、周年といった区切りとなる年度の式典などは、特に賑やかになるように心掛けられている。

図表21　宗教家による慰霊行事

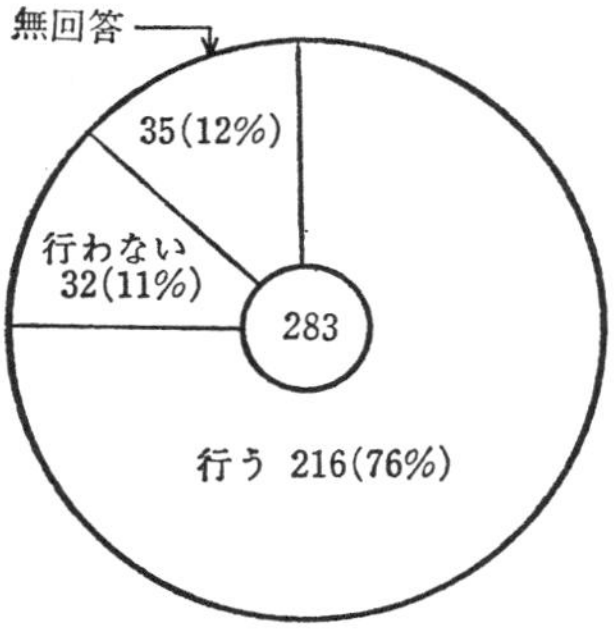

図表20　合祀在数

0人～	50人	34（12%）
50人～	100人	21（ 7%）
101人～	200人	26（ 9%）
201人～	500人	41（14%）
501人～	1000人	28（10%）
1001人～	2000人	28（10%）
2001人～	5000人	31（11%）
5001人～	10000人	11（ 4%）
10000人以上		20（ 7%）
無回答・不明		43（15%）

（戦友会数合計 283）

慰霊祭を挙行するにあたって、会員・遺族に未確認者があること、参加者に減少傾向がみられること、などが問題になっている戦友会がある。各戦友会に共通の関心事は、会員が死没した後も慰霊が行なわれるかどうかということである。

(7)碑　文

祭文と内容はほぼ同じく、原集団の由来・死者への鎮魂・生者を含めた顕彰という「三つの要素」を盛りこんだものになっている。特に原集団の来歴を記した言葉がはっきり刻まれている。それが戦友会の碑と、自治体や遺族会など戦友会以外を建立者としている慰霊碑とを、はっきり識別する指標となっている。

碑文は、祭文のように何度か繰り返されるものでなく、一度限り記すものである。書き入れる文字の数も制限されることから、「三つの要素」を盛りこんだ言葉が、簡潔に碑に刻まれている。碑文を目にするだけで、「慰霊」「顕彰」の性格を汲みとることができるのである。*

慰霊碑のもっている以上のような性格は、「紙碑」** である部隊史、あるいは同じような類の戦争体験の記録にもみることができる。

* 慰霊碑の碑文は、たとえば次のようなものがある。

「歩兵第八十九連隊は昭和十四年満州国錦県に於て独立守備第五第六及び第十大隊を編合し創設され、爾来第五軍隷下東部国境東安に駐屯軍旗の下に団結北辺の護を全うするとともに秋霜烈日日夜武を磨き精鋭破竹の魂をつちかいもって尽忠報国の気概を育くむ時恰も昭和十九年大東亜戦局漸く苛烈を加え戦雲また本土に及ばんとするや同年七月連隊主力は沖縄に転進翌二十年四月来米軍侵攻を迎撃八十余日に及ぶ死闘を重ね連隊長金山大佐以下二千六百八十余名悠久の大義に殉ず／又中部太平洋に派遣された大隊長佐々木大尉以下五百八十余名はサイパン島の守備に任じ昭和一九年六月怒濤の如き米軍をむかえ勇戦奮闘遂に護国の鬼と化す／更に一部は満州及び北支那の辺境に或は遠く南溟の果に挺身し　名還らざる人となった／連隊が軍旗の下に纒まり玉砕した戦例は多く見るも本連隊の如く作戦にあたり分割離散を強いられ夫々の部隊が悪戦苦闘の末殆んどが玉砕した例は昭和の戦史においても稀と言わねばならない悲劇の連隊である／此処に兵員補充原隊（歩二八）ゆかりの地旭川に戦友遺族相寄り此の碑を建て戦没英霊の偉勲を偲び平和を願いその功績を永く後世に伝えんとするものである。」

** 「紙碑」という言葉は、長谷川伸などによって広く用いられるようなったが、「碑」についてはこうもいわれている。

「紙に書いたものは消えるのが早いが、石に刻んでおけば永久に残るという考え方から、この石にこそ記念すべき事を書こうというのが〝いしぶみ〟であり、そこから碑が出来たのであった。」（加藤諄「記念碑と日本人」『歴史読本』昭和五〇年一〇月号。）

刊行された「部隊史」のなかには、「亡き英霊に捧ぐ鎮魂の紙碑」と呼ばれているものがあり、序文・奥書きに「亡き戦友の墓前に供える」とあるものも目につく。それは、死んだ戦友を慰霊するために、また戦争体験を十分意味あるものにするために、刊行されている。しかも将来もなんらかの形で残るものであることから、「部隊史」刊行は、慰霊碑建立と同様に、戦友会関係者が力を入れているものである（「部隊史」を刊行しているもの、刊行を予定しているものはあわせて、調査対象全体の半数近くにのぼっている。自分たちの「慰霊碑」・「部隊史」、いずれももっている戦友会は全体の二〇％余りである）。

おわりに

以上述べてきたことから、戦友会における慰霊の特徴が、「慰霊」と「顕彰」の二つの側面をあわせもつことが明らかになったと思う。本章では分析が不十分であったかもしれないが、この二つの側面のあり方を考えることが、戦友会における慰霊の意味を、そして戦友会の本質的性格を考えるための手がかりになると思われるのである。

だがこうした二つの側面が、一般にどれだけ理解されているかという点になると、疑わしいといわざるをえない。戦友会の会員が、「慰霊」のみならず「顕彰」をより純粋に求めれば求めるほど、それには政治的に利用される危険性がともなう。実際、一般の人々の眼にふれるのは、より「顕彰」の側面が強い、慰霊碑とか部隊史とかいったものだからである。戦友会にたいする誤解の多くも、ここに原因があるともいえよう。

戦友会会員が生存している現在でも、このように戦友会における慰霊の意味が誤解される可能性がある。まして生存者が存在しなくなったとき、戦友会による慰霊の性格は、どれだけ正しく理解されるであろうか。慰霊碑なども、あるいは好戦的な記念碑としてしか受けとられないときがくるかもしれない。

いずれにせよ戦友会における慰霊行事の二面性は、戦後日本社会の所産である。それは、戦後日本社会が戦没者にたいして真剣に対処してこなかったことを象徴的に示しているように思われる。

252

V　「神まつり」としての戦友会

橋本　満

一　戦友会にとっての「過去」

戦友会は中年戦中派、いや、むしろ老年になりつつある戦争体験者たちの集まりである。平和になれた戦後派からみれば、四〇年近くも昔の戦争にいまだに懐しみを抱いて集まる人々は不思議な集団にみえるし、理解をこえた現象である。また、戦争の悲惨さを知っている人々にとっては、あの戦争を思いださせるグロテスクな集団とうつるであろう。戦争にいった経験のある人でさえ、戦友会をよしとするかは疑問なのである。現在の日本で、戦友会に対して好もしい印象をもつ人は少ないであろう。

一般にネガティブなイメージをふりまく戦友会が、にもかかわらず、かくも盛んにおこなわれるのはなぜだろう。懐旧の情で集まっているのだといわれれば、解答が与えられたように思える。しかしながら、戦友たちは、かれらの体験のうちのどのような昔を懐しんでいるのだろうか。そして、どのようにして昔を懐しんでいるのだろうか。こうした問いに答えようとすれば、単なるネガティブ・イメージをもっていたのでは見落としてしまう戦友会の側面が見えてくる。

問題は二つある。一つは、過去のなかからどのような体験を再生させようとしているのかである。戦友会において、戦争と軍隊の体験すべてが復活されるわけではない。選択された体験のみが懐しまれている。そこで、どのような種類の体験が選択され、その選択の基準はどこにあるかを明らかにする必要がある。

もう一つの問題は、戦友会の組織の側面にある。これは、どのような体験が選ばれて再現されるかという第一の問題と密接なかかわりをもっているのだが、戦友会の組織は、旧軍隊がもっていた官僚主義的なタテの側面を復活させようと構成されているのではない。仲間の集まりであることが基本となっている。

どのような体験が再生されるかという第一の問題と、どのように戦友会が組織されているかという第二の問題とは、実は一つの現象の二つの側面である。あたかも、車の乗り手の特徴とその車の種類のあいだに、一つのセットになっているような関係がいつもみられるようなものである。

おそらく、戦友会という乗り物のなかで再構成される体験は特有のものであり、その特有の体験をもって集まるものだけが戦友会に加わることができる。戦友会の場にいなければ、戦争の体験者は異なった仕方でそれぞれに自分たちの体験を思い出しているであろう。一人でならまったく違うやり方で回顧するであろうし、あるいは思い出すこともないかもしれない。だが、戦友会にやってくれば、戦友という仲間になって、共通の仕方でかれらの体験を再生させるのである。

戦友会で再構成される体験は、一つのイデオロギーとなっている。イデオロギーといっても、社会主義とか資本主義とかいうイデオロギーのように、右か左かといった体制に結びついたものではない。より広い意味でのイデオロギーであって、歴史に対する一つの観点というべきものである。戦友会で再生される体験は、戦友たちが自分自身の生きてきた歴史に下している一つの解釈であり、すなわち一つのイデオロギーとなっているのである。

この戦友たちのイデオロギーは、戦友会においてのみ成立する。戦友会の外では、共感するものがおそらくいないため、支持されえないイデオロギーである。支持するのは、戦友会に集まって仲間となっている戦友たちだけである。それゆえ、戦友会の組織は、戦友たちのイデオロギーの運び手としてふさわしい形態をとる必要がある。

戦友会における仲間としての戦友たちは、ただ集まっているのではない。特別の集まり方をしている。この集まり方、すなわち戦友会の組織化の方法が、共通体験として戦友たちが保持している過去の意味づけと密接につながっている。現在の日本社会における戦友会が、どのような戦争体験を選んで懐しむべきものとしているのか、この点を把握しなければ戦友会の理解は不可能である。

平和と民主主義という戦後社会の正当的理念が支配するなかで、戦友会において再構成される過去は、けっしてかつての軍国主義の過去ではない。また、かれらの戦争体験があったからこそ、戦後の平和で安定した社会が存在するのだから、かれらの体験を貴重なものとすべきだ、という主張のためでもない。過去の軍国主義的制度も、あわせて現在の産業主義的な価値観も、戦友会に出席する戦友たちにとっては、ともに不協和を奏でる源泉となるのである。官僚主義的な軍隊においても、効率優先の企業社会においても、戦友たちを結びつけるような温かい人間的関係は否定的にしか扱われない。このような否定的に扱われる人間的関係が、「失われたもの」として、かれら戦友たちが復活しようとする戦争体験に求められるのである。

自分たちが体験した過去にこそ「失われたもの」があるのだという思いは、戦後の現時において成立している戦友会のなかで強化され、その意図せざる結果として、現代日本への批判につながりうる。戦後の日本には自分たちの心をやすめうる場が用意されていないのであって、かえって、かつての戦争体験のうちにこそやすらぎの場があるとみなして、戦友会に集まろうとするのである。

戦友会において仲間が復活させる体験のなかにこそ、温かい人間的関係が存在するのだという意識は、かれらの無意識的な「批判的イデオロギー」が共感しうる組織化を戦友会の集まりに求める。それゆえ、戦友会の組織も、現在の日本においては特別な形態をもつことが要求されるのである。

幸いにも生き残ったが、戦後社会にやすらぎを見出すことのできない戦争体験者たちは、満たされない自分たちの心を、戦後社会において正当にまつられていないと感じる戦死者の魂に投影する。というのは、死んだ戦友の魂は、たとえ故郷の墓に、また靖国神社のなかにまつられていても、戦後社会のなかではかえりみられることはなかった。ちょうど同じように、生き残った戦友たちも、戦後社会のなかではふさわしい場を与えられてこなかった。戦争へ征ったゆえに冷遇されたということではなく、戦争中の生き方に対する評価が何もなされなかった、あるいは否定的な評価でしかなかったというのである。戦友たちが青春を、そして生命を捧げた戦争は何であったかという問いに、戦後社会は否定的にしか答えなかった。さらには、戦後日本の再建を担ってきて戦友たちがようやく老年に達するころ、戦後社会には戦友たちの心のやすまる場が用意されていなかったのである。

おそらく、戦後社会に安心の場のないことが、かれらにとって戦争とは何であったのかという問題をひきおこしているのであろう。といっても、かれらの戦争体験を積極的に評価することを戦後社会に対して要求しているのではない。あの戦争についての否定的な評価を受け入れていない、ということなのではない。戦後は新たに始まったのであり、新しい社会がかつての戦争における体験を、そしてその戦死者をまつるはずはないのである。この断絶を戦友たちは十分に知っている。それゆえに、同じ体験をもつものだけで、忘れ去られようとする戦死者の魂を鎮めようというのである。この鎮魂はまた、生き残った戦友たちの心の鎮魂でもある。現代社会の現実に押し流されようとする戦争体験をつなぎとめるために。ここに戦友会がつくられる一つの理由がある。

断絶は、さらに、戦後の繁栄と平和を享受し、これを当然とする人々とのあいだに強く感じられる。安定した戦後社会の裏には多大の犠牲があったことを戦後の人々は忘れている、と戦友たちは言いたい。この断絶感が戦死したものへの思いに結びつく。この感情は、戦争において共通の体験をしたものでなければ、けっして共有しえないのである。

心を同じくするものが集まり、共に食べ、盃を酌み交す。かもしだされる一体感は、かれらの共通の神に捧げられる。これは、人間がくりかえしおこなってきた「神まつり」の行為である。まつられた神が人間に応えて与える救済がすべての人々にゆきわたる普遍的なものであるなら、この神まつりは大きく広がり、より多くの人々をひきつけてゆくであろう。しかしながら、戦友会がまつる神は、個々の戦友の心に住む、それぞれの戦死者の魂でしかない。広がりは、個々の戦闘状況で共通の体験をもち、共通の死んだ戦友をもつ人々にかぎられている。それゆえ、戦友会が連合して、すべての戦友が同じ神をまつるということはない。部隊や戦場ごとに、個別に神まつりが行なわれるだけなのである。

他方、共通体験をもつもののあいだには、強い仲間意識がみられる。外への広がりをもたないため、一体感は非常に強く求められる。現実には、戦友会はいろいろな人々の集まりである。だが、社会的な違いが戦友会にもちこまれては、戦友たちの集まりは成り立たない。そこで、日常生活のすべての差異を切り捨てて、かつての共通体験によってのみ一体化しなければ、戦友という同等の地位を共有することができない。日常から切り離された場を戦後社会の一隅につくりだして、神まつりをしなければならないのである。

戦友会の会合の中心をなす宴会は、日常から離脱した戦友が仲間としての同等の立場で参加するものであって、共飲共食の神まつりの場である。飲み、歌い、叫ぶという狂宴にもっとも端的にあらわれる日常からの離脱が、戦友会の特徴をもっともよく示し、かつまた戦友たちをひきつける最大の魅力となるのである。

日常からの離脱を基底にもつ戦友会には、現実社会に対する批判が含まれる。戦後社会の現実のなかで満たされない戦友たちの心は、戦友会の場で再構成される「共通体験」へ向けられる。「共通体験」は、人間を軍隊という硬直した組織に閉じこめ、戦闘遂行のために人間を機械の部品にしてしまう、戦争の現実的側面が捨象されたものである。この捨象にこそ、実は現実社会への批判がこめられている。

しかしながら、戦友たちは、自分たちが批判的に集まっていることに気づいてはいない。戦友たちが再生させる「共通体験」、すなわち歴史の解釈という広い意味でのイデオロギーにおいて、批判的であるだけではない。この「共通体験」を支持する戦友会の、組織としての構造にも批判的要素は含まれている。戦友たちはあくまでも仲間であり、現実社会にひそむ、人が人を支配しようとする構造を、無意識的に排除しようとする。イデオロギーは、その内容を運んでくれるにふさわしい構造をもつ組織を必要とする。この意味において、戦友会はまさにそれにふさわしい構造をもって組織化されている。

このように考えると、戦友会は、統一された中枢をもたずに、個々に戦後社会のあちこちに分散されて結成されてはいるが、全体としてみるなら、一つの方向性をもつ運動であると解釈できる。もちろん、戦友会が運動であるなどとは意識されてはいない。ちょうど、「体験」の再生に批判的意味が含まれていることに気がつかれてはいないように。

運動として全体をながめるなら、歴史のなかに同様の批判的運動のあったことが思いだされる。たとえば、新しい宗教が既成の世界観に対しておこなった批判的運動は、新しい価値観を流布するにふさわしい組織をもっていた。中世末期に門徒たちが結んだ講は、平等主義的構造をもち、中世社会の身分制に対して変革的運動をおこす拠点となった。この講的構造をとりあげるなら、戦友会もその批判的方向性ゆえに、一つの講とみなすことは可能であろう。

歴史として残され、また現代にまで伝えられた講的組織は、すべて新たな世界観を確立しえたものだけである。すなわち、新しい価値体系を創出し、普遍的な救済を人びとに与えることに成功し、広い範囲にわたる信者を獲得することができたものだけである。

しかしながら、戦友会の講は非常に限定された範囲でしか救済を与えない。同一の方向性をもって批判的運動を行なっていても、戦友会のあいだには相互の連絡はなく、共通の神は存在しない。なんらの統一的理念をつくりださず、すなわち新しい価値の創出をせず、ただ過去の体験に結びつく仲間の関係のみを求めている。

これは、戦後社会の枠のなかで示しうる戦友会の性格が健全であることのあらわれであるといえるだろう。もし戦友会に集まる戦友たちが統一し、かれらの体験を積極的にまた肯定的に評価する価値体系の形成を要求するようなことになれば、戦友会は無意識の批判をこえて、現実に対する意識的な挑戦の形をとるであろう。しかし現在のところ、戦友会は非常に限定された場にあり、閉ざされた仲間のあいだの「体験」の確認でしかない。このかぎりにおいて、われわれは戦友会のもつ批判的意味をくみとり、むしろ戦後社会を反省するための一つの材料とすべきであろう。

以上は本章のスケッチであり、次節からはできるかぎりデータを参照して論じてゆく。

まず【二】で、社会全体のなかに占める戦友会の位置を、「現実からの脱出」として論ずる。「現実からの脱出」とは、一つは戦争とその結果としての戦後現実からの脱出であり、もう一つは日常的な現実世界からの脱出である。これら二つの意味での「現実からの脱出」が達成されるところに、戦友会が成立するのである。

【三】の「風化してゆく世界で」は、戦友会の内部についての議論である。問題は二つある。一つはどのような人びとを戦友として互いに認めあうかという問題であり、もう一つは仲間となった戦友たちがどのように融合しているかという問題である。【二】は社会全体に対して戦友会のもつ性格をあきらかにするものであり、【三】は戦友会内部での、仲間を求め、一体化を求める人々の関係の記述である。これら二つの節の議論から、戦友会が一つの方向性をもつ運動であることがわかってくる。

【四】の「結衆の方向」では、運動としての戦友会がもつ特質のなかに、日本社会において歴史的に、また現在にあっても、普遍的にみられる「批判的運動」の構造をみる。戦友会でまつられる神は「戦後社会における異端の神」であり、歴史上の「勧請されざる神」をまつる集団の組織化は戦友会の組織化に生きていることを示す。【四】は、戦友会の解釈であると同時に、戦友会を手懸りとした日本社会論の一つの試みとなっている。戦友会は、おそらく日本社会という大きなうねりをもつ波の表面のさざ波のごときものであろう。しかし、このさざ波から読みとりうることは大きい。

二　現実からの脱出

戦友会の会員たる戦友たちの、世代としての特性とかれらの意識をとおして、どのような動機と目的をもってかれらが戦友会に集まるのかをみてゆこう。一つは、戦後という特別の状況において戦友会が設立されてゆく事情が問題であり、もう一つは、同時に、現在において戦友会が占めている社会的な場の問題である。そうすることによって、社会全体のなかで、戦友会がいかなる特性をもつかがあきらかにされよう。

「戦後」が生んだ戦友会

戦友会の会員の平均年齢は六二、三歳である（昭和五六年現在）。終戦時、かれらは二六歳であった。そして、軍隊に在籍した期間は平均六年を越えている。かれらは終戦まで、一〇代のおわりと二〇代の前半のすべてを戦争に費した。

青春期を通じての戦争が終ったあと、生き残った人々を待っていたのは、生活の立てなおしであった。戦争に征くまえにはほとんど自分のものを確立していなかった人々にとって、戦後は本当にはじめから出発しなければならないものであった。

高等教育をうけていたものは学業のなかばで戦争へいかなければならなかったし、職人や商人を目指していたものは、徒弟奉公のなかばで戦場へつれていかれた。村にいたものはいまだ「若者」であ

表1　年代別戦友会設立数

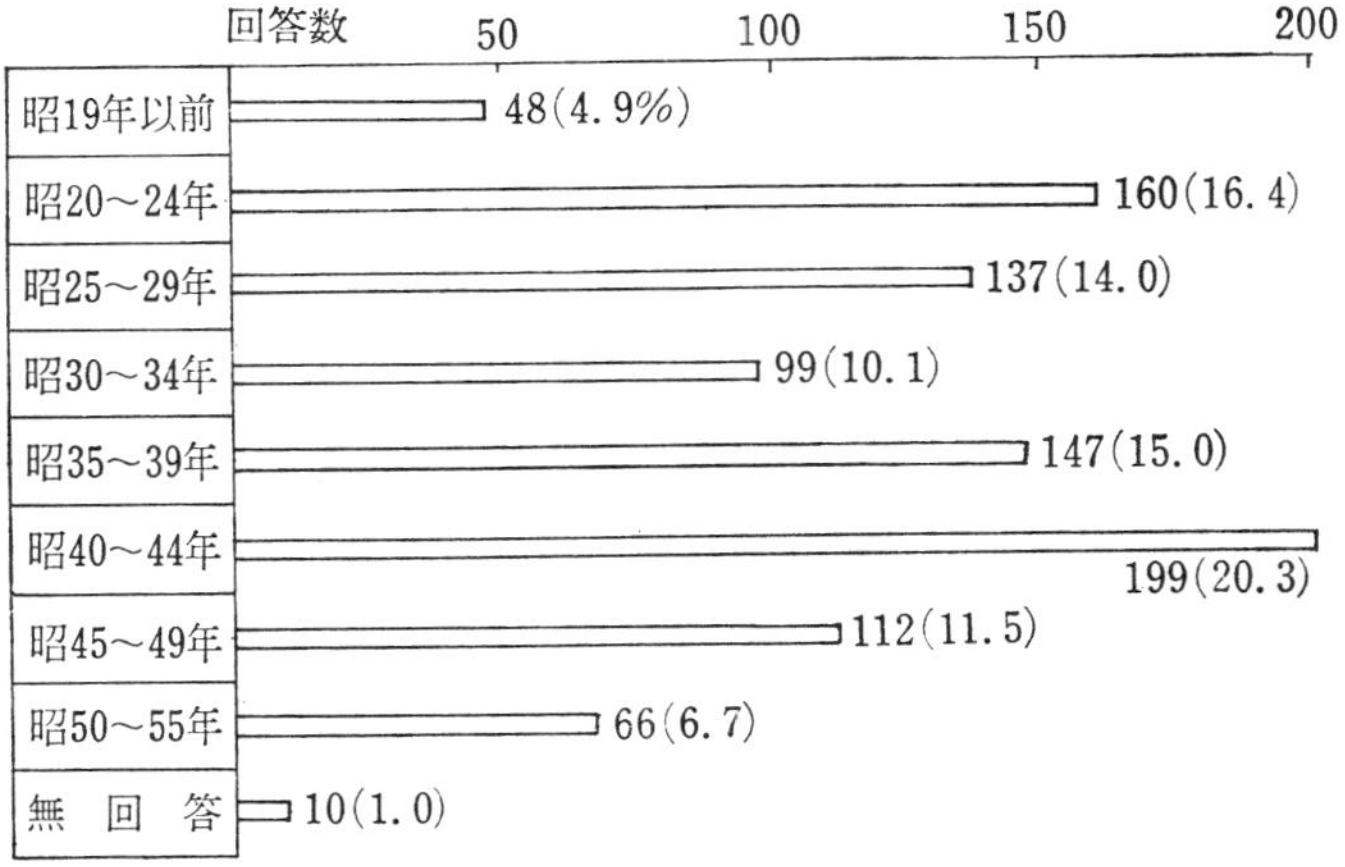

り、家を継ぐ前であった。多くの者は一人前になる以前であって、安定した独立の生活を営んではいなかった。

しかも戦後は単なる出直しでなく、まったく新しい世界であった。戦争のためにつくられていたあらゆる権威は否定され、新たにもたらされた平和と民主主義によって自分たちを鋳直し、戦後社会をつくりだしてゆかねばならなかった。家族から国家にいたるまで、あらゆる場所でかつての権威はくつがえされ、新しい権威が平和と民主主義の理念によって秩序づけられていった。敗戦は彼らに大きい断絶を強いた。

こうした断絶をのりこえてゆく時期に戦友会は多く結成されたが、戦友会がもっとも多くつくられ、活発になってきたのは、戦後社会が安定してきた時期と一致する(表1)。昭和三五～四〇年代をピークとして設立されていることが目立つ。

戦後の復興期が去ったあと、東京オリンピックあるいは万国博覧会という、日本の高度経済成長と安

表2　もっとも良い時代は？

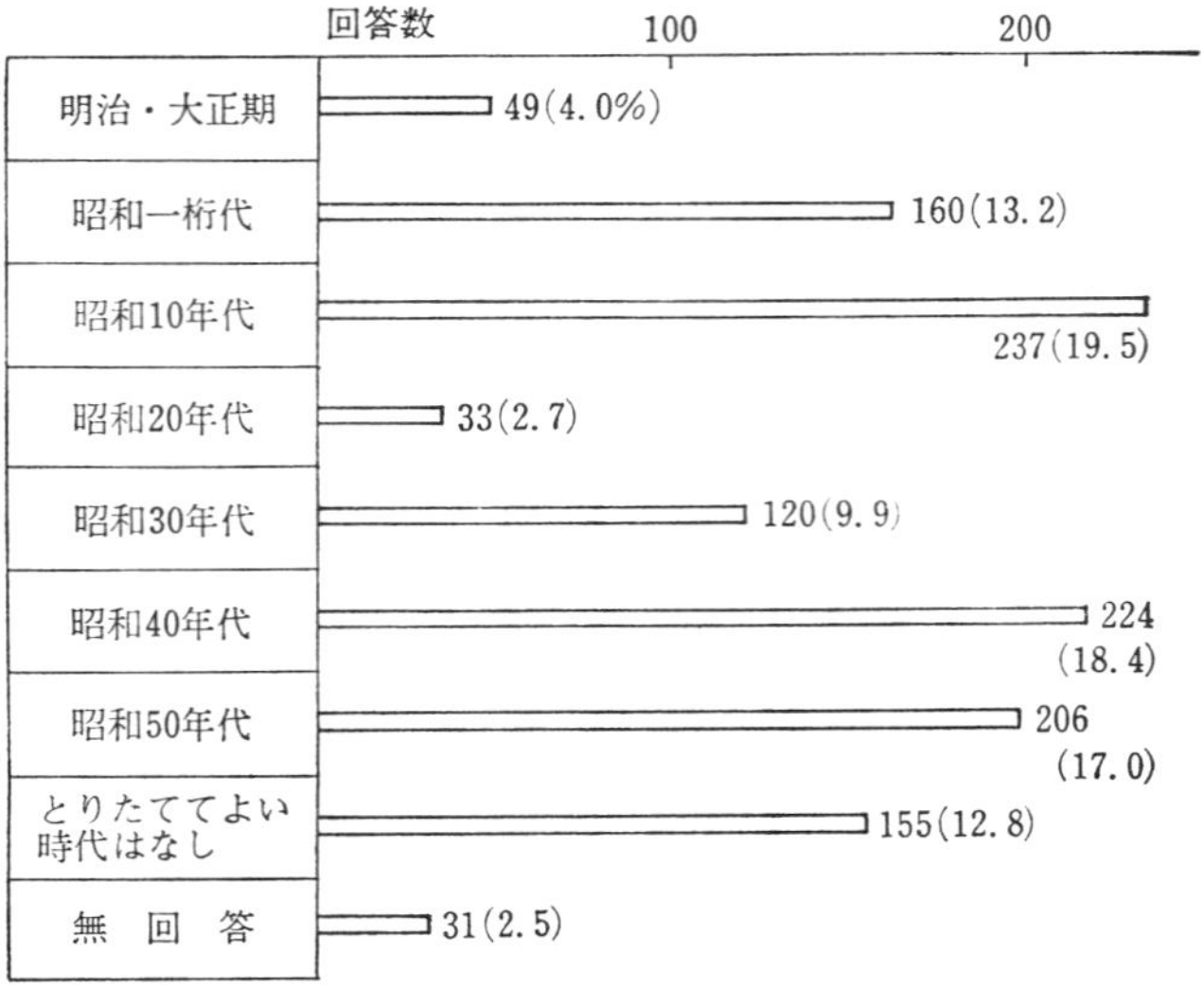

定を象徴する出来事に、戦友会の設立が後追いしているようである。戦後日本の平和と繁栄を象徴する二つの祭りを機会に、ようやく過去のつながりをたぐりはじめた、というのはありうることである。戦後二〇年を経て、繁栄のなかでかつての体験を思い出し、過去のきずなの意味を考えなおすよい機会となったであろう。この時期に戦友会が多くつくられたということは、戦友会を考察するうえで重要な手懸りとなる。

戦後が終った、という時期にむしろ戦友会がたくさんできてくる。ここにこそ戦友会の典型をわれわれはみようとするのである。戦後の復興が終って、社会が安定した時点の目で、つまり、戦後社会のフィルターを通してみられる戦争体験が、戦友会で再生される「体験」なのである。敗戦による断絶が、安定した戦後社会の側から埋められようとするところに、戦友会が成立しているとみるのである。

時代に対する評価は、「もっともよかった時代は？」という質問への反応によくあらわれている。もっともよかった時代と感じられているのは、昭和一〇年代であり、また戦後の四〇年代と五〇年代である（表2）。これに対し、昭和二〇年代をよかったとするものは非常に少ない。現在を肯定しながら、そこからかつての体験を眺めるところに戦友会がつくられることを示している。

戦友会の設立のための動機・目的をみても、戦後社会が安定を迎えてから、かつての体験をふりかえるために戦友会がつくられたことがわかる（表3）。

表3　戦友会がつくられた動機

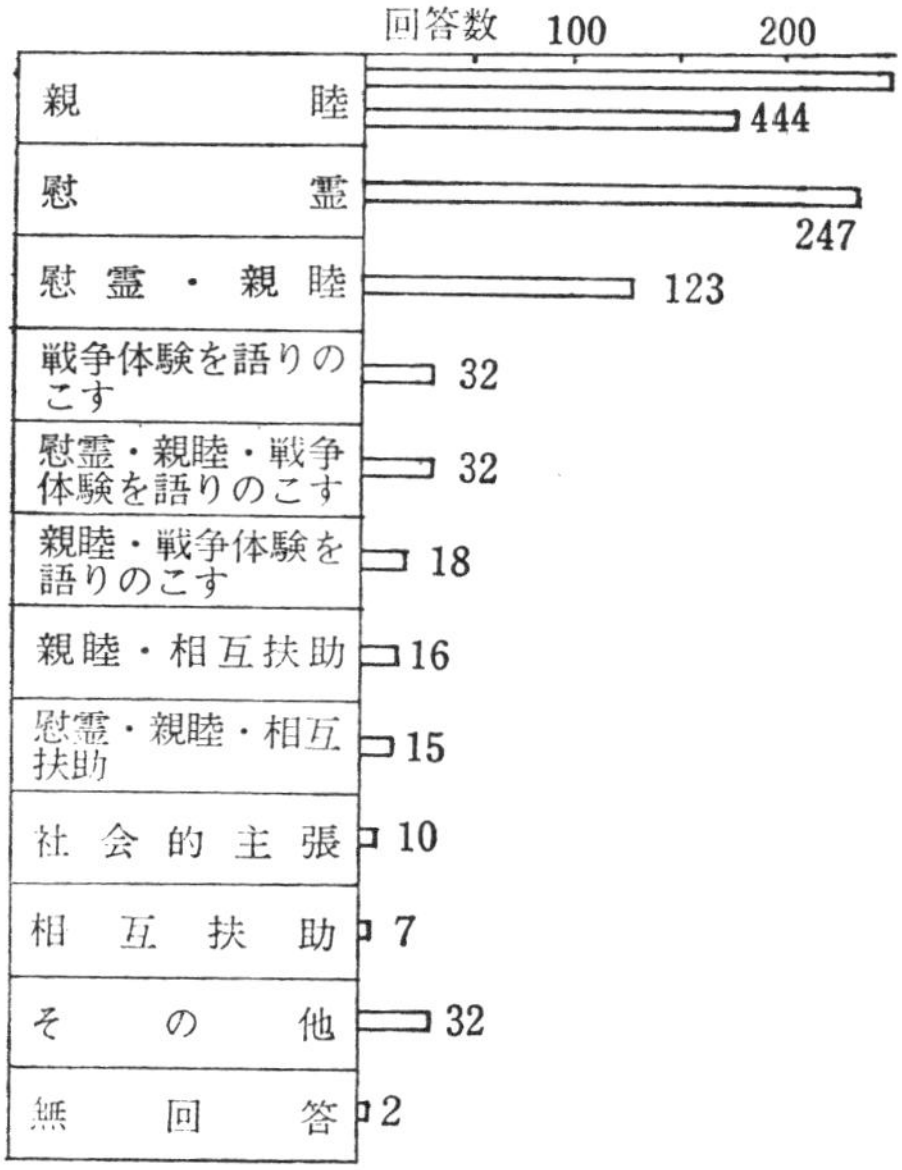

戦争体験を語りのこすため、会員間の相互扶助、あるいはなんらかの社会的主張を行なうため、といった積極的な活動に関しては、否定的な反応がみられる。圧倒的に、慰霊あるいは親睦に強い反応がある。そして慰霊と親睦はそれぞれに独立した別個のものというよりも、あいおぎないあって戦友会設立の動機・目的になっていると解釈できる。慰霊は死んだ戦友をしのぶためであり、親睦は生き残った戦友の顔をみるためである。なんらかの思想を広めるとか、政治運動の組織化といったことは避けられている。

表4　会員を結びつけるもの

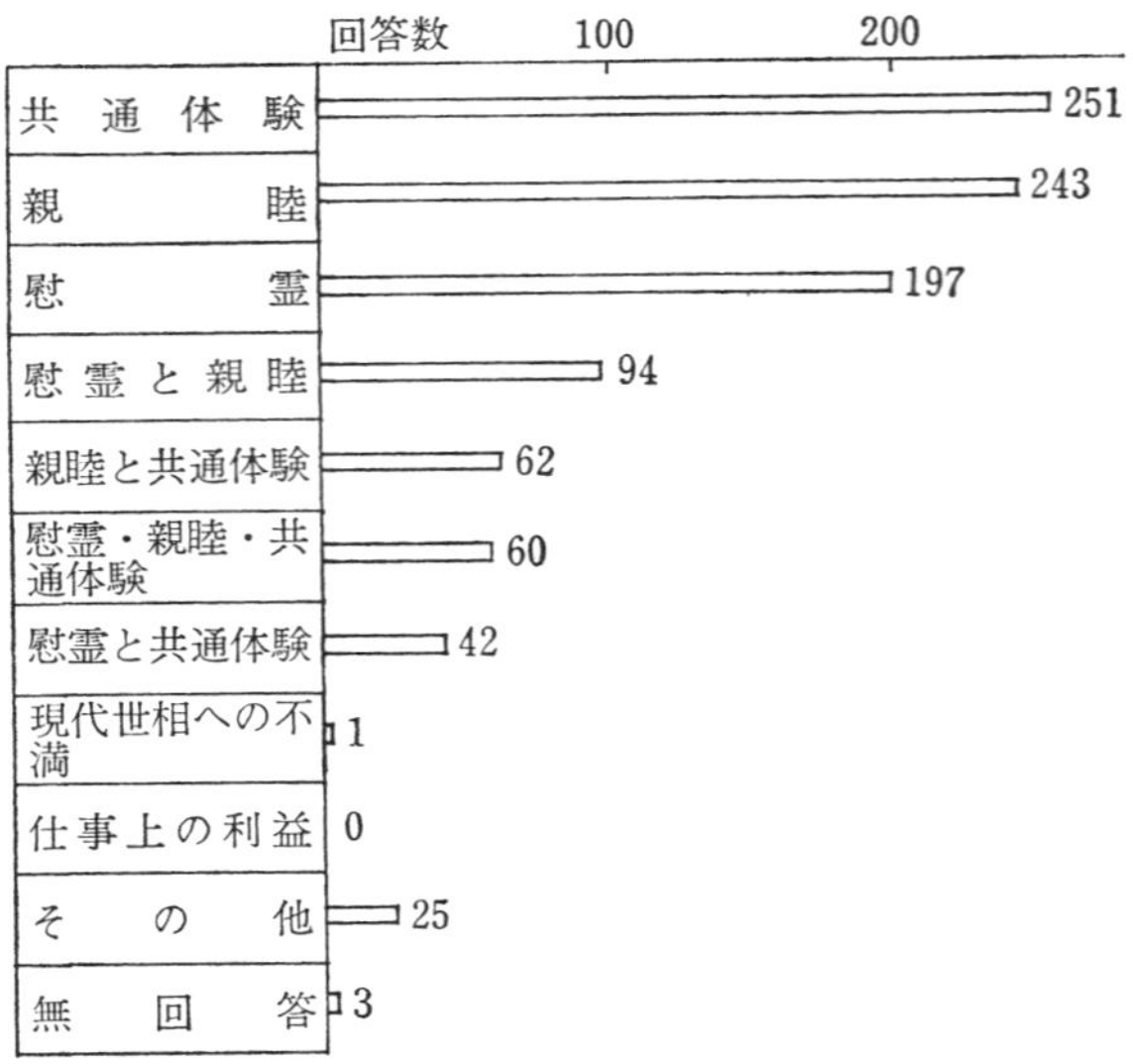

戦友会で求められている互いのきずなも、慰霊と親睦が主な要因となっていて、これに加えてかつての共通体験が重要である（表4）。慰霊が死者との親睦であるとみなすと、かつての共通体験をもとにした現在でのきずな、すなわち死んだものも生き残ったものもともにつながる、ということを戦友たちは求めていると解釈できる。

過去の共通体験をともにする集まりが戦友会であるといっても、そこでは、かつての軍隊の組織を思いださせる官僚主義的でかたいタテの人間関係は避けられている。戦友会での戦友たちのつながりは、いわばタテに対してヨコの仲間意識によるものであり、実際に戦友会では軍隊での上下の人間関係を復活させることは求められない。多くの戦友会が将校、下士官、兵からなる集まりであるのに、階級呼称をつかったり、軍服や軍帽を着用することは少ない（表5・2—3）。旧制高校の寮歌祭で弊衣破帽の老人たちが

表5-1　戦友会の階級構成

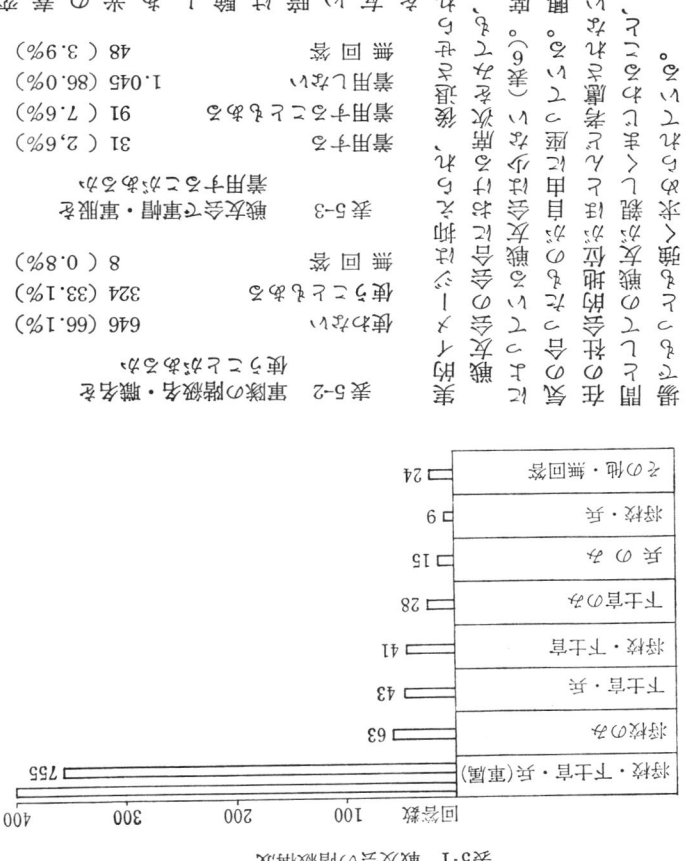

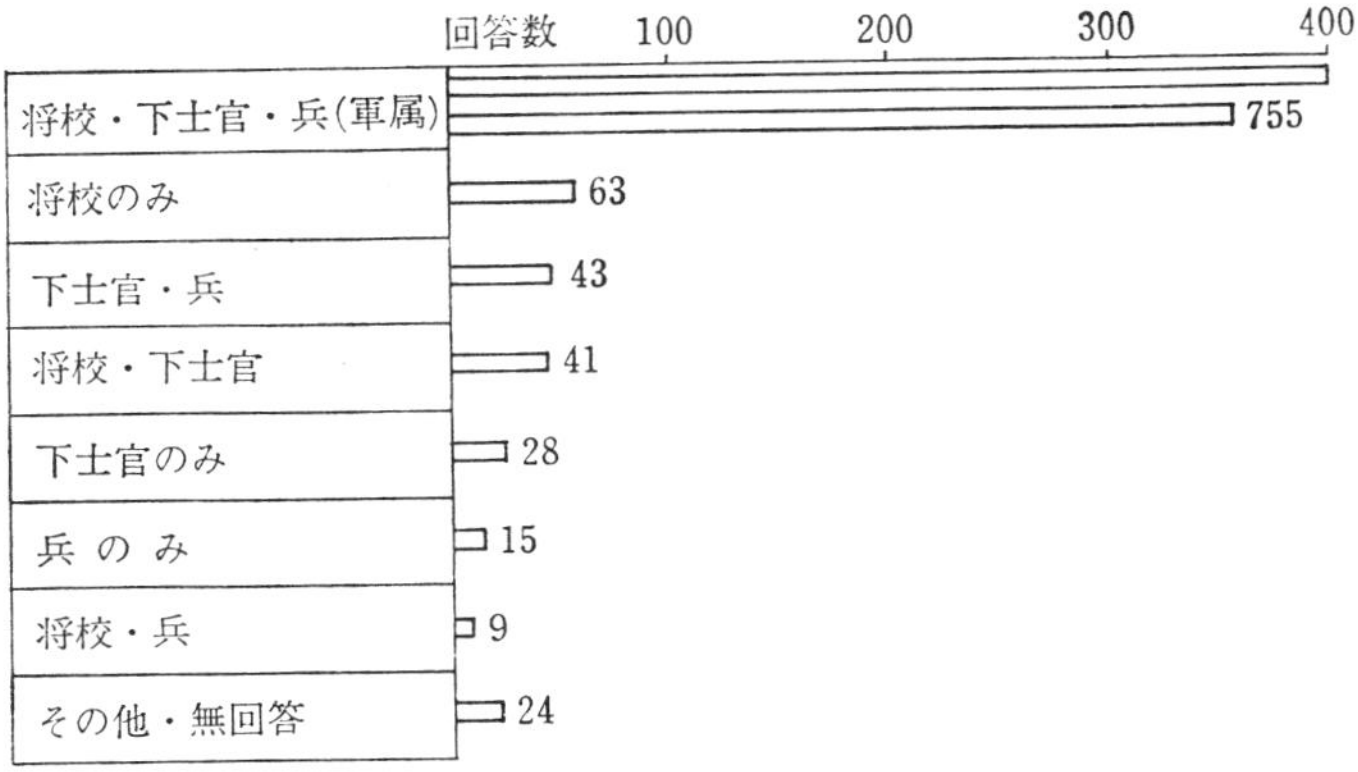

表5-2　軍隊の階級名・職名を使うことがあるか

使わない	646 (66.1%)
使うこともある	324 (33.1%)
無回答	8 (0.8%)

表5-3　戦友会で軍帽・軍服を着用するこがあるか

着用する	31 (2,6%)
着用することもある	91 (7.6%)
着用しない	1.045 (86.0%)
無回答	48 (3.9%)

蛮声をはりあげ青春、を復活してその雰囲気にひたる光景とは対照的である。戦友会で懐しまれる青春の体験は、戦後社会では容認されえない暗い側面をもっているのである。戦友たちの青春に影をおとす軍隊の現実的イメージは抑えられ、後退させられている。

戦友会の会合における席次をみても、軍隊の階級序列によっている戦友会は少ない（表6）。席順は考慮されず、気の合ったものが自由に座っている。興味深いのは、現在の社会的地位がほとんど考慮されないことである。仲間としての戦友が親しくまじわること、これが戦友会の場でもっとも強く求められている。

表6　会合の席順

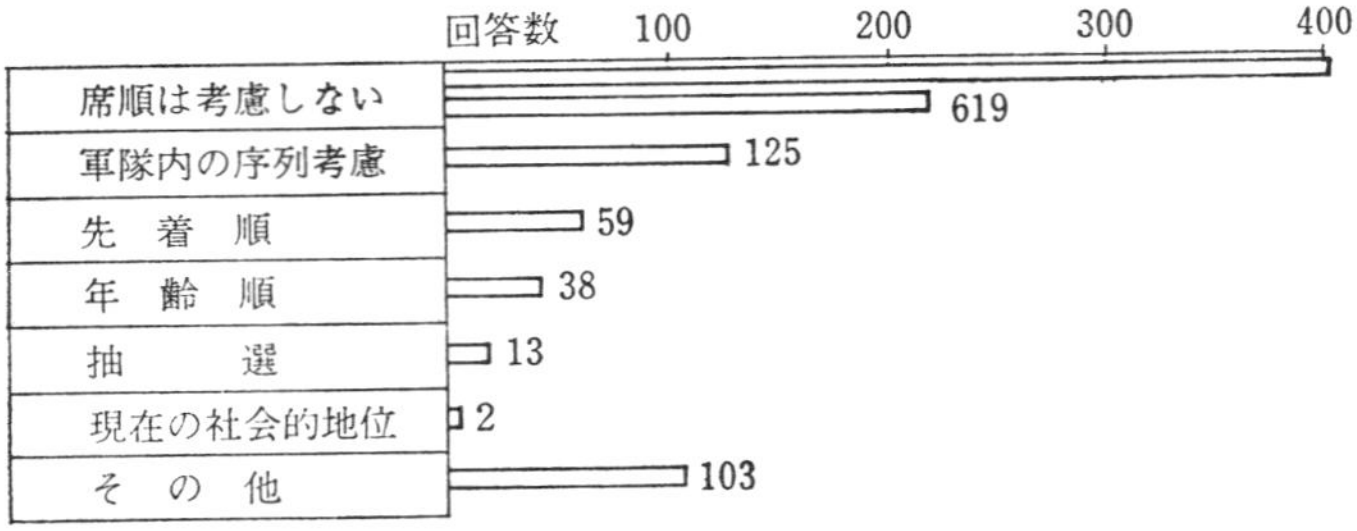

戦後的現実からの隔離

軍隊のイメージが抑えられ、仲間との親睦が強調されてはいるが、集まった戦友が語りあうことはやはり戦争のことである（表7）。戦争について語るといっても、大東亜戦争とは何であったかとか、日本の軍隊はどうであったかという話題は少ない。生き残った戦友仲間と死んだ戦友について多くが語られる。戦友たちのつながりの基盤となっているかれらの「戦闘体験」が語られるのである。戦争に関連する話題が多く語られても、実際の戦闘遂行に関連する話題は避けられている。

同時に、もう一つ興味深いことは、仕事の話や現代の世相についての話題も多くは語られないのである。過去であれ現在であれ、現実的な利害や判断を含む話題は好まれてはいない。

戦友会で話されることは、懐旧談と、さしさわりのない健康や家族の話題に限られている。たしかに、親睦を大きな目的とする戦友会にはさしさわりのない会話がふさわしい。論争になりそうな話題や、戦友会の陽気でにぎやかな雰囲気をこわしそうな話題は、巧妙に避けられている。

しかしながら、戦友会の会合における話題の選択を消極的回避とみてよいのであろうか。むしろ、積極的に選択されているのだとみるべきである。この選択にこそ戦友会が成立するための契機がかくされていると考えるのが妥当である。すなわち、戦後生活の現実を、同時に、戦争体験のうちの闘争という現実的側面を、戦友会の場にもちこまないことが、戦友会が成立するための要件となっているのである。

表7　会合での話題

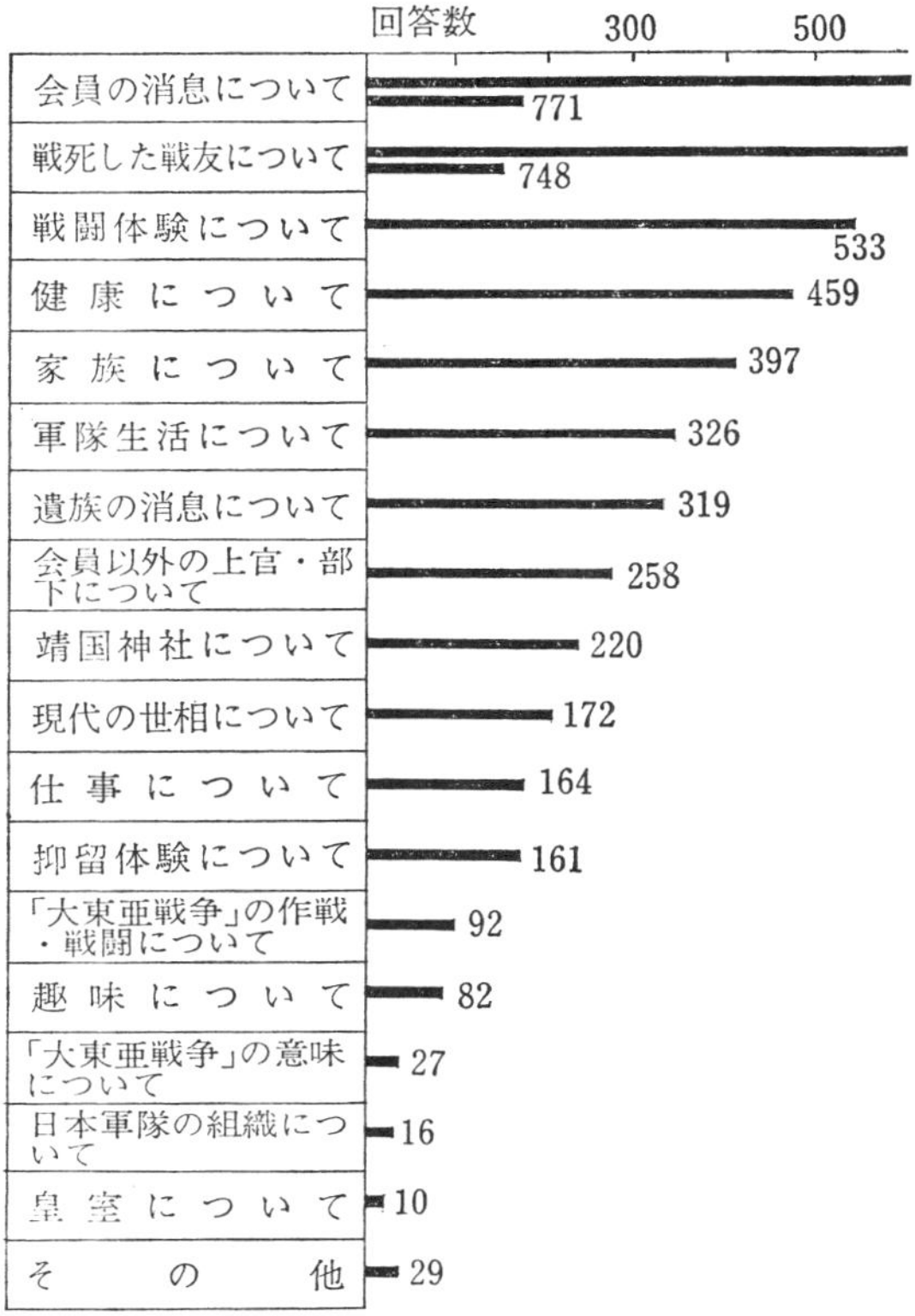

それでは、積極的に選ばれた場としての戦友会に、戦友たちはどのようにかかわっているのだろうか。次に、戦後社会のなかに否応なしに生きながら、かれらの体験を戦友会のなかにどのように発見しようとするかを考えてゆこう。

戦友会の魅力は、

表8　戦友会の魅力

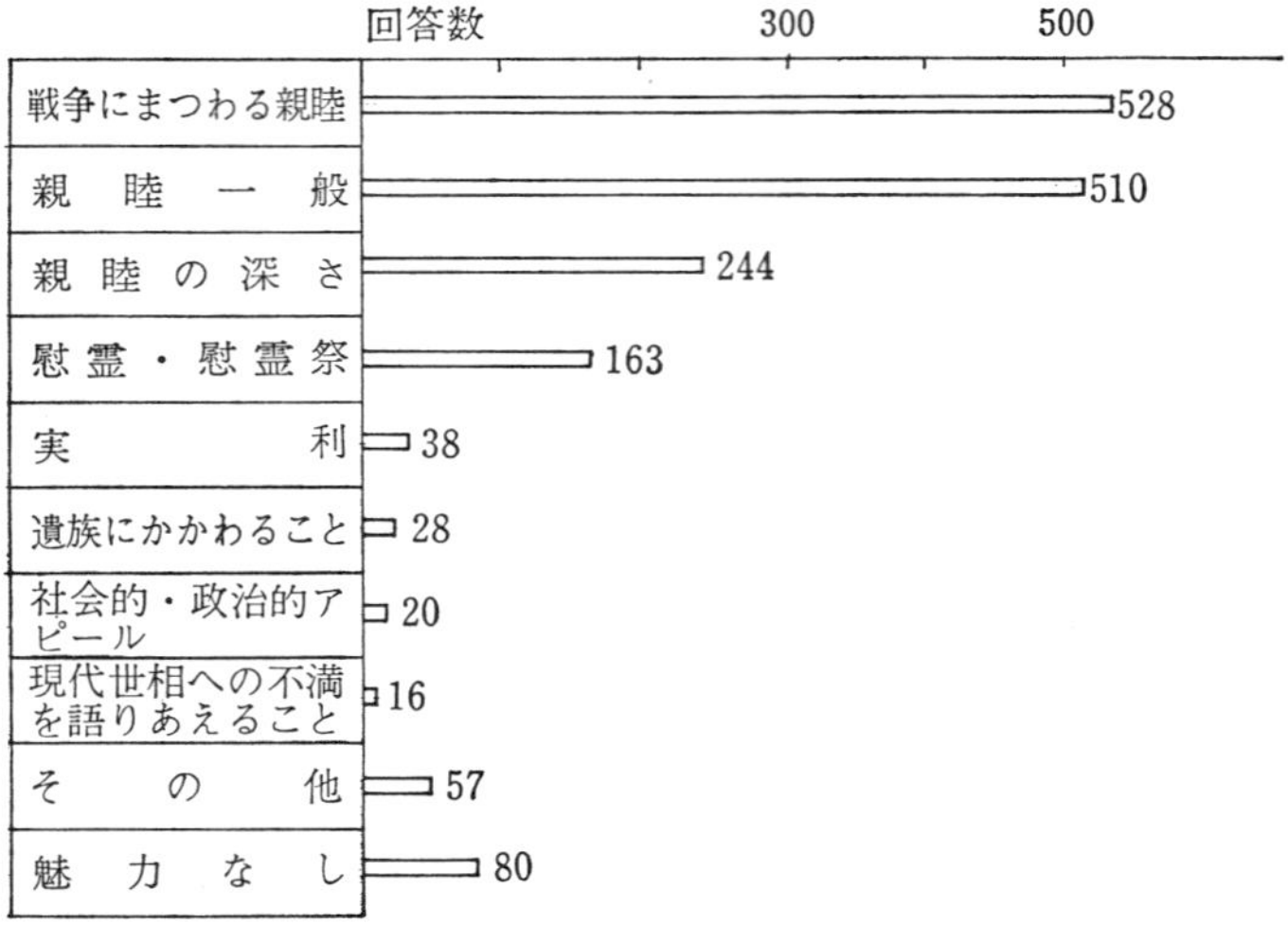

なんといっても親睦にある（表8）。「戦争にまつわる親睦」とは、戦争での共通体験をもとにした親睦のことである。とくに、戦友たちのあいだに生ずる親睦の深さは魅力あるものである。なんらかの現実的な目標達成よりも、親睦に対する反応の強さが目立っている。他の社会的部分では求め難いものを戦友会に求めているのであろう。

親睦は、かれらの仲間のあいだでだけ強く保持してゆくものであって、対外的には不活発なものである。たとえば、八月一五日の終戦記念日は、戦争の体験者にとっては重要な日であると想像できるのであるが、八月一五日になにか記念碑的な活動をしようとするものは少ない（表9）。なにかをするにしても、黙禱をするとか戦地や戦友を思い出すとかであって、あくまで個人の内面的な世界にとどまり、社会的に活発な行動へは結びつかない。

表9　毎年8月15日に行うこと

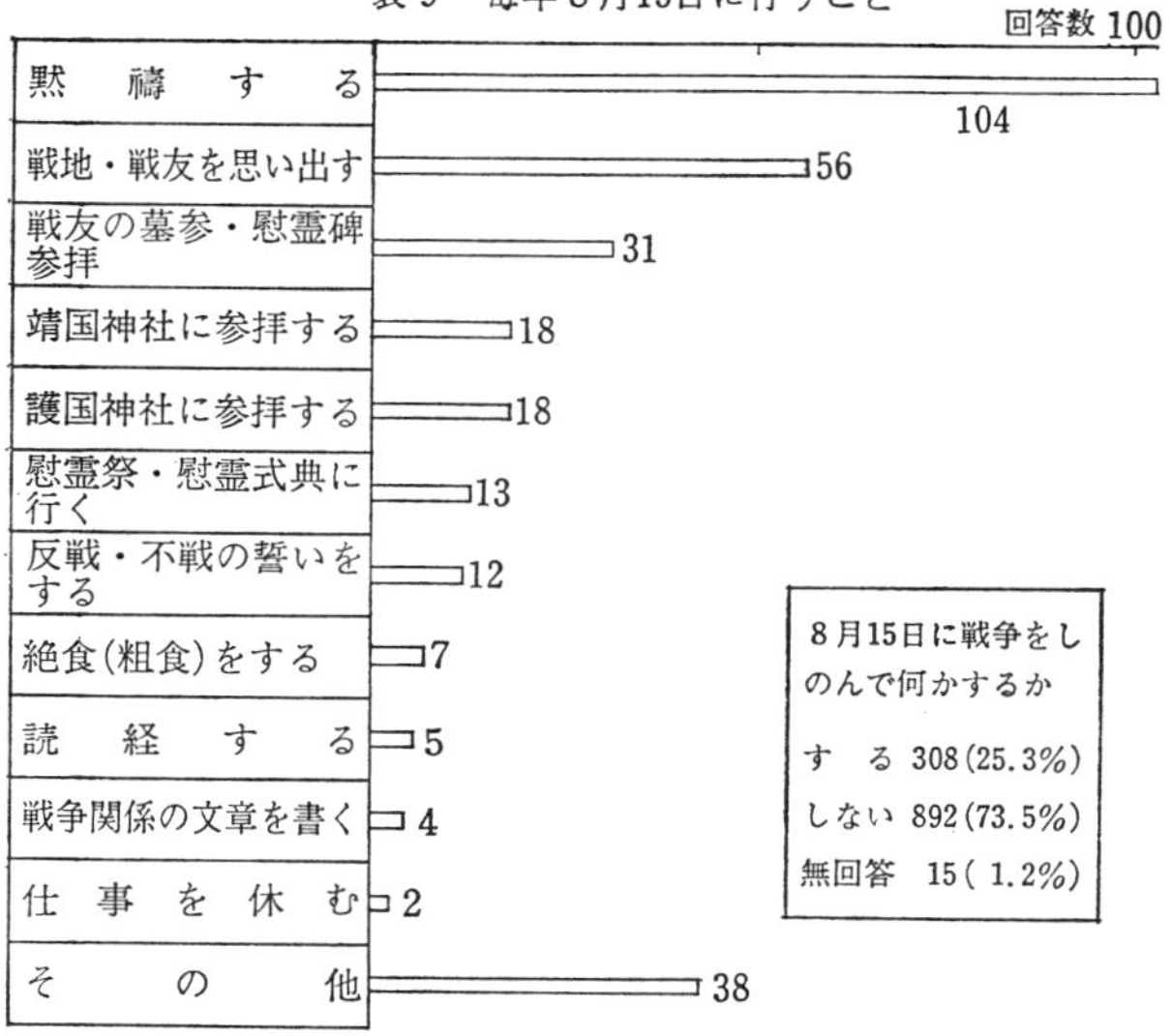

八月一五日に、国家と国家のあいだの戦争は終った。たしかに社会的な変化も大きかった。しかし、個々の戦争体験は生きつづけている。しかし、この体験は戦後においてなんらの社会的意味をも与えられず、いわばそれぞれの戦争体験者の心のなかに放りだされてしまった。八月一五日に対する反応に、体験を個人の世界にとどめようとする動きが読みとれるであろう。

戦後日本の社会に対しても否定的な反応がみられる（表10）。また、戦後の生活についても、「充実していたが何かわりきれない」という、現在の生活を無条件では肯定しがたいなにものかをもっている（表11）。戦争の体験者たちは、非常に個人的な心情の次元において、戦後に対して批判的であり、戦争体験をもつものとして戦後社会のなかでみずからを特別な存在と見る傾向にある。

表10　日本のよさが戦後失われたと思うか

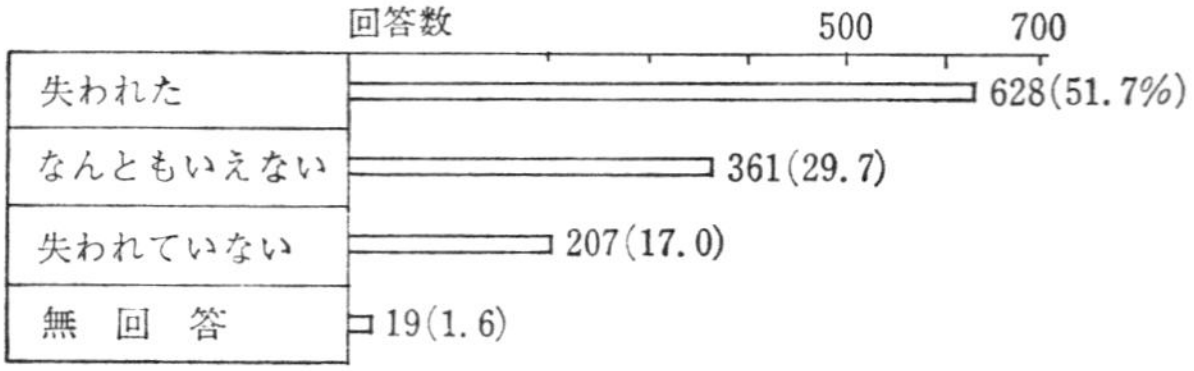

表11　戦後の生活は？

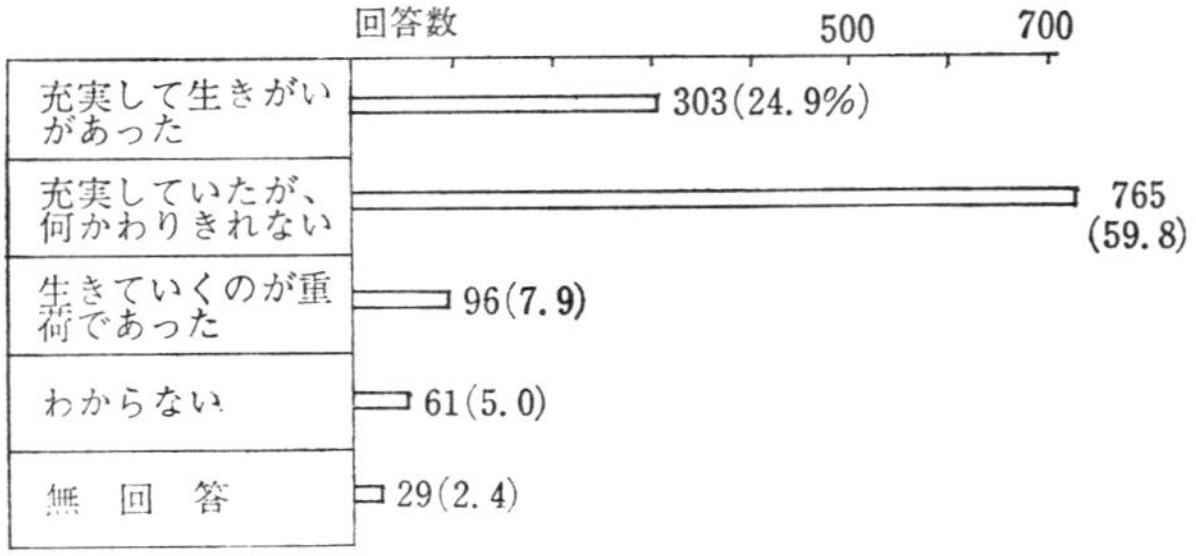

それでは戦友たちにとって価値あると考えられるものはなにか、に対する反応をみると、戦後に対する批判的態度の内容がさらによく理解できる（表12）。「人間としての徳目」は、戦後の日本が失ったものであるし、「人間関係」という回答も同様である。「家族」も、戦後の日本で失われたものである。回答数の少ないものに、「戦後の民主主義」「もの」、そして注目すべきことに「靖国神社」がある。戦後の繁栄する日本に対して批判的な態度をあらわすのと同じ程度に、靖国神社への消極的な反応があらわれているのである。反応の程度からみるかぎり、靖国神

表12　最も大切なもの

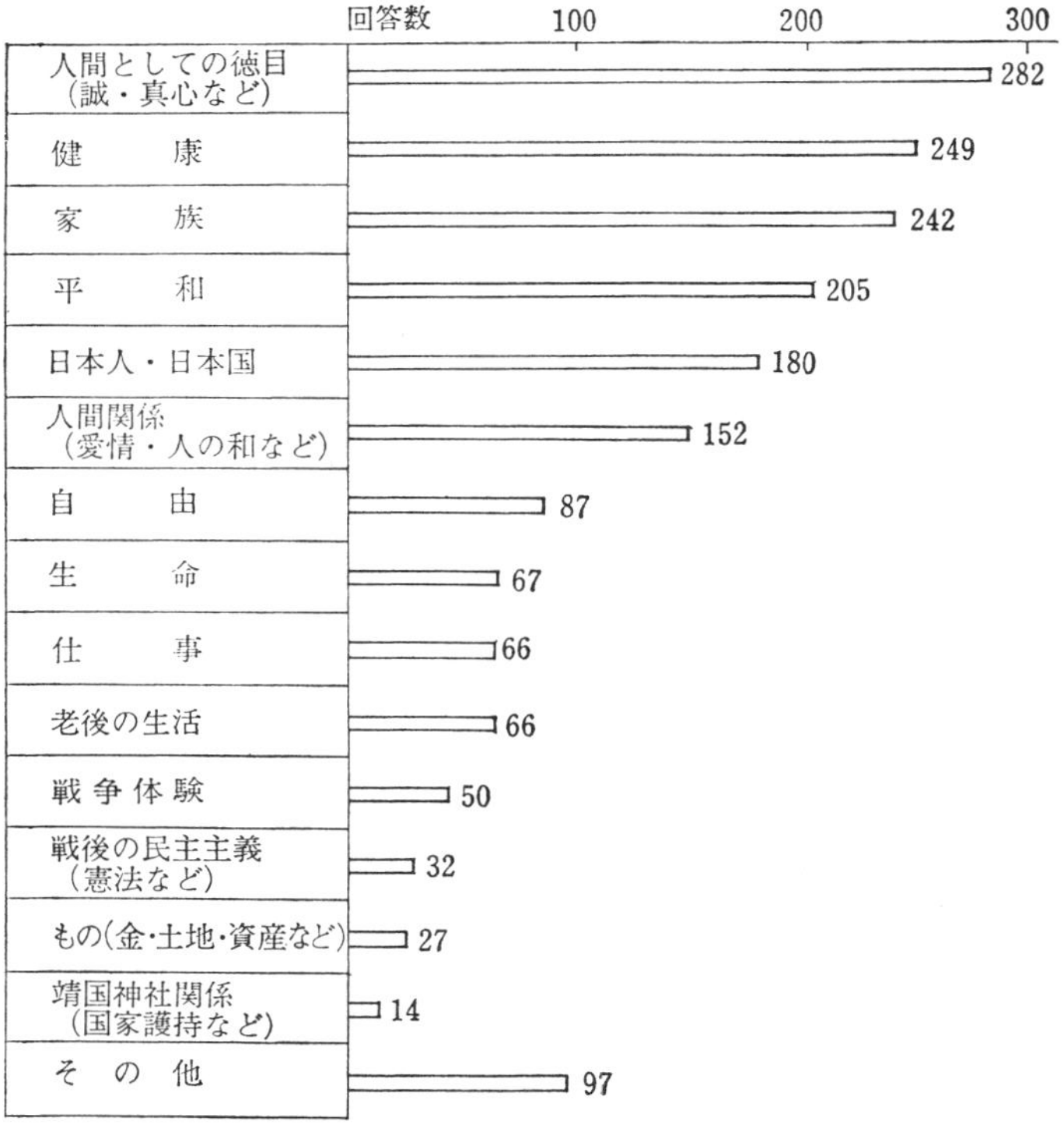

社はすぐれて戦後的な問題であり、こうした反応は、戦後に対して、一歩距離をおいた批判的な態度の一部を構成するかもしれない。

戦後における日本復興のための戦争世代の人びとのもう一つの闘いは、かなりの成果をおさめた。平和は維持されてきたし、戦前には考えることもできなかった繁栄を獲得した。かれらはこの繁栄を肯定はしているのであるが、戦後日本のあり方を全面的に歓迎しているわけではない。昭和四〇年代と五〇年代は「よい時代」なのではあるが、「日本のよさ」は失われているのであり、心のうちには「なにかわりきれないもの」がつきまとっているのである。

おそらく断絶の意識が強いのであろう。繁栄する戦後の日本がすべてなのではなく、それ以前に大きな犠牲があったことを戦争の体験者たちは知っている。かれらの体験を若い世代と伝えたい気持があるはずである。しかし、若い世代には理解されないであろうと考えていたり、また、体験を伝える意志はないとしてみずからを閉ざしている（表13）。かれらは特別な体験をもって戦後を生きているのであって、戦後の平和と繁栄を享受する人びと（おそらくかれら自身の日常も含めて）とは一線を画するものがあるのだろう。

戦争の体験者たちが「戦友」になりうるのは、戦後日本の現実を断ち切ってかつての戦争の仲間と一体となり、日常生活の場では語りえない体験を安心して話しあえる場、すなわち戦友会においてなのである。

非日常のやすらぎの時間

「戦友」であることを確認するためには、自分たちの世界を現在の日本社会の一画につくりださねばならない。その世界は日常の世界ではなく、神をまつるための世界となる。戦死した戦友は、生き残っている戦友たちがまつる神であり、戦友会は神まつりの儀式、すなわち慰霊祭とともに始まる。

戦友会に集まる人々は、戦友会で慰霊祭をするべきであり、することが望ましいと考えている。戦友会の目的として慰霊と親睦があげられることからも、慰霊祭は不可欠である（表14）。しかしながら、戦

表13　戦争体験を伝える

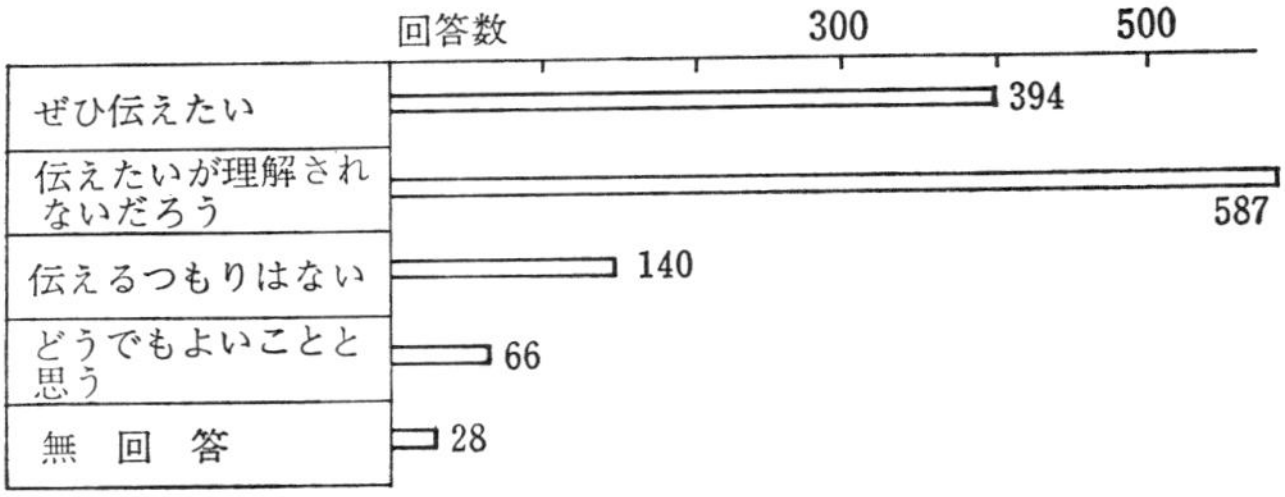

表14　戦友会での慰霊行事

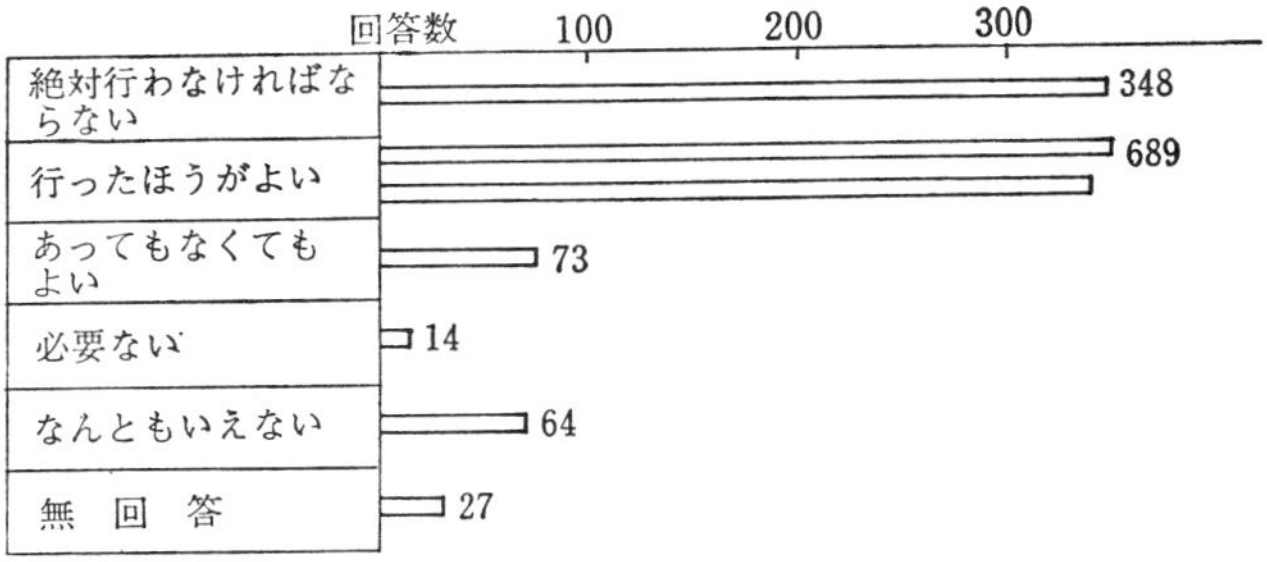

かれらは慰霊行事そのものを最終の目的としているのではない。個々の戦友は仲間との親睦を求めてやってくるのである。戦友会に来れば仲間に会えるし、仲間だけに通ずる話ができる。そこでは、生き残った仲間とだけでなく、死んだ戦友とも対話ができるのである。慰霊は、戦死した仲間との親睦なのである。

　戦友会では、現実につながることが否定されている。慰霊行事でさえも、組織的に募金をして慰霊碑建立のための基金を強いたりしては、会員のあいだに抵抗を生ずる。あくまで戦友たちの意志によらねばならない*。すなわち、慰霊とは戦死した仲間と生き残った戦友との心の交信なのである。その交信の場を慰霊碑という目に見えるものによって象徴化することには意味がある。しかし、他の戦友会も設立しているからといって、戦友会の仲間を動員して、慰霊碑の建立競争をすることは避けられるべきなのである。

＊ 本書I・溝部明男「戦友会の一日――〔空母燕鵬戦友会〕再訪」参照。

親睦はいくら重ねられても、現実になにものをも生みだしはしない。あの世との親睦の交信という慰霊によって、戦友会の人々が現実世界から離脱し、親睦が独自の世界で成立し強化されてゆくなら、戦友会は、たとえ黙禱という形式であっても、慰霊行事でもって始められるべきである。慰霊と親睦は不可分のものである。仲間と飲みかわすための口実という程度の慰霊こそは、戦友会が現実世界からもっとも遠いところで成立するためにふさわしいのかもしれない。

戦友会では、親睦の基礎となる過去のつながりが強調される。しかし、この過去のつながりも、現実からの離脱という脈絡から、過去ではなく現在における戦友会にふさわしいものだけが復活させられている。たとえば、軍隊の組織がすべて復活させられるのではなくて、官僚主義的な組織的緊張を強いる側面は抑えられ、軍隊生活の共同体的側面が戦友にとって懐しみうるものとして再生される。

再生される体験は、軍隊生活と戦闘体験なのである。多くの戦友会の出席者は厳しい戦闘体験をもっていて、この体験がかれらの仲間意識の基盤となっているのだが、戦争の過酷な側面をあまり語ろうとしない。威勢のよい手柄話が語られることも少ない。運よく死からまぬがれた体験がよく語られる。戦友たちが同等に直面していた死が、奇妙な平等主義的連帯感をつくりだしている。戦友会の仲間たちの親睦は、死と隣りあわせであった非日常的な体験から生れるのである。この非日常性からも、戦友会は現実から切り離された場を必要とする。

戦後における成功の自慢話も、戦友会ではタブーである。戦友会に出席するには、現在を忘れて昔の仲間にならなければならない。席順を決めるのに現在の社会的地位はほとんど考慮されていないことを思い出してもらいたい。戦友たちは、戦後の民主主義的価値や靖国神社に関する問題だけでなく、金や仕事という現実的な問題すべてに否定的反応を示す。政治的あるいは経済的に現実社会に働きかけるよりも、おだやかな平和な生活、日常的な平穏無事ということに価値をおいているようである。そして、この価値の世界に生きながら、戦友会にかかわろうとする。すなわち、人々を否応なしに動員してゆこうとする現実社会に抗して、かつての戦友と裸の仲間として心をゆるしあえる場として戦友会を求めているのである。

戦友会における戦友たちは、血を流して戦った過去の戦争の現実的側面にふれたがらないと同時に、心をけずって闘った戦後の復興のための戦争にもふれようとしない。人を歯車の一つにかえてしまって、命をすりへらさせたり、あるいは競争でもって神経に緊張を強いる、かたくて抑圧的な構造への組織化を、戦友会は避けようとする。現実原則に裏づけられた組織は、戦争に勝つため、あるいはより大きい利潤を求めて、緊張を強いて仲間としての安らぎをゆるさないものなのである。

とくに現在の日本社会では、効率のための組織化が社会のあらゆる側面に浸透していて、緊張から解放された心のゆるせる仲間との場を見出しにくい。これに対し、かつての軍隊での生活は死に直面していて、運命を共にしていたという体験が目に見えぬ共同体をなしていた。絶対的な服従を要求し、緊張を強いた軍隊組織のなかで、実は運命共同体がつくられていたのである。軍隊が現実でなくなった戦後にあっては、このかつての運命共同体は、もっとも安心してつきあえる裸の仲間の場とみなされ、現在の日本社会で親睦をもっとも強調しうる場として復活される。

戦友仲間としての親睦は、厳密には、隣りあって敵の攻撃にさらされ、生死を共にしたものの間にだけあるべきだろう。典型的にはかつての小さな部隊を中心につくられた戦友会であって、戦死したものも生き残ったものも、互いに知り合った仲間であったという戦友会である。* しかし、共通体験は、実際に肩を並べて戦ったとか、一緒に山野をさまよったとかいう狭いものに限られてはいない。あの過酷な戦争のどこかで、たとえ離れていて直接の面識がなくとも、一緒に戦っていたということで十分である。顔は知らなくとも、同じ中隊に属していたとか、時期は異っても同じ艦船に乗り組んだという経験は、共に戦ったという意識を十分に具体化し、仲間であることの確認となる。

* 本書Ⅲ・伊藤公雄「戦中派世代と戦友会」参照。

このように、戦友会は、現在の日本においてこそ成立するのであり、戦友たちは自分たちの場を社会の一画に一時的にせよ確保して、現実から離脱した非日常的状況のなかに、かれらが安心できる親睦の場を見出そうとするのである。

三　風化してゆく世界で

前節では、戦友会が社会全体のなかで占めている位置を論じたが、ここでは、戦友会の内部に論点をうつしてゆく。すなわち、戦友会に出席して、戦友たちであることをどのように認めあい、つまり「仲間」の発見」がいかにしておこなわれ、次に、互いに確認しあった仲間が、さらに融合してゆく様子が論じられる。そして実は、戦友会のこの内部構造が、【二】で論じられた、社会全体に対して戦友会がもっている特性と、密接に関連していることが示されるだろう。

戦友会の場は、慰霊祭によってつくりだされる。生き残っている戦友が再会するだけでなく、戦死した戦友とも再会する。このときに戦友会が始まる。

慰霊の儀式が執り行なわれ、まず戦死者をこの世によびもどす。戦死者は神としてこの世に帰ってきて戦友会にのぞむ。神である戦友は、生き残って戦友会に出席している人々を結びつけて仲間とする。

離ればなれに暮しているかつての戦友たちは、戦友会にやってきて、現実の日本社会から訣別する。訣別して戦友の結びつきのなかへ入ってゆく。異なる仕事をもち、社会的地位に差があり、経済的に違いがあっても、かつての軍隊仲間にもどってゆく。かれらは、戦後に身につけたすべてを捨ててはじめて、戦友会の場につける。

戦友会には、中核をなしている熱心な会員がいる。仲間としての会員のリーダーであって、会長や世話役という運営の事務的役割を担い、会員への連絡や会合の準備に献身している。かれらはその熱心さゆえに戦友会の中核部を形成していて、この中核部に参画するのに、かつての軍隊の階級であるとか、現在の社会的地位とかは条件とされない。熱心さゆえに、いわば戦友会の司祭となっている。

戦友会の司祭たちは、かつての戦友たちを仲間としてまとめてゆくために、かなりのリーダーシップをもっている。いつ会合を開き、どこの神社あるいは寺で慰霊行事をおこない、またどこで宴会をもつかを決定し運営してゆく。しかし、かれらはけっして統卒者ではなく、あくまで世話役であり仲間の一人である。現実社会の組織であれば、目標の設定と遂行のために人的物質的資源を調達し命令を下す権限がリーダーに与えられて、メンバーに服従と忠誠を要求することができる。しかし戦友会においては、司祭たちはリーダーとしての権限をかなり制限されている。

司祭たちは仲間のあいだの忠誠だけを調達し、それを戦死した戦友に向ける。これが慰霊である。このとき、戦友会の出席者は仲間として一体化する。互いが仲間であることを発見する。

戦友たちの一体化は、宴会とともにさらに深まる。司祭たちは仲介者としての役目を終え、一人の戦友にもどる。戦死した戦友たちは仲間のあいだに帰ってきて、戦後社会のなかで疎遠である生き残りの戦友たちを強く結びつける。

司祭たちが会合の表面から姿を消し、戦友であることを確認した出席者は融合して、仲間としての一体感は最高潮に達する。この融合こそ最高の慰霊であり、戦友会の場にある戦友たちが求める深い親睦である。戦友たちは酔い、歌い、語る。現実社会のすべてから脱却し、戦友会の場こそが宇宙となる。といって、宴会の喧噪が戦友会の唯一の特徴というわけではない。あくまで仲間としての一体感の一つのあらわれであって、静かに酒を酌み交し語りあう戦友会もある。

ある戦友会で、喧噪のなかで一人静かに酒を飲んでいるのを目撃したことがある。かれの戦友はすべて戦死し、生き残ったかれはゆくべき戦友会もなく、この見知らぬ戦友たちの会合にやってきて酒を飲んで帰ってゆくという。共に戦ったことのない戦友たちのなかに、亡き仲間を思い出して、死んだ戦友と心の交信をしているのであろう。

このように、一体化した仲間がつくりだす戦友会の場にあってはじめて、戦死した戦友の魂は慰められることができる。

戦友会の場の外では、たとえ故郷の家であれ、権威ある神社であれ、死んだ仲間を十分に慰霊する

表15　何のために戦っていたか

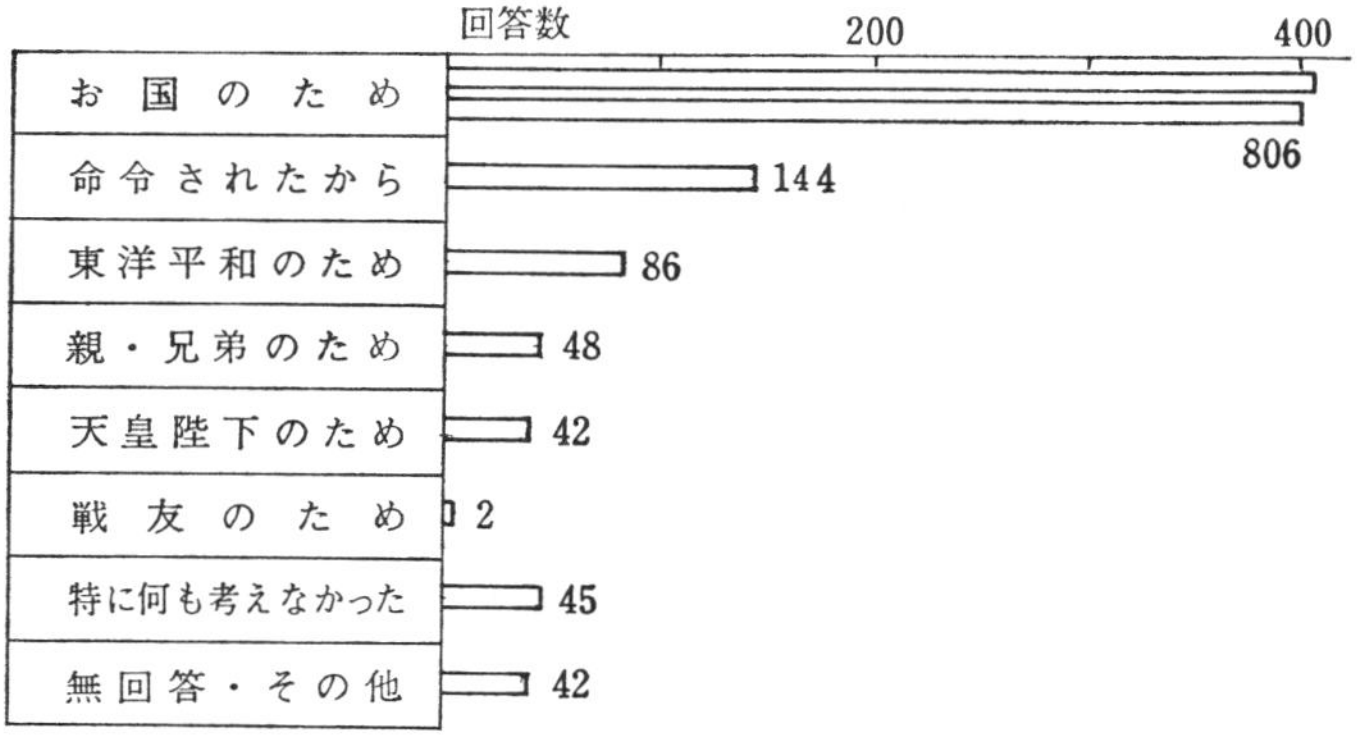

ことはできない。家での慰霊は個人の死に対するものでしかない。権威ある神社、たとえば靖国神社での慰霊は、国のために戦死した人々に対する慰霊であることに違いはないのであろうが。命を捧げた国家はすでになく、戦後社会はあの戦争に対して否定的で、戦死者に対して無関心である。特別な死である戦死をまつることができるのは、戦争体験を共感しうる自分たちであり、共感の場である戦友会においてだけなのである。

死者の慰霊と同時に、戦死者の魂を象徴として、生き残った戦友たちはみずからの青春の鎮魂もおこなう。かれらの青春は、国のために戦い、国のために死ぬことであった（表15）。そして多くの犠牲を払ったのだが、戦後の日本はその犠牲を正当に評価していない。かつての戦友たちの青春の情熱に対しては軍国主義の烙印がおされ、命をかけた戦いは価値のないもの、いや、懺悔すべきものとなってしまった。たおれた戦友とともに、かつての情熱は葬られてしまったのである。

戦後は、戦友たちの青春を評価しないだけではない。戦後の復興が「戦友世代」の力なしではなしえなかったのに、現在の繁栄は戦争と同時に戦後の苦労をも忘れてしまった。社会の第一線から退いてゆくものの労苦をむくいる場は、現在の社会には用意されていない。経済発展の合理主義的世界には、戦友たちの戦後の生活を意味づける場がない。戦争に費された青春の意味づけを戦後社会が放棄したと同様に、戦友たちの戦後の闘いも、豊かさを当然とする社会では十分に認められない。かくして、戦友会は、二つの戦いを体験した「戦友世代」の心の安らぎの場となる。

戦友たちが仲間としての心の安らぎの場を得るためには、特別の組織化が必要とされる。現実の社会と同じ組織構造であってはならない。戦友会の組織化は、人々を細切れに分断して機能的目的のために効率的に人的配置をおこなう社会に対抗するようになされなければならない。戦後の繁栄をもたらした日常的な社会で支配的な組織化をおこなえば、戦友たちは親しい仲間になれず、不運にも死んでしまった戦友の供養はできないのである。

かれらは、日常的な世界から脱して戦友会に集まり、戦後社会の現実的な流れに抗してその社会の一隅に仲間の世界を確保しようとする。と同時に、現実からの離脱は、戦争の現実的側面からの離脱にも及んで、共に戦った仲間という一体化が生ずるのである。

戦友会に対する外側からの、すなわち、かれら自身もその一員である戦後の社会からのイメージ形成も、戦友との一体化を助けている。戦友会へゆくことは、単に戦死した戦友や戦争に費した青春を懐しむためではなく、戦後社会がタブーとした軍国主義となんらかのうさんくさい関係をもつためである、というマイナス・イメージをともなう。事実、戦友会に集まる人たちは保守的であり、政党支持をみても保守党に偏っている(表16)。このような人々がマイナス・イメージを承知で集まり、マイナス・イメージで戦友たちを束縛しようとする戦後の日常社会から離脱すれば、戦友会の場は、単なる懐古趣味的な老人の会合であるはずはない。

しかし私は、なにも戦友たちが軍国主義的イデオロギーの復活を目ざしていると主張しようとしているのではない。意識されたイデオロギーの次元においてではなく、無意識的な次元において、戦友たちは戦後社会の抑圧的側面に対抗しているのではないだろうか。

われわれ戦後に住むものは、戦後の日本が追求し築きあげてきた、平和で豊かな社会をあまりにも自明のこととし、この前提の裏にひそむものを見ようとしなかったのではないだろうか。平和で豊かなことが悪であると言おうとしているのではない。われわれが享受している現在の平和と豊かさの裏には、多くの戦争の犠牲があり、また、戦後の試練があった。つまり、われわれの前提とはあいいれることのない、あからさまな闘争の世界があった。戦友たちは、戦中と戦後の二つの戦争を戦った「戦士」であった。そして、その「戦士」たちの過去は、かれらだけの集まりである戦友会においてしか評価されないのが、現在の日本社会の現状である。平和で豊かな社会の寛容が、実は、人びとの一体化を許そうとしない抑圧的側面をひそかにもっていることを、戦友たちが仲間を求めて集まる戦友会は警告しているとも解釈できる。

戦友たち自身は、けっして警告を発しているとは意識していない。かれらの共通体験でさえ、日常の現実生活では薄れようとしてゆき、戦友会に集まって死んだ仲間を思い出さねば風化してゆく世界である。にもかかわらず、年を

表16 支持政党

自民党	724	(59.6%)
民社党	131	(10.8%)
社会党	79	(6.5%)
新自由ク	19	(1.6%)
公明党	15	(1.2%)
共産党	15	(1.2%)
社民連	4	(0.3%)
その他	6	(0.5%)
支持政党なし	200	(16.5%)
無回答	22	(1.8%)

経た戦友たちは、現実の社会で満たされない想いを、風化してゆく世界の仲間に求めて集まる。これはもう、戦後社会に対する批判的運動の一つであるといえるであろう。

四　「結衆」の方向

これまでは、社会全体に対する戦友会の特性と、戦友会そのものの内部構造の特性をみてきたのであるが、ここでは、戦友会という集まりそのものがどこにむかってすすんでゆくか、を考えてゆく。それが「〈結衆〉*」の方向」の意味である。

* 桜井徳太郎「結衆の原点」、鶴見和子・市井三郎編『思想の冒険』（筑摩書房、一九七四年）参照。

まず、戦友会に集まるということが運動としての性格をそなえている、ということを考える。運動という以上、時代の流れをリードするなり、あるいはその流れに対抗するなり、戦友会が特別の方向性をもっていなければならない。「勧請されざる神」という小節の題は、戦友会という運動が時代に対抗している運動であることを示している。もちろん、すでに明らかなように、戦友会が時代をリードする運動ではありえない。また、「勧請されざる神」というアナロジーを用いたこともわかるように、戦友会は宗教運動としても解釈できる。戦友会は、戦後社会において「異端の神」をまつる運動なのである。その意味で、歴史の転換点における「異端の神」をまつる運動をいくつか見て、その運動への人々の集まり方の構造を「講」的組織化としてとらえ、戦友会の解釈を試みる。

運動としての戦友会

戦友会は一つの運動である。おだやかではあるが、現代日本にとっては批判的な意味をもちうる運動である。戦友たちは、現在の日本社会のなかでかれらの体験を意味づけることができず、それゆえ、閉鎖的で、仲間の一体感をもとにした、上下のタテ関係を否認する平等主義的な、そして、けっして具体的な目標をもって社会に働きかけようとはしない親睦のための集まりをつくり、かれら自身の体験と戦死した仲間の鎮魂の場としている。

戦友たちは、かれらの集まりが戦後日本に対する批判的運動になっているとは思いもしないであろう。しかしながら、かれらが求めている仲間の関係は、かれら自身も気づいているように、戦後の日本が失ってしまったものであり、戦友たちがそのような関係を求めて集まってくることが、そのまま、現代日本がかかえている社会的危機に対する意図せざる批判となっている。

戦後の復興とそれにつづく繁栄は、経済成長と発展の合理主義によってささえられてきた。それは、人間をいかに効率よく配置し使うかというイデオロギーである。明治以来のスローガンであった「富国強兵」の「強兵」は敗戦によって否定された。「富国」のみが、いや、「富」だけが、戦後のイデオロギーとして承認された。

明治以来ひきつづき求められてきた、国に対する道徳的献身は、経済的合理主義のイデオロギーによって価値のないもの、むしろ有害なものと断罪されてしまった。かつての富国のイデオロギーに含まれていた国への献身は切り捨てられ、いわばモラルのない富の追求のみが戦後の日本に生き残った。

戦後の世界は変ってしまった。富の追求は物質的な満足を評価するが、必ずしも精神的な満足を評価するわけではない。富の追求が精神的欲求を満足させるためには、宗教的あるいは道徳的な価値によって富が裏うちされていなければならないのである。* 戦前においては、明治以来の国家イデオロギーが、そのよしあしは別として、富を道徳的に裏づけていた。つまり、個人的な営為と全体としての日本とを結びつける道徳的世界観が確立されていた。人々はそれぞれの場において、自分のしていることの意味を知っていた。

＊ 営為と道徳の関係については、マックス・ウェバー『プロティスタンティズムの倫理と資本主義の精神』(梶山力・大塚久雄訳、岩波文庫上・下) 参照。

この点を戦後の日本は失っていて、人々が日々の緊張に耐え、何のためにその営為をつづけているのかを方向づける明確な指針は見出しにくい。

「国を守る」とか「親兄弟のために」というスローガンは、手あかにまみれた薄よごれた言葉にはちがいないが、かつては人が何をなすべきかということを納得させる実体をもっていた。もちろん、「八紘一宇」とか「国体の危機」とかいう全体主義的動員のために、人々の道徳的観念は利用されて、戦争遂行のための偏った官僚主義的合理主義の構造のなかに組みこまれていったのが現実であった。しかしながら、一致して究極の目標にむかっているのだという一体感には疑うべき余地はなかった。もっとも、疑いをもつことは許されなかったのではあるが。

誤解のないように付け加えるが、ここで問題にしているのは、戦友たちが盲目的無批判的に戦争に加担したのだとか、あるいは現在の政治的イデオロギーの次元で右傾している、ということを論ずることではない。戦友会が占める社会的領域はいかなるものであるかを問うことが課題なのであって、そのために、戦前・戦後を通じて戦友たちがまきこまれてきた社会状況を考慮に入れ、現在、戦友たちがどのような場として戦友会を位置づけようとしているかを探ろうとしているのである。

たしかに外から見るかぎり、戦友会は奇妙な集まりであり、イデオロギー的うさんくささは目につきやすい。中年や老年の人々が、時代錯誤的な軍隊的雰囲気を楽しんでいるようであり、何をしようとしているのか不可解である。おそらく、時代錯誤だ、保守反動だといって、無視してもよい存在であろう。しかし無視してしまわずに、戦後社会の、また現在の日本の常識によった判断が本当に正しいのかを省みて、かえって現在の常識とされるものが柔軟性を欠いてしまっているかもしれないのだという反省の緒としてもよいであろう。

戦友会を異常であると判断する根拠には、民主主義や平和主義に疑問をさしはさむことを許さない戦後の価値の世界がある。この価値観はいわば通俗道徳になっていて、反対するものを異端視する。戦友会に集まる戦友たちも、日常生活においては、おそらくこの通俗道徳に反抗する人々ではないはずである。ただ戦友会に集まる時だけ、世間に誤解を生ずることを恐れずに「軍隊」を復活するのである。

すでに述べたように、戦友会で復活される軍隊は、仲間との一体化という側面である。人と人との親しい交わりは、通俗化された戦後啓蒙主義の価値観よりも、さらには戦後啓蒙主義が力をかした民主主義的産業主義よりも、高い価値がおかれている。しかも、一体感は分断され、満たされることはない。

不満という個人的次元のエネルギーは、個人的世界にとどまっているかぎり、日常的な他の鬱憤といっしょに、知らずしらずのうちに解消させられてしまう。しかし、分散していた不満がより集まって、たがいに仲間を発見し、不満を確認して実体をもつと、どこかへむかって突出しようとして運動となる。個人的であったあいまいな形の不満が、社会の一画に集団として独立した存在となり、不満は社会的な実在となる。

戦友たちは、戦友会にやってきて仲間を見つけ、自分たちの存在がどのようなものであったかを発見する。「おれたちは、あのように戦った。戦いのなかにはかけがえのない仲間がいたし、仲間を結びつけていた崇高な目的があった」――戦友会へ行けば、現代の日本で抑圧している自分を遠慮なくだせる仲間がいるし、自分たちが何者であったかがわかりあえる戦友がいる。そして、なによりも、このような自己確認は戦後の日本では許されてこなかったし、今後も誰も理解してくれそうにない体験なのである。

異端の神まつり

運動としての戦友会を象徴するのが、戦死した戦友たちである。戦死した戦友たちは、それぞれ故郷に帰ってまつられてはいるが、あくまで個人として、あるいは家のなかでまつられているだけであって、戦後社会においては社会的に正当な慰霊をうけてこなかった。靖国神社にまつられてはいるが、靖国神社そのものが、死んだ戦友の「忠魂」をまつる場としてふさわしいかは、社会全体からみて疑問であろう。国に命を捧げて靖国神社にまつられることは、戦後社会では意味のないことになっている。戦後の日本では、靖国神社は戦前にそうであったような特別の神社ではない。靖国神社に対する国民のコンセンサスは存在しないし、むしろ政治的イデオロギーをめぐる論争の道具となっている。このような靖国神社にまつられたところで、戦死した戦友の魂は慰められるはずがない。

戦後日本で社会的にふさわしい慰霊をうけることができない魂をまつることは、異端の神をまつることになる。異端の神をまつるためには、戦後社会が正当と認める神まつりのおよばない場、すなわち戦友会が必要である。戦後社会がまつってきたのは、自由と平等の戦後啓蒙主義の神であり、個人的欲求の解放があらゆる価値をこえて重要なものとされてきた。むろん、日常生活のなかでは戦友たちにとっても重要な価値なのだが、この戦後の「神」はかつて「国のため」に死んだ戦友の魂をかえりみることをしない。そこで、かれらは日常をこえた場での神まつりをすることになる。

たしかに、個人的欲求の解放は社会全体の繁栄に直結し、戦後の復興と成長をささえて、現在では疑う余地のない価値観として定着している。しかし、この価値観は、定着するにしたがって、新たな軋轢を生じさせているのではないだろうか。戦前の抑圧的な社会状況はなくなりはしたが、個人の解放によって献身すべき対象は分散して、個々の営為の意味づけは稀薄になってしまった。ただより大きな利潤と物質的繁栄のために社会全体が組織化され、より高い効率化に適合している官僚主義的合理化が否応なしに個人を動員してゆく。豊かであることには大きな価値があるが、献身すべき理念のない豊かさは不安定に陥りやすい。このような状況のなかで、戦友たちは、何のためにここまでやってきたかを問い直しているのである。

この問い直しは、異端の神をまつる戦友会の場でのみ可能である。仲間と一緒になって、自分たちの異質性を確認しなければ、現在の社会状況を問い直せない戦後社会の神まつりの外に出なければ、仲間はみつからないのである。

異端の神をまつるには、人々の異質な結びつきがなければならない。仲間を抑圧して動員しようとする現実的な組織には、異端の神は降りようとはしない。戦友会の「司祭」たちは、戦友たちを官僚

表17　会合の開催地は

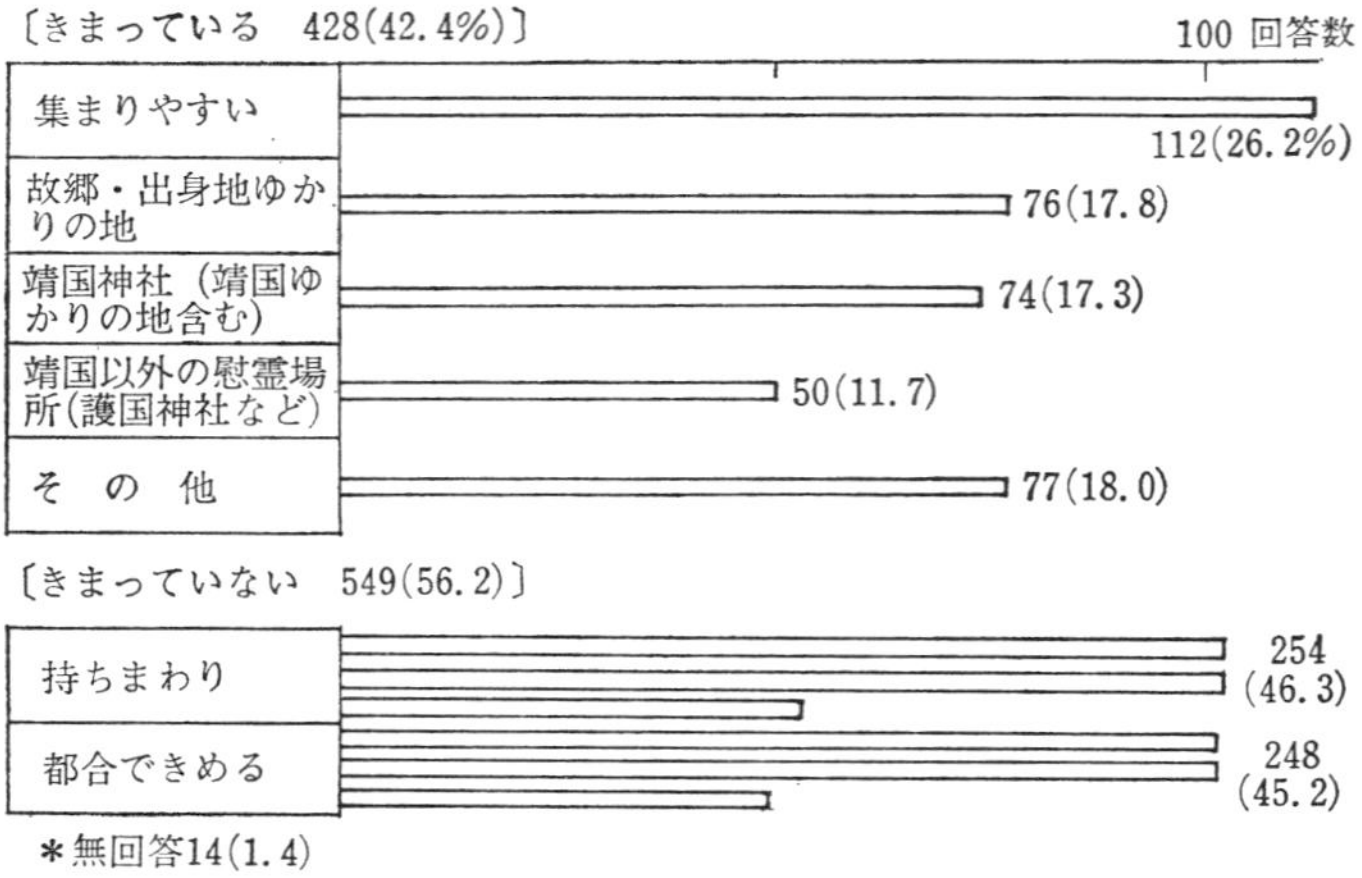

主義的組織の一員であるかのように支配してはいけない。あくまで戦死者の魂へ戦友たちを案内する「先達」である。さらに、かつての軍隊での階級や、戦後の社会的地位は、戦友会での仲間の交わりを危うくするものである。戦友会は、過去と現在の二つの現実社会がもつ組織化の構造と異なる形式をもって、仲間のつながりを成立させなければならない。

異端の神をまつるとき、戦友たちは日常社会のきずなを断ちきってくる。戦友会のひらかれる場所へむかって、家を離れ、旅をしてやってくる。戦友会のひらかれる場所は、必ずしも定まっているわけではない（表17）。場所がきまっていて、「靖国神社でおこなう」という明確な回答もあるが、「集まりやすい」という回答にみられるように、便宜的であいまいな根拠によるものが多い。ここでなければならぬという理由づけが、現在の日本にはみられないといってよい。

場所がきまってない、というこの反応は象徴的である。会合ごとに場所を移して戦友会をひらいてゆく。定まらずに流れてゆくのである。異端の神には、まつられるべき場所とする明確な基準はないということなのである。聖地は常に確保されていない。戦友たちは、集まるたびに、仲間の力で聖地をつくりださねばならないのである。

戦友会の始まりにおこなわれる慰霊祭は、戦友たちを日常世界から切り離し、かれらを仲間にして聖なる場をつくりだす。神道であれ、仏教であれ、あるいは黙禱であれ、慰霊は神をよびよせ、人々を仲間としての戦友とする。

戦友たちのあいだに降りてきた「異端の神」は、けっして命令しない。戦前の神のように、死地へ赴けとはいわないし、戦後の神のように利益を追い求めよともいわない。ただ、戦友たちが集まることだけを歓ぶのである。

勧請されざる神

人々を上下の身分に分かち、それぞれに割りあてられた献身を要求する神は、目標達成のために人人を効率よく組織して働かせはするが、しかし、人と人とのつながりには緊張を強いる。上位のものは下位のものに従属を要求し、同じ身分のものの間には競争が生じる。

たとえば、日本にはかつて「座」という組織があった。* 現在もつづいている。座の神々は村を律し、生産のために効率的な組織を形成してきた。土地を保有し、多くの人間を使い、村において政治的経済的に大きな力を握っていた人々は、村の神まつりの中心となって、座とよばれる特権的な地位を独占してきた。従属的な地位にあった一般の村人は、座のなかに参加できる場をもたず、したがって、村の祭祀には正式メンバーとして神まつりに参加することを許されなかった。

この宗教行事に象徴された地位の格差は、そのまま村のなかの政治的経済的な力の差であった。一般の村人は、共同体のあらゆる面において周辺的な地位に甘んじ、神にむかって直接に祝うことはできず、座に場を占める力ある人びとを通してのみ神まつりが許された。神はけっして一般の村人に直接に語りかけはせず、それゆえ、村人の全面的救済は「座の神」から与えられることはなかった。

＊ 宮座の研究は多いが最近のものからとくに高橋統一『宮座の構造と変化』（未来社、一九七八年）を参照。

閉鎖的な座が一般の村人に開放されてゆく運動は、当然のこととして起った。「平座化」とよばれるこの運動は、まず座のメンバーをふやすことから始まり、ついには村人のすべてが座のなかに場を占めうるようになった。救済は広げられたのである。＊ しかしながら、この神は、本来人々を支配する神である。座のメンバーの資格が広げられても、メンバーのあいだには必ず序列化がおこなわれており、また必ずメンバーからはずされ、直接の救済にあずからぬ人々がいた。

救済がすべての人々に平等に普遍的に与えられるためには、座の神まつりが及ばない場を確保して、この場に新しい神をまつり、そして神と直接にコミュニケーションをしなければならなかった。そこで、「座の神」による序列化を排し、人々は自分たちの神の前に平等につながった。この新しい神は、既成の座を守る人々にとっては異端の神となった。

この状況をうまく物語ってくれる神の一つに、浄土真宗がある。＊＊ 浄土真宗はその成立期に、念仏を唱えるものにはだれに対しても弥陀は直接に答えるものであるとし、中世封建制の枠をこえて、あるときには中世封建制の枠を破壊して、普遍的な救済を与えた。人々は身分の枠をこえて「講」に集まり、救済を求めた。既成仏教や村の神々は、人々を分断し序列を与えて支配しようとしたのに、弥陀は念仏を唱えるものに差をつけず、「御同胞」として救済した。「講」の結衆は、普遍的救済のまえに、自分たちを平等主義的に結合した。

* 救済の普遍化については、ロバート・ベラ「宗教の進化」(河合秀和訳『社会変革と宗教倫理』未来社、一九七二年）参照。

** 笠原一男『一向一揆』(評論社、一九七〇年）参照。

新興宗教といわれる民衆的宗教にも、成立期の浄土真宗が担った役割、すなわち、現世の桎梏からの解放という役割は、ひろく一般的にみられる。

たとえば、幕末期における天理教は、その形成期にあって、異端的様相を強くもっていた。支配構造の上部（高山）と結びついた他の既成宗教を否定し、みんなが平等（いちれつ）に、下部にしいたげられたものの苦悩(谷)をともにして、苦しみをのりこえてゆくところに救済があると説いた。* 頽廃し混乱した既成社会の神々のほかにも人々を救済する神が存在していることを示し、その神と直接に対面することで、信者のあいだに平等に与えられる救済の存在することを教えた。

* 中山みき「おふでさき」、村上重良・安丸良夫編『民衆宗教の思想』(岩波日本思想大系67、一九七一年)。

知識の世界についても、このアナロジーは用いてよいであろう。蘭学は、いわば近代西洋合理主義という新しい神の導入であったといえる。それまでの正統的知識であった朱子学は、人々を身分によって弁別し、政治的支配をささえていた。この朱子学にとって、蘭学は異端の知識であった。しかし、蘭学の合理主義的世界は、とくに身分の低い若者にとって、伝統的な神である朱子学を打破するのに十分な力をもつ魅力的なものであった。そして異端の神のつねとして、蘭学を修得するための身分的制約はなかった。緒方洪庵の適塾において、蘭学の修得の程度、すなわち新しい神への接近の程度だけが塾生の評価基準であったということは、非常に象徴的である。*

* 福沢諭吉『福翁自伝』(平凡社)五四—五五ページ、ヅーフ部屋のエピソード。

新しい神の導入と、この導入をささえる人々の組織化とは、互いに不可欠の運動となってあらわれる。新しい神をまつるには、既成の神をまつる集団がもたないような組織化の構造が必要なのである。むしろ、人々は新しい神を求めるのではなく、人々をつなぐ新しい構造を求めて集まるかのようである。そして、この新しい構造は、既成の神まつりに対しての新しさであり、既成の社会構造が人々を抑圧して支配することに対抗しようとするものなのである。「講」的な集まりは、対抗的なという意味において、新しい神まつりにふさわしい構造をもって人々を集めるのである。

もちろん、講的な集まりは、いつでも支配のための集団に転化してゆく。*新しい神が力を得て異端でなくなり、新しい神は新たな主人となって自らの勢力を保持してゆこうとする。たとえば、浄土真宗の本願寺教団が成立し体制化して、ダイナミックな対抗力を失ったとき、講は新たに一般の村人を支配する組織に変った。村落共同体を分割支配していた荘園制にかわって、分断されていた共同体を一つのまとまりとして支配する惣村のシステムが成立してきたとき、浄土真宗の与える救済を求める組織は、村の支配のためのイデオロギーにうまく合致するものとなった。

* 桜井徳太郎『講集団成立過程の研究』(吉川弘文館、一九六二年)を参照。

既成化した神は、常により広い救済を求める運動によって揺り動かされる。講の神も例外ではない。共同体の周辺的な位置にある人々は、直接的な救済を求めて、自分たち自身でまつることのできる神をもとうとしてきた。

家のなかで従属を強いられた女たちは、女だけの救済を求めて女人講をつくった。また、女たちの間で従属的な地位に甘んじていた嫁たちは、ヨメ講をつくって嫁たちの世界を保持した。引退した男たちは、たとえば庚申講に集まったし、成人前の若者は八日講をつくった[*]。共同体のなかで、性や年齢によって下位の集合をつくり、政治的経済的支配の構造に対抗して、いわば横断的構造をもって講を組織し、一元的な支配の構造にくさびをうちこんできたのである。

* さまざまな講の種類と機能については、前掲書（桜井『講集団成立過程の研究』）を参照。

伊勢参りなどの代参講も、共同体の外にある遠くの神に参るという意味で、非常に対抗的である。村のなかの身分的格差は代参する人を選択する基準とはなりえず、代参講に参加している人たちのまわりもちであったり、くじによって決められてきた。人々の序列が講のなかにもちこまれることは拒まれ、村の神とは異なる神をまつるための組織化がおこなわれているのである。物見遊山の旅は、村の規制から離れた自由の旅なのである。

講的組織化がもっている対抗的側面をあらわす現象は、すでに意識されなくなっているもののなかにも見出すことができる。相互扶助的組織としか見えない頼母子講も、「講」の性格を示す。講のメンバーは平等主義的にむすびつき、まわりもち、あるいはくじによって頼母子をおとす。何に対して相互扶助的組織を作っているかというと、富をもつものに対して、つまり経済的優位にあるものに対して、少なくしか富をもたないものが集まって、一人では融通できない金を自由にしようというのである。仲間が集まって、偏在している支配者の金に対抗しているのである。

最後に、無礼講について考えておこう。無礼講は、序列が無視あれ、細かくきめられた作法が破られ、当然のこととして存在すべき秩序のない状態である。日常のルールが破られた非日常的状態である。人々は規律からはなれて上下の隔てを消滅させ、互いの壁をとりはらって融合する。このような講にこそ、講組織がもつ社会的意味、すなわち、人々を序列にわけて分断し支配しようとする力に対抗して、平等主義的な仲間のあいだの結びつきを強調しようとする意味を読みとるべきであろう。

新しい異端の神をまつって「講」的なつながりを求める運動は、まず既成の古い神との袂別を必要とする。この袂別の仕組みは、巡礼によってうまく説明できる。巡礼は、村を支配する神に別れを告げて共同体の外へ出て、遠くの力ある神をまつりにゆく。村の神との別れによって魂はさまよい歩き、さまよう魂は見知らぬ魂とも一緒になって遠くの神をまつりにゆく。既成の神と新しい神とのあいだには、時間的空間的に、さらにはまったく異なる断絶した世界としての大きな隔りがあり、この隔りを魂は旅する。旅のあいだにさまよう魂はむすびつき、新しい神の前に平等になる。

旅に出るとき、人々は水盃をかわし、旅にあるあいだ陰膳がすえられる。村を離れた魂は死んでいるのである。死んでいなければ、旅にある魂は、既成の神が与える地位や身分をすてて、新しい神の前で「講」的結合はできない。新しい異端の神が強力に人々をひきつけ、既成の神を否定してしまえば、旅する魂は新しい神の世界に安住し、既成の神が支配する共同体へは帰ることができない。しかし、巡礼の神は、いくら強力で村の神と対抗していても、魂が再び旅をして元の共同体へ帰ってゆくことを許す。旅から帰った魂は、村のなかで再び生きかえる。旅が対抗する二つの神をつないで、人々が二つの神のあいだを行き来するとき、一度死んで再び生き返る。死と再生が二つの世界をつないでいるのである。*

* Victor Turner, 'Death and Dead in the Pilgrimage Process' in Frank E. Raynolds & Earle H. Waugh (eds.) *Religious Encounters with Death* (The Pennsylvania State Univ Press, 1977).

「講」と「巡礼」のエピソードは、戦友会のなかに含まれている。戦友たちは、戦後社会ではまつることのできない神をまつるために戦友会に集まる。戦死した戦友たちの魂は、戦後の社会がけっして勧請しない異端の神である。この神は、「講」的に組織されている閉ざされた戦友会においてだけ、現在の日本社会のなかではまつることができる。戦友たちは、戦前戦後をとわず、人を選別し、序列を与え、効率的な動員を要求する人間関係を拒否する。そして、神（死んだ戦友）とともに語り、食べ、飲み、人と人との直接的つながりを求める。

このように、戦友たちのあいだのつながりが、現代日本においていくら強くて貴重なものであっても、かれらのつながりは過去に依拠していて、新しい仲間が増えて未来にむかって広がってゆくことはない。むしろ孤立し、衰えてゆく集まりである。戦友会への集まり方そのものは、「講」的組織化に内在する結衆の方向をとってはいるが、たとえ対抗的な力をひめていても、圧倒的な戦後社会の神の前には微弱な力しかもたない。とても戦後社会の神にとってかわるだけの力はない。そして、この力の限界は、戦友たちの世代としての運命であるといえる。

戦友たち自身も、かれらの集まりの弱さはわかっているであろう。けっして永続的な力を獲得して、日常的な世界に組みこめるものではないはずである。それゆえ、常に戦友会の仲間をつくっているのではなく、一年に一度の会合をもち、戦後社会を支配する神から逃れてやってくるのである。戦友たちは日本のあちこちから旅をして、戦友会の場へ集まってくるのである。あるものは実際に長い旅をしてくるし、他のものは心の旅をして、日常の世界から離脱してやってくる。戦後社会の神に別れを告げて、戦友会の神へと旅をして集まってくるのである。

戦友たちは、なつかしい顔に会い、戦死した戦友の霊をなぐさめ、戦後社会が与えたあらゆる地位や身分のけがれをきよめて裸の仲間となって、ゆるされた一時をすごすのである。やがて時がたては、かれらは元の現実へと帰ってゆく。

「戦友会運動」の方向

最後にもう一度、戦友会にひそんでいる「講」的組織化の方向性について考えてみたい。戦友たちは、けっして戦後の社会に対して背をむけて日々を暮しているわけではない。戦後の現実は、かれらにとっても大前提である。しかし、なおかつ、その大前提に満足できないなにものかを、戦友会の場に求めているのである。

戦友たちは、なにかを獲得しようとしているのだろうか。答は否である。中年あるいは老年の戦争体験者が、ただ集まって、共に飲み、食べ、過去をなつかしんでいるだけである。積極的になにかを生みだそうという動きはみられない。さらに、これだけ多くの戦友会がありながら、全体として一元的に組織されているということもない。全国戦友会連合会に参加している戦友会は、三〇パーセントにも及んでいないのである*(表18)。それぞれが、互いに関係をもたずに、自分たちだけの集まりをもっているにすぎないのである。

＊ 全国戦友会連合会は靖国神社の国家護持を第一の目的としている。この連合会に参加しない戦友会が、このことを知って参加しないのなら、靖国神社に対する戦友会の態度をも含めて、戦友会の特性を語るうえで大きな意味がある。靖国神社と戦友会の関係については、本書Ⅳ・新田光子「慰霊と戦友会」参照。

表18　全国戦友会連合会への加盟

加わっている	661（67.6％）
加わっていない	279（28.5％）
無　回　答	38（ 3.9％）

戦友会の神は、それぞれの戦友会のなかでしか救済を与えず、したがって一つの戦友会の枠をこえて、より大きい連合をして救済の普遍化をめざそうとはしないのである。大きくなることで、仲間のつながりが支配の原理によって破壊されることを拒んでいるようである。逆に、内にむかってはより強くむすびつき、戦後社会がまつろうとはしない戦友の霊を、同時に自分たちの体験を、戦友会の場でまもってゆこうとするのである、戦友会は、戦後社会のあちこちに存在する、いわば漂う避難所なのであって、よりあつまって流れに逆って積極的になんらかの目標達成にむかうものではないのである。

戦友会でまつられる神は、戦後社会の神の圧倒的な力に流されそうになりながら、戦後の日本が忘れてしまったものを守ろうとしているのかもしれない。その意味で批判的であって、「講」的運動としての戦友会は、戦後社会において十分な意味をもつ。この運動にひそむ批判を、戦後社会に生きているものは読みとるべきであろう。

しかし、もし戦友会が現実に対して対抗的でなくなれば、すなわち、戦後社会が忘れたもののもう一つの側面である国家的動員が現実となって、戦友会が批判的な「講」的運動でなくなるなら、そのときわれわれは新たな警告を戦友会に読みとらなければならないであろう。

補説

「戦記もの」の四〇年と戦友会ほか

高橋三郎

ここでは、これまでの章で詳しく触れられなかった問題を二つほど補註的に補っておきたい。ひとつは戦友会と戦前・戦後の軍事関係諸団体との関係、もうひとつは「戦記もの」についてである。いずれも戦友会の歴史的背景を考える際の参考になるはずである。

一　戦友会と軍事関係諸団体

(1)

戦友会の性格についてはこれまで述べてきたことから明らかであるが、現実には戦友会が他の軍事関係諸団体と混同されることがしばしばある。「まえがき」で述べたように、われわれが戦友会という言葉を最広義に用いたのでよけいに誤解をまねいたきらいもある。

「戦友」という言葉は、日本では二つの意味に用いられてきたように思われる。ひとつは普通の意味での戦友、つまり同じ部隊や艦艇で一緒に戦った仲間という意味である。もうひとつは、これは陸軍における特殊な使われ方であるが、内務班で起居する隣り合わせの初年兵と二年兵の「ペア」という意味である。特殊な使われ方といったが、英語の「戦友」(Comrade) の語源はギリシャの槍兵軍の前列と後列のペアを意味しているから、日本だけの使われ方でないともいえよう。

だがこうした「戦友」という言葉がいつから使われだしたかになると明らかでない。「ここは御国を何百里……」で始まる有名な『戦友』という唱歌が発表されたのが日露戦争後の明治三九年（一九〇六年)、帝国在郷軍人会の機関誌『戦友』が発刊されたのが明治四三年（一九一〇年）であるから、明治末期には「戦友」という言葉は定着していたようである。だが明治以降おびただしく刊行された戦場美談集、軍隊生活案内書、模範兵講習録、そして精神教育参考書などには、いずれにも「戦友」という文字はほとんどあらわれていない。その意味で「戦友」という言葉が一般化したのは日中戦争以降のことといえるかもしれない。

われわれの調査した「戦友会」にも、戦前から存在していると答えたものがいくつか含まれていたが、それらは陸士や海兵など軍学校の同期生会（軍学校においては在学中から同期生会がつくられるのが普通であった）とか、日中戦争初期の作戦に参加した人々によって帰還後に結成され、戦後にいたるまで存続してきた戦友会のいずれかである。したがって、戦前にできた戦友会と戦前の軍事関係諸団体とが混同されることはほとんどないであろう。戦前の軍事関係諸団体としてどのようなものがあったかは明らかではないが、たとえば『軍事年鑑』（軍人会館出版部編）昭和一八年版には公私軍事関係団体として九八あまりの団体があげられている。これらの団体は設立趣旨、目的、事業等からいって戦友会とはまったく性格を異にするものである。むしろ誤解が生じるとすれば、戦後の戦友会と戦後の旧陸海軍関係団体との関係であろう。

(2)

戦前の軍事関係諸団体は、戦後連合国総司令部の命令によってほとんどすべて解散させられた。だが一方で、旧軍人や遺家族援護、戦没者の慰霊と顕彰を主な目的とした団体が結成された。こうした団体の会員は戦友会の会員でもある場合が多いので、これらの団体と戦友会とはしばしば混同されている。

ここではそうした戦後の団体のうち、主要なものについて簡単にふれておく。

軍恩連盟　終戦後廃止された旧軍人・軍属の恩給権復活および処遇の改善をはかるために作られた団体で、昭和二七年各県単位で結成された。全国組織を軍恩連全国連合会という。戦友会の会員のかなりの部分が軍恩連盟に属している。

日本傷痍軍人会　傷痍軍人の援護を図るための組織として昭和二七年に結成された。その後、各県に都道府県傷痍軍人会（名称は一定しない）が作られている。戦友会会員の傷痍軍人はほとんどすべてこの団体に加入している。

日本郷友連盟　防衛思想の普及、民間防衛体制の育成および英霊の顕彰を目的として昭和三一年に結成された。都道府県・職域に支部をもつ。郷友連盟にたいする戦友会の態度は極端にわかれる。郷友連盟は最初、日本戦友団体連合会として出発したので、当然、戦友会会員で同時に郷友連盟の中核的メンバーである人もいる。しかし郷友連盟は明確な政治理念をもった団体であるので、政治性を嫌う戦友会あるいは戦友会会員は入会していない場合が多い。

偕行社・水交会　戦友会と最もメンバーが重なりあうのが偕行社・水交会である。偕行社は旧陸軍将校の、水交会は旧海軍将校の親睦団体である。種々の同期生会の情報センター的な役割をはたしているといえるであろう。偕行社や水交会に本部をおいている同期生会も多い。その意味ではわれわれのいう戦友会のなかに入らないこともない。

右にあげた団体以外にも旧軍関係の団体はあるが、戦友会との連関性はより一層弱いものである。いずれにせよこうした旧軍関係の団体は、そのメンバーが重なりあうことはあっても、戦友会とは目的・性格がまったく異なったものであることがわかるであろう。

第一次大戦後の欧米における帰還兵団体に対置されるのは、軍恩連盟、日本傷痍軍人会、郷友連盟などかもしれない。

二　戦友会と「戦記もの」

(1)

ここでは戦後刊行された戦記・手記——いわゆる「戦記もの」を、戦友会とのかかわりでとりあげることにする。「戦記もの」をとりあげる理由は、「戦記もの」のあり方と戦友会のあり方とが非常に類似したパターンを示すからにほかならない。もともと戦友会に集まるということと、「戦記もの」を書くということは、苛酷な体験を経て生き残った人々が、心の悶えをおろすために行うという点でまったく同じ機能を果しているのである。ただ戦記や手記を刊行するということには、文章を書く習慣や能力とともに、出版事情とか出版資金とかいう問題がからんでくるので、「戦記もの」の分析と戦友会の分析を安易に等置することはできないであろう。ただ「戦記もの」は出版年代がはっきりしているし特徴の分析もより安易なので、われわれの戦友会の調査ではとらえにくい時代的背景を説明するのに役立つであろう。また昭和五〇年代の「戦記もの」のように、戦友会の存在があってはじめて書くことが可能になったものも数多く存在することを考えれば、「戦記もの」の分析は、これまで戦友会について述べてきたことを補足あるいは補強することになるであろう。

ただ「戦記もの」の分析といっても、ここでは非常に大づかみなものになることをことわっておかなければならない。個々の戦記や手記の分析が目的ではなく、戦友会の成立発展の背景説明が目的だからである。

「戦記もの」と戦友会とを対比させてすぐ気づくことは、両者とも戦後一〇年目、二〇年目、三〇年目といった時点をそれぞれ節目として量的にも質的にも変化していることである。

われわれの調査からも戦友会の結成年次と会員の入会時期には五年ごとにやまがあることがわかっているが、同じようなパターンがそっくりそのまま「戦記もの」の出版にもみとめられる。「戦記もの」の出版点数については、正確な数値はないがやはり一〇年おきにやまが認められるのである。「戦記もの」が戦友会と異なる点といえば、昭和五〇年代に入っても「戦記もの」はその数を減少せず、むしろ増加の傾向にあることであろう。

「戦記もの」や戦友会が五年あるいは一〇年を節目としているのは、ある意味ではあたりまえのことかもしれない。一〇年ひとくぎりとか何十周年記念とかいう発想は、洋の東西をとわず、ごく自然なことだからである。ヨーロッパにおいても、第一次世界大戦の回顧録ブームがおきたのは、二〇年後と五〇年後であった。だから、「戦記もの」を分析する場合、五年ごとあるいは一〇年ごとの節目は、とりたてて強調するまでもないことかもしれない。しかし「戦記もの」を内容的にみたとき、昭和二〇年代、昭和三〇年代、昭和四〇年代、そして昭和五〇年代と、それぞれかなりはっきりした特徴を示していることは事実である。以下、各時期の「戦記もの」の特徴を簡単にみていきたい。

(2)

戦後の「戦記もの」を概観するときに最もよい手がかりになるのが刊行形態である。戦後の「戦記もの」は、多少とも知られた出版社によるものと、ほとんど知られていないような出版社から自費出版のようなかたちで刊行されたものと、はっきり二つの流れにわけることができるからである。そしてこの刊行形態のちがいは、単に書店店頭に並んだか並ばなかったか、その結果よく売れよく読まれたかどうかといったことだけのちがいではなく、「戦記もの」のありかたそのものを考えるうえでの大きな枠組となりうるものである。

かりに店頭にならんだ「戦記もの」をオモテの流れといい、ひそやかに自費出版される「戦記もの」をウラの流れといえば、オモテの流れはそれぞれの時期の社会風潮をより反映しやすく、またウラの流れは戦争体験者の心の奥底をより反映している場合が多いといえるであろう。「戦記もの」を考える場合には、この二つの流れをあわせとらえる必要がある。

(3)

まずオモテの流れをみてみよう。昭和二〇年代の「戦記もの」の特徴は、戦闘体験や軍隊体験をストレートに書きつづったものが多いことである。もちろん時流にのったもの、あるいは時流に逆らったものもなかったわけではない。しかし多くは反戦とか戦争肯定とかの議論をこえて、戦闘そのものや戦闘のなかの人間の姿をうかびあがらせていたように思われる。そしてそれが読者の素直な驚きや感動をさそったのであった。

昭和三〇年に入ると、すこし様相が変わる。読者対象を意識した「戦記もの」が出版されるようになるからである。とくに遺族を念頭において書かれたものが目だつようになったことがひとつの特徴である。戦後の混乱がややおさまったとき、あらためて遺族に戦没者の身の上を思いやる心のゆとりが生じたのであった。厚生省による海外遺骨収集が本格的にはじまったのも昭和三〇年代のはじめである。戦死の公報は受けとっているものの遺骨が帰らぬところからなおあきらめきれないでいる遺族の心情、あきらめながらもどのような状況で死んでいったのかを知りたいという遺族の心情、あるいは肉親の死が無意味ではなかったことを社会的に認めてほしいと願う遺族の心情、さまざまな遺族の心情を背景にして、作戦や戦闘の実相を描いた「戦記もの」が数多く刊行されることになったのである。ある著名な戦記作家の調べでは、昭和三五年ごろ、三五の地方紙が戦記（主として郷土部隊の戦記）を連載していたという。

しかし遺族を読者とする以上、遺族を著しく悲しませ、落胆させることは避けねばならず、そうした制約から「鬼神も哭く」式の表現にぶつかることもしばしばであった。もちろん、占領下における戦争否定・軍隊否定という風潮にたいする反動があり、日米安保条約をめぐる左右の対立のなかでの右翼勢力の台頭ということもあったかもしれないが、ともかくも悲惨な話をむしかえして遺族を再び悲しませるなというタブーは、そののち昭和五〇年代にいたるまで、かなり強力に働いていたようにおもわれる。

このタブーは、とくに旧士官の無理や無能ぶりを描写することをひかえさせることになった。高級軍人や上級指揮官にたいしては、終戦直後の軍部批判のなかでかなり非難が集まっていたが、直接兵と接触していた横暴な上官、卑怯な上官、そのために余計な犠牲をだすことになったような上官などについては、語られないか、ぼかされているのが普通である。もちろん、当時は関係者が多く生存していたこともあり、それにたいする配慮があったことはいうまでもないが、そんな上官のせいで肉親が死んだのだと考えたら遺族はたまらない気持になるにちがいないという配慮もはたらいていたことは事実である。戦闘体験者に戦争告発を期待するという考えとはまったく逆に、あまりに悲惨なこと、忌わしいことは自分たちだけの胸におさめておこうという考え方が戦闘体験者にかなり共通しているようにおもわれる。それが亡き戦友の遺族にたいして、自分たちが「生き残った」ことの負い目をはらすひとつの方法だと考えるのである。

昭和三〇年代は「戦記もの」にこのような変化が認められたものの、戦争体験者の大部分は働きざかりであり、「戦記もの」どころではないというところがあった。そのため「戦記もの」にたいする関心や評価はそれほど高くはなかった。

(4)

昭和四〇年代に入ると、「戦記もの」の流れは大きく変わることになる。

昭和四一年、二冊の「戦記もの」がベストセラーになるが、これなどまさに新しい流れを象徴するものといえよう。一冊は著名な経済学者が、海軍予備学生であった亡き息子について書いたものであり、もう一冊は、これまた著名な作家が書いた有名な提督の伝記である。いずれも大手の出版社から刊行され、たちまちベストセラーになったのであった。さらにもう一冊、戦艦の栄光と悲惨を描いた作品を、昭和四〇年代を象徴する一作としてつけくわえてもいいかもしれない。これは直接体験をもたない作家が関係者の証言をあつめ、事件をドラマティックに構成しなおすという、いわゆる日本におけるノンフィクション物の嚆矢ともいえるものだからである。

昭和四〇年代の「戦記もの」の特徴は、著者が戦闘体験者であるかいなかを問わず、よく調べて書いたものが、大手出版社から刊行され広く読まれたというところにあるだろう。こうした状況の背後には、昭和四〇年代に入って、「事実」を認める態度が書く側にも読む側にも生まれてきたことがある。そしてそれは高度成長期のなかで、日本人が自信をとりもどしたためであり、また戦後二〇年という歳月が「事実」をうけいれやすくしたためでもある。その意味では、「戦記もの」ブームを、いわゆる「歴史書ブーム」の一部として考えることができるかもしれない。

また、昭和四〇年代の初めから防衛庁による公刊戦史が刊行されだしたことも、「戦記もの」の刊行に拍車をかけたように思われる。それまでまったく個人の体験としかとらえられなかったものを、戦争全体のなかで、作戦全体のなかでとらえることができるようになったからである（公刊戦史のもっている問題点は別にしても）。

いずれにせよ昭和四〇年代の「戦記もの」は、かなりの程度の客観性をもちえたので、戦闘体験者のみならず戦後生まれの読者をもひきつけることになったのであった。だが客観的であればあるだけに、たとえば昭和二〇年代の「戦記もの」のもっていた熱っぽさや凄みはやや失われることになったのである。このことは、「戦記ブーム」をあてこんで二〇年代の戦記ものを書き直して再刊したものを、オリジナル版と比較してみるとすぐわかることである。

(5)

以上が昭和四〇年代までのオモテの流れであるが、それは時代の潮流によって、読者層の変化によって、かなり傾向を変えてきたといえよう。だがそれにたいしてウラの流れは、昭和二〇年代から昭和四〇年代まで大きな変化はない。それは「戦記もの」の筆者たちが念頭においている「読者」が、ある意味で固定していたからであろう。その読者とは、「死んだ戦友」にほかならない。

「戦記もの」のウラの流れを具体的になんと呼んでいいかわからないが、それらはいずれも自分が生き残ったことになんらかの意味で強いこだわりを抱きつづけた人々の手記である。それらは、苛酷な状況のなかを生きのびることのなかで味わった屈辱感や自責の念といった、非常に屈折した心情から生まれたものであり、書くことによって死者を悼み葬い、同時に、自分が生き残ったことにたいする心の負担を軽くしようとするものなのである。つまり、心の重荷をおろすためにどうしても書かずにはいられなかったという性格のものといえるであろう。

こうした「戦記もの」は、読んでもけっしてすっきりした感じを得られないのが普通である。だが、読者が読んですっきりしない点こそ、実は筆者が書かなければならなかった心の翳である場合が多いのである。

このような「戦記もの」は、当然のことながら必ずしも一般向きとはいえないものが多く、したがって自費出版的なものにならざるをえない。こうして昭和四〇年代までは、オモテの流れとウラの流れがいわば併行していたのであった。もちろん、両者は画然とわけられるようなものではなく、オモテの流れのなかにもウラの流れと同じ動機から書かれたものが認められるが、極端なものをとりあげれば、オモテの流れの一方の極に零戦大和式の景気のいいメカニズム戦記があり、ウラの流れの一方の極には執念戦記とでもいうべきものがあったのである。

だが、昭和五〇年代に入るとこうした傾向に変化がみられるようになる。二つの流れが接近してひとつの流れになったというべきか、あるいは両者とも同じようなスタイルになったというべきか、いずれにせよオモテ、ウラの区別がかなり少なくなったのである。「戦記もの」はこうして昭和五〇年代に再び大きく変化することになった。

(6)

　昭和五〇年代の「戦記もの」の特徴は、一言でいえば「現在」のもつ意味が非常に大きくなったということである。「現在」の重視ということの第一の意味は、最近の「戦記もの」は、単に過去の戦争体験を記述するというよりも、筆者が自分の人生のすべてをふりかえって、そのなかに戦争体験を位置づけようとしている場合が多いということである。

　戦いに敗れて、荒廃した祖国に帰ってくる、まず生きるために働きはじめる、戦後の「経済戦争」への参加、そして第一の定年第二の定年をむかえて、気がついたら人生残りすくなくなっている。そうした「現在」、あらためて人生をふりかえり、自分の人生の中で最も輝いていた時期、最も燃焼していた時期、苦痛そのものではあったが消しさることのできない時期、そうした時期を書き残そうというわけである。最近の「戦記もの」は、現在における自己確認のために、自分の生を意味づけるために書こうとするわけである。定年をきっかけに書きはじめる、大病をきっかけに書きはじめるというケースが多いのも不思議ではないであろう。

　昭和五〇年代の「戦記もの」には、死んだ戦友にかわって抗議するとか、死んだ戦友にすまないといった調子は、すくなくとも表面からは消えている。だがそのかわりに、死者をも生者をも淡々としかも克明に描いている場合が多い。

　昭和三〇年代、四〇年代の「戦記もの」であったなら避けたであろう悲惨な話も実名で登場する。戦後三〇数年、筆者も老境に入り怨讐をこえたためでもあろうし、関係者の多くが死亡しているということもあるであろう。また著者の多くが大企業の重役で定年退職し、関連会社の重役になっているというようなケースが多いことからしても、著者たちが人生や生活にたいして現在もっているある種の自信の反映といえるかもしれない。いずれにせよ、非常にストレートに表現されている点では、昭和二〇年代の「戦記もの」と似ているところがある。事実、終戦後一気に書きあげた原稿を篋底からだしてきたというケースもかなりみうけられる。

しかし、昭和二〇年代の「戦記もの」と最もちがう点は、かつての「戦記もの」が個人の狭い体験をもとにして書かれたものであったのにたいして、最近のものは戦友との共通の体験を非常に重視していることである。

あらゆる資料を利用し、そしてなによりも戦友たちに丹念に聞きあわせて書いている場合が多い。つまり、戦友たちとの戦後の交流のうえにたって、場合によっては戦友会を契機あるいは情報源として書いているのである。これが最近の「戦記もの」にとって「現在」が大きな意義をもっているということの第二の意味である。

最近の「戦記もの」は、登場人物はほとんど実名ででてくるのが普通である。しかも丹念に名前をあげていくのであり、自叙伝を書いているようではあるが、実は死んだ戦友、生き残った戦友の名前をできるだけ多く記録するために書いているのではないかと思わしめるほどである。

実名で登場するのは、過去のそして面識のあった戦友たちだけではない。戦後たまたま知りあった人々についても、その人々との戦時中の関係にふれる場合が非常に多いのである。(「当時は知らなかったが隣の部隊にいた……」)また過去の叙述をしているときに、急にその人物の現在を語るというスタイルもきわめて多いことも特徴的である。説明的に述べられていなくとも、人名のあとにカッコをして現住所と職業、死んだ戦友の場合には遺族の住所氏名……を書くのはごく一般的なスタイルになっている。これは昭和四〇年代以降流行しているノンフィクションのスタイルをまねたものと片づけることもできるが、しかし読者は、そのカッコのうちに登場人物の戦後とその人物と著者との交流を一瞬のうちに感じることができるのである。

最近の「戦記もの」は、現在の視点から、死んだ戦友、生き残った戦友、戦争にかかわったあらゆる友人知人を共通の体験の枠のなかに位置づけるとともに、そうした人々すべての戦後を語っているともいえるのである。昭和五〇年代の「戦記もの」の与える感動はまさにそこにあるといえよう。

(7)

「戦記もの」を共通の体験の枠のなかで書くということを一層おしすすめていくと、部隊史や部隊戦記のかたちをとることになろう。部隊史・部隊戦記をもっている戦友会の比率は、われわれの調査では約三〇パーセントであるが、その多くは昭和五〇年代に書かれたものであることが注意されなければならない。もちろん、「景気のいい」部隊史や戦記も存在するが、案外淡々としたものが多いのである。そして、そこで「現在」が語られていることは、個人の「戦記もの」の場合とまったく同じである。なかには部隊戦史と戦後の戦友会史とが一緒になったものすら存在する。本当なら一人で書きたいが、その能力や余裕のない人々が、部隊史に寄稿するというケースもかなり多いにちがいない。

(8)

以上述べてきたことから、「戦記もの」のあり方の類似性はある程度理解されたであろう。だがそのことは「戦記もの」を書く人々が、必ず戦友会に出席するということにはならないのはいうまでもない。むしろウラの流れである「供養戦記」「執念戦記」を書いた人々は、どちらかといえば戦友会を拒否する人々であったともいえる。戦友会を拒否する故に書いたという場合もあったかもしれない。しかしわれわれが戦友会を調査した時点においては、戦友会と「戦記もの」とがかなり重なりあうことは事実である。戦記・手記を書いている人々は戦友会によく出席している。

ある非常に大きな戦友団体は、戦友会の全盛期は昭和四〇年代―五〇年代であって、六〇年代以降は次第に衰弱するだろうと自ら認めているが、たぶん「戦記もの」についても同じことがいえるであろう。

しかしそれだけにここしばらくは「戦記もの」はかなりの熱意をもって書きつづけられるにちがいない。なぜなら「戦記もの」を書く人々は、死者も生者も、とにかく知れるかぎりの人々を共通体験の枠で位置づけ、そのことによってむしろ新しい絆を作りあげようとしているのであり、それを記録しておけばその絆は自分たちが死んでも残るという考えにたっているからである。つまり、自分は戦中・戦後をどのような絆のなかで生きたのかという自己確認、自己主張であり、それはなによりも生きているうちになされなければならないからである。

あとがき

戦友会の研究をはじめてから五年あまり、その間非常に多くの方々のお世話になった。

まず二回にわたる調査に協力して下さった戦友会の世話役・会員の方々に心からお礼申し上げたい。調査にたいする大きな反響に驚きながらも、そのいずれもが好意的なものであったことでどんなに元気づけられたかしれない。会報や部隊史など数多くの資料や、期待や励ましのお手紙を沢山いただいたが、それに十分応えることができなかったのではないかと心配である。（なお第二回の調査は文部省科学研究費補助金によるものである）

作家伊藤桂一先生には、つてをたどって、あつかましくも第一回調査における質問紙の案をみていただいた。軍隊や人間にたいして、厳しいが、しかし暖かい眼をそそぎつづけている先生をひそかに敬愛していたからである。戦友会の調査をはじめる気になったのも、先生の著作に触発されてのことといえないこともない。お目にかかったときいわれた言葉のうちで、次の二つが今もって忘れられない。ひとつは「戦友会を成り立たせているのは、慰霊、親睦、体験の語りあいの三つです」という言葉であり、もうひとつは「戦闘を体験した人たちはちょっとやそっとの質問ではびくともしませんよ」という言葉である。いずれもその後の調査に生かしたつもりである。

昨年末急逝された軍事史家故浅野祐吾氏は、名著『帝国陸軍将校団』（芙蓉書房）のなかでわたくしたちの調査に触れて下さった。わたくしたちの本についてのご感想をおききできないのが大変残念である。

戦友会関係者では吉川亘氏にとくに感謝したい。本書第一章でとりあげた「燕鵬」（仮名）戦友会の会長さんである。わたくしたちと考え方や意見が一致しないことを承知のうえで種々の便宜をはかって下さった。わたくしたちはこの戦友会の会合に出席することによって非常に多くのことを学んだ。心からお礼申し上げたいと思う。

海軍関係諸団体の取り纏め役として活躍されている上杉公仁氏（海兵七八期）とは調査を通じてお近づきになった。早くからわたくしたちの研究を取り上げてあちこちに書いて下さった。最近『ザ・海軍』（誠文図書）を出版されたが、巻末の海軍関係の戦友会リストは完璧に近いものである。

ビルマ七三会の相談役森本和義氏には、京都市内にお住まいのこともあってたびたびお話を伺った。軍隊や戦友会にたいする冷静で鋭い分析にはいつも圧倒されている。

全国戦友会連合会事務局長の小野孚一氏には第一回調査の際お目にかかっていろいろご意見を聞かせていただいた。そのときのご縁でずっと機関誌『戦友連』をお送りいただいている。

京都大学名誉教授池田義祐先生は、わたくしたちの恩師であるが、そうした関係を離れてわたくしたちの研究に暖かい関心を示し続けて下さった。先生は一下士官として戦闘を体験し、生き残ったことにこだわり続けながら戦後を生きてこられた方である。

京都大学東南アジア研究センターの矢野暢教授には調査費用の面でいろいろご配慮いただいた。厚く感謝したい。

高沢淳夫氏（京都府立大学助教授）には調査の集計過程において数々のご教示をいただいた。

最後になってしまったが京都大学教養部社会学教室の作田啓一教授、米山俊直教授、松村佳子さんには物心ともにお世話になった。お三方のお力添えがなかったら二回にわたる調査などとうていできなかったであろう。

このほか非常に多くの方々のご協力をいただいたが全部のお名前をあげることができないのが残念である。

終わりにわたくしたちのつたない研究を出版して下さった田畑書店石田明氏に心から感謝したい。

高橋三郎

9. 仕　事　66（6.6%）
10. 老後の生活（「生きがいのある老後」「安定した老後」など）　66（6.6%）
11. 戦争体験（「戦時の思い出」など）　50（5.0%）
12. 戦後民主主義の諸価値（「現憲法」「非武装中立」など）　32（3.2%）
13. モノ（「金」「土地」「資産」など）　27（2.7%）
14. 靖国関係（「靖国神社の国家護持」など）　14（1.4%）
15. そ　の　他　97（9.7%）

〔問67〕

i）ここでお伺いした戦友会の他に参加しておられる戦友会がありますか。

1. ある　602（49.5%）　2. ない　558（45.9%）　無回答　55（4.5%）

ii）ある場合（回答数602），その数を教えて下さい。

1. 一つ　270（44.9%）　2. 二つ　154（25.6%）　3. 三つ　94（15.6%）
4. 四つ　33（5.5%）　5. 五つ～九つ　43（7.1%）　無回答　8（1.3%）

11.	立正佼正会	1 (0.1%)	12.	生長の家	6 (0.5%)
13.	ＰＬ教団	0 (0 %)	14.	その他	43 (3.5%)
15.	「信仰」なし	34 (2.8%)		無回答	25 (2.1%)

〔問61〕 あなたの支持政党を教えて下さい。

1.	自民党	724 (59.6%)	2.	社会党	79 (6.5%)
3.	公明党	15 (1.2%)	4.	民社党	131 (10.8%)
5.	共産党	15 (1.2%)	6.	新自由クラブ	19 (1.6%)
7.	社民連	4 (0.3%)	8.	その他	6 (0.5%)
9.	支持政党なし	200 (16.5%)		無回答	22 (1.8%)

〔問62〕 あなたは戦後，労働運動，農民運動に参加されたことがありますか。

1. ある 169 (13.9%) 2. ない 1025 (84.4) 無回答 21 (1.7%)

〔問63〕 あなたは家族旅行に行かれますか。

1.	よく行く	156 (12.8%)
2.	ときどき行く	677 (55.7%)
3.	ほとんど行かない	306 (25.2%)
4.	全く行かない	64 (5.3%)
	無回答	12 (1.0%)

〔問64〕 あなたの好きな外国を一つあげて下さい。

1.	アメリカ	313 (25.8%)	2.	中国	214 (17.6%)
3.	西ドイツ	120 (9.9%)	4.	スイス	103 (8.5%)
5.	イギリス	32 (2.6%)	6.	台湾	31 (2.5%)
7.	フランス	25 (2.1%)	8.	ビルマ	18 (1.5%)
9.	マレーシア	8 (0.7%)	10.	スウェーデン	4 (0.3%)
11.	タイ	4 (0.3%)	12.	韓国	4 (0.3%)
13.	北朝鮮	3 (0.2%)	14.	その他	119 (9.8%)
	無回答	217 (17.9%)			

〔問65〕 あなたのきらいな外国を一つあげて下さい。

1.	ソ連	965 (79.4%)	2.	アメリカ	28 (2.3%)
3.	北朝鮮	17 (1.4%)	4.	韓国	7 (0.6%)
5.	その他	40 (3.3%)		無回答	158 (13.0%)

〔問66〕 あなたにとって最も大切なものは何ですか。ご自由にお書き下さい。
（何らかの記入があった999回答（全体の82.2%の集計結果。）

1.	人間としての徳目（「誠」「真心」など）をあげているもの	282 (28.2%)
2.	健康	249 (24.9%)
3.	家族	242 (24.2%)
4.	平和（「平和な生活」「人類の平和」など）	205 (20.5%)
5.	日本人・日本国（「日本の防衛」「立派な日本人」など）	180 (18.0%)
6.	人間関係（「愛情」「友情」「人の和」など）	152 (15.2%)
7.	自由	87 (8.7%)
8.	生命	67 (6.7%)

3. 昭和一ケタ代 160 (13.2%)
4. 昭和十年代 237 (19.5%)
5. 昭和二十年代 33 (2.7%)
6. 昭和三十年代 120 (9.9%)
7. 昭和四十年代 224 (18.4%)
8. 昭和五十年代 206 (17.0%)
9. とりたててよい時代はなかった 155 (12.8%)
無　回　答 31 (2.5%)

〔問55〕 あなたは現在の自衛隊についてどう思いますか。
1. 増強すべきだ 660 (54.3%)
2. 現状で十分である 377 (31.0%)
3. 縮少すべきだ 28 (2.3%)
4. 廃止すべきだ 23 (1.9%)
5. わからない 115 (9.5%)
無　回　答 12 (1.0%)

〔問56〕 あなたは今後日本に徴兵制が必要だと思いますか。
1. 必要である 505 (41.6%)
2. 必要でない 484 (39.8%)
3. わからない 204 (16.8%)
無　回　答 22 (1.8%)

〔問57〕 あなたは日本のよさが戦後失われたと思いますか。
1. 失われた 628 (51.7%)　2. なんともいえない 361 (29.7%)
3. 失われていない 207 (17.0%)　無　回　答 19 (1.6%)

〔問58〕 あなたにとって戦後の生活はどのようなものでしたか。
1. 充実して生きがいがあった 303 (24.9%)
2. かなり充実していたが，なにかわりきれないものがある 726 (59.8%)
3. 生きていくのが重荷であった 96 (7.9%)
4. わからない 61 (5.0%)
無　回　答 29 (2.4%)

〔問59〕 あなたは現代の青年についてどう思いますか。
1. 信頼できる 59 (4.8%)
2. 彼らなりによくやっていると思う 615 (50.6%)
3. あまり感心しない 471 (38.8%)
4. 全く信頼できない 52 (4.3%)
無回答 18 (1.5%)

〔問60〕 あなたの宗教・宗派を教えて下さい。
1. 天台宗・真言宗 188 (15.5%)　2. 禅　宗 226 (18.6%)
3. 浄土宗・真宗 496 (40.8%)　4. 日蓮宗 96 (7.9%)
5. カトリック 6 (0.5%)　6. プロテスタント 20 (1.6%)
7. 神　道 48 (3.9%)　8. 天理教 8 (0.7%)
9. 霊友会 2 (0.2%)　10. 創価学会 16 (1.3%)

1. 書いている　246 (20.2%)　2. 書いていない　935 (77.0)
無回答　34 (2.8%)

〔問50〕

i) あなたは毎年8月15日に戦争をしのんで何かされますか。

1. する　308 (25.3%)　2. しない　892 (73.5)　無回答　15 (1.2)

ii) その内容を具体的に書いて下さい。(回答数308)

1.	黙祷する	104 (33.8%)
2.	戦地・戦友を思い出す	56 (18.2%)
3.	戦友の墓参・慰霊碑に参拝	31 (10.1%)
4.	靖国神社に参拝する	18 (5.8%)
5.	護国神社に参拝する	18 (5.8%)
6.	慰霊祭・慰霊式典に行く	13 (4.2%)
7.	反戦・不戦の誓いをする	12 (3.9%)
8.	絶食(粗食)をする	7 (2.3%)
9.	読経する	5 (1.6%)
10.	戦争関係の文章を書く	4 (1.3%)
11.	仕事を休む	2 (0.7%)
12.	その他	38 (12.3%)

〔問51〕 あなたは軍隊生活をふりかえって，今どう思われますか。

1.	楽しいことが多かった。	82 (6.7%)
2.	どちらかといえば楽しかった	362 (29.8%)
3.	どちらかといえばつらかった	320 (26.3%)
4.	つらいことが多かった	280 (23.1%)
5.	なんともいえない	148 (12.2%)
	無回答	23 (1.9%)

〔問52〕 あなたにとって軍隊生活は戦後の生活にどのような意義がありましたか。

1.	戦後の生活に大いに役立った	797 (65.6%)
2.	戦後の生活には何の意味も持たなかった	158 (13.0%)
3.	戦後の生活に妨げとなった	51 (4.2%)
4.	なんともいえない	190 (15.6%)
	無回答	19 (1.6%)

〔問53〕 あなたは現在の軍人恩給についてどう思いますか。

1.	たいへん満足している	26 (2.1%)
2.	満足している	255 (21.0%)
3.	やや不満である	340 (28.0%)
4.	たいへん不満である	229 (18.9%)
5.	わからない	286 (23.5%)
	無回答	79 (6.5%)

〔問54〕 あなたのこれまでの人生において，もっともよい時代は次のうちのどれですか。

1.	明治時代	4 (0.3%)
2.	大正時代	45 (3.7%)

〔問43〕 あなたは戦争中，もし戦死した場合，靖国神社にまつられたいと思いましたか。

1. 神として靖国神社にまつられたいと思っていた 197（16.2%）
2. 戦死すれば靖国神社にいくと思っていた 632（52.0%）
3. どちらでもよいと思っていた 75（ 6.2%）
4. 靖国神社にまつられたくないと思っていた 5（ 0.4%）
5. 靖国神社のことは特に考えたことはなかった 284（23.4%）
無 回 答 22（ 1.8%）

〔問44〕 あなたは戦後の戦争裁判についてどう思われますか。

1. 戦勝国の押しつけで腹が立つ 487（40.1%）
2. 負けたのだからしかたがない 533（43.9%）
3. 戦犯と呼ばれる人は裁かれて当然だと思う 115（ 9.4%）
4. わからない 56（ 4.6%）
無 回 答 24（ 2.0%）

〔問45〕 あなたは終戦のとき，どのように感じましたか。

1. うれしかった 33（ 2.7%）
2. ほっとした 182（15.0%）
3. しかたがないと思った 125（10.3%）
4. なんともいいようのない感じであった 523（43.0%）
5. くやしいと思った 285（23.5%）
6. 最後まで戦うべきだと思った 47（ 3.9%）
7. 何も感じなかった 4（ 0.3%）
無 回 答 16（ 1.3%）

〔問46〕 あなたは戦争中何のために戦っていましたか。次の中から一つだけ選んで下さい。

1. 東洋平和のため 86（ 7.1%） 2. お国のため 806（66.3%）
3. 天皇陛下のため 42（ 3.5%） 4. 親・兄弟のため 48（ 3.9%）
5. 戦友のため 2（ 0.2%） 6. 特に何も考えなかった 45（3.7%）
7. 命令されたから 144（11.9%） 8. その他 21（ 1.7%）
無 回 答 21（ 1.7%）

〔問47〕 あなたは家族に戦争の体験を話しますか。

1. よく話す 186（15.3%） 2. ときどき話す 658（54.2%）
3. ほとんど話さない 301（24.8%） 4. 話すことはない 57（ 4.7%）
無 回 答 13（ 1.0%）

〔問48〕 あなたは戦争体験を子や孫に伝えたいと思いますか。

1. ぜひ伝えたい 394（32.4%）
2. 伝えたいが理解されないだろう 587（48.3%）
3. 伝えるつもりはない 140（11.5%）
4. どうでもよいことだと思う 66（ 5.5%）
無 回 答 28（ 2.3%）

〔問49〕 あなたは戦争体験を手記のようなかたちで書いておられますか。

1. 変わった　357 (30.9%)　2. 変わらない　507 (41.7%)
3. なんともいえない　280 (23.0%)　無回答　53 (4.4%)

〔問36〕 あなたが希望する生活は次のどのようなものですか。
1. なごやかな平和な家庭でくらす　549 (45.2%)
2. その日その日を愉快に楽しむ　118 (9.7%)
3. やりがいのある仕事にうちこむ　283 (23.3%)
4. 何でもそろっていて便利で豊かな生活　18 (1.5%)
5. 世の中のためになることをする　229 (18.8%)
無回答　18 (1.5%)

〔問37〕 あなたは日本にとって天皇は必要だと思いますか。
1. 絶対に必要である　416 (34.2%)　2. 必要である　539 (44.4%)
3. どちらでもよい　178 (14.7%)　4. 必要でない　35 (2.9%)
5. 全く必要ない　28 (2.3%)　無回答　19 (1.5%)

〔問38〕 あなたは今でも戦争の夢をみることがありますか。
1. 今もよく見る　83 (6.8%)
2. 今もときどき見る　316 (26.0%)
3. 今はないが以前は見た　461 (38.0%)
4. 戦争の夢はほとんど見たことがない　325 (26.7%)
無回答　30 (2.5%)

〔問39〕 あなたは戦死した戦友のことを思い出すことがありますか。
1. よく思い出す　267 (22.0%)
2. ときどき思い出す　675 (55.6%)
3. ほとんど思い出すことはない　88 (7.2%)
4. 思い出すことはない　31 (2.5%)
5. 戦死した戦友はいない　124 (10.2%)
無回答　30 (2.5%)

〔問40〕 あなたは戦死した戦友の墓参りをしたことがありますか。
1. 命日などきまった日に行く　26 (2.1%)
2. 機会があれば行く　631 (51.9%)
3. あまり行かない　122 (10.0%)
4. ほとんど行ったことがない　332 (27.3%)
無回答　104 (8.5%)

〔問41〕 あなたは戦死した戦友の遺族を訪問したことがありますか。
1. ある　592 (48.7%)　2. ない　518 (42.6%)　無回答　105 (8.5%)

〔問42〕 あなたは靖国神社に個人的に（戦友会としてでなく）参拝されますか。
1. よく参拝する　98 (8.1%)
2. ときどき参拝する　446 (36.7%)
3. あまり参拝することはない　254 (20.9%)
4. ほとんど参拝しない　211 (17.4%)
5. 全く参拝しない　184 (15.1%)
無回答　22 (1.8%)

〔問29〕 あなたは軍歌をきいてどのように感じられますか。

1. 聞くと腹が立つ 6 (0.5%)　2. 心が沈む 78 (6.4%)
3. 懐しく感じる 974 (80.1%)　4. 元気が出る 97 (8.0%)
5. なんとも感じない 48 (4.0%)　無回答 12 (1.0%)

〔問30〕 あなたは戦争映画（テレビを含む）を見ますか。

1. 必ず見る 101 (8.3%)　2. よく見る 397 (32.7%)
3. ときどき見る 472 (38.9%)　4. あまり見ない 201 (16.5%)
5. 絶対に見ない 35 (2.9%)　無回答 9 (0.7%)

〔問31〕 あなたは戦記や戦史を読みますか。

1. 手に入るかぎり必ず読む 162 (13.3%)
2. よく読む 323 (26.6%)
3. ときどき読む 498 (41.0%)
4. ほとんど読まない 170 (14.0%)
5. 読むことはない 52 (4.3%)
無回答 10 (0.8%)

〔問32〕 あなたは戦地のことを思い出すことがありますか。

1. よく思い出す 406 (33.4%)
2. ときどき思い出すことがある 577 (47.5%)
3. ほとんど思い出さない 49 (4.0%)
4. 忘れてしまった 5 (0.4%)
5. 戦地体験なし 153 (12.6%)
無回答 25 (2.1%)

〔問33〕

i) あなたは訪れたい戦跡がありますか。

1. ある 671 (55.2%)　2. ない 507 (41.8%)　無回答 37 (3.0%)

ii) それはどこですか。(回答数671)

1. 中国 235 (35.1%)　2. 南西方面 127 (18.9%)
3. 中部太平洋・南東方面 107 (15.9%)
4. 豪北・ボルネオ・フィリピン 91 (13.6%)
5. ソ連・満州 41 (6.1%)　6. 沖縄 24 (3.6%)
7. 朝鮮 4 (0.6%)　8. その他 37 (5.5%)
無回答 5 (0.7%)

〔問34〕 あなたの戦闘体験はどのようなものでしたか。

1. 戦闘体験は全くもっていない 174 (14.3%)
2. あまり戦闘体験はない 185 (15.2%)
3. 平均的な戦闘体験だと思う 275 (22.6%)
4. 厳しい戦闘体験をもっている 249 (20.5%)
5. 悲惨な戦闘体験をもっている 285 (23.5%)
6. その他 20 (1.7%)
無回答 27 (2.2%)

〔問35〕 あなたは戦争体験によって人生観が変わりましたか。

無回答　16（全体の1.4%）

〔問24〕 あなたの終戦時における階級は何でしたか。

〈陸　軍〉（回答数904。全体の7.4%）

1.	大　将	0（　0 %）	2.	中　将	0（　0 %）
3.	少　将	0（　0 %）	4.	大　佐	6（ 0.7%）
5.	中　佐	24（ 2.7%）	6.	少　佐	36（ 4.0%）
7.	大　尉	61（ 6.7%）	8.	中　尉	51（ 5.6%）
9.	少　尉	25（ 2.8%）	10.	准　尉	41（ 4.5%）
11.	曹　長	90（10.0%）	12.	軍　曹	176（19.5%）
13.	伍　長	174（19.2%）	14.	兵　長	111（12.3%）
15.	上等兵	88（ 9.7%）	16.	一等兵	20（ 2.2%）
17.	二等兵	1（ 0.1%）			

〈海　軍〉（回答数256。全体の21.1%）

1.	大　将	0（　0 %）	2.	中　将	0（　0 %）
3.	少　将	2（ 0.8%）	4.	大　佐	5（ 2.0%）
5.	中　佐	11（ 4.3%）	6.	少　佐	24（ 9.4%）
7.	大　尉	61（23.8%）	8.	中　尉	11（ 4.3%）
9.	少　尉	27（10.5%）	10.	兵曹長	5（ 2.0%）
11.	上等兵曹	20（ 7.8%）	12.	一等兵曹	30（11.7%）
13.	二等兵曹	21（ 8.2%）	14.	水兵長	5（ 2.0%）
15.	上等水兵	0（　0 %）	16.	一等水兵	0（　0 %）
17.	二等水兵	0（　0 %）	18.	海軍兵学校生	34（13.2%）

〈その他〉回答数　41（全体の3.4%）

〈無回答〉　14（全体の1.1%）

〔問25〕 あなたは戦地に合計何年おられましたか。

最　短（0年）　　最　長（21年）　　平　均（3.7年）

〔問26〕 あなたは戦傷を受けられましたか。

1.	戦傷をうけていない	871（71.7%）
2.	軽傷をうけた	190（15.6%）
3.	重傷をうけたが現在は不自由ない	71（ 5.9%）
4.	戦傷のために現在も日常生活に支障がある	38（ 3.1%）
	無　回　答	45（ 3.7%）

〔問27〕 あなたは抑留体験がありますか。

1.	な　い	611（50.3%）	2.	一年以内	395（32.5%）
3.	二年以内	135（11.1%）	4.	三年以内	33（ 2.7%）
5.	四年以内	14（ 1.2%）	6.	五年以上	5（ 0.4%）
	無 回 答	22（ 1.8%）			

〔問28〕 あなたが抑留された場所はどこですか。

1.	抑留されたことはない	604（49.7%）	2.	ソ　連	44（ 3.6%）
3.	中　国	145（12.0%）	4.	南　方	367（30.2%）
5.	その他	34（ 2.8%）		無回答	21（ 1.2%）

〔問19〕 あなたは戦友会での慰霊行事をどう思いますか。

1.	絶対行わなければならない	348 (28.6%)
2.	行なったほうがよい	689 (56.7%)
3.	あってもなくてもよい	73 (6.0%)
4.	必要ない	14 (1.2%)
5.	なんともいえない	64 (5.3%)
	無 回 答	27 (2.2%)

〔問20〕 あなたは軍隊にどのくらいおられましたか。

最 短 (0年)　　最 長 (30年)　　平 均 (6.35年)

〔問21〕 あなたが軍隊に入られたのは志願によるものですか，徴兵によるものですか。

1. 志願 469 (38.6%)　2. 徴兵 731 (60.2%)　無回答 15 (1.2%)

〔問22〕 あなたの入隊時における本籍はどこですか。

1.	関 東	295 (24.3%)	2.	中 部	205 (16.9%)
3.	近 畿	179 (14.7%)	4.	九州・沖縄	156 (12.8%)
5.	中 国	111 (9.1%)	6.	東 北	87 (7.2%)
7.	北 陸	61 (5.0%)	8.	四 国	47 (3.9%)
9.	北海道	18 (1.5%)		無回答	56 (4.6%)

〔問23〕 あなたの終戦時における兵種は何でしたか。

〈陸 軍〉 (回答数898。全体の73.9%)

1.	歩 兵	398 (44.3%)	2.	騎 兵	8 (0.9%)
3.	戦車兵	13 (1.4%)	4.	野砲兵	29 (3.2%)
5.	山砲兵	6 (0.7%)	6.	騎砲兵	4 (0.5%)
7.	野戦重砲兵	5 (0.6%)	8.	重砲兵	3 (0.3%)
9.	情報兵	8 (0.9%)	10.	気球兵	0 (0 %)
11.	工 兵	11 (1.2%)	12.	鉄道兵	23 (2.6%)
13.	船舶兵	17 (1.9%)	14.	通信兵	43 (4.8%)
15.	飛行兵	83 (9.2%)	16.	高射兵	14 (1.6%)
17.	迫撃兵	0 (0 %)	18.	輜重兵	94 (10.4%)
19.	兵技兵	53 (5.9%)	20.	航技兵	15 (1.7%)
21.	衛生兵	50 (5.6%)	22.	経理部	9 (1.0%)
23.	獣医部	9 (1.0%)	24.	軍楽部	1 (0.1%)
25.	将官で兵種無回答のもの	2 (0.2%)			

〈海 軍〉 (回答数250。全体の20.6%)

1.	海軍兵学校生	33 (13.2%)	2.	水 兵	33 (13.2%)
3.	飛行兵	67 (26.8%)	4.	整備兵	8 (3.2%)
5.	機関兵	19 (7.6%)	6.	工作兵	0 (0 %)
7.	軍楽兵	0 (0 %)	8.	衛生兵	13 (5.2%)
9.	主計兵	6 (2.4%)	10.	技術兵	5 (2.0%)
11.	兵科将校	66 (26.4%)			

〈その他〉 (回答数50。全体の4.1%)

1. 軍 属 22 (44%)　2. 看護婦 2 (4%)　3. その他 26 (52%)

縁談，商売など）がありますか。

1. ある　266（21.9%）　2. ない　927（76.3%）　無回答　22（1.8%）

〔問13〕 あなたは戦友会の会合に家族づれで行くことがありますか。

1. 毎回家族づれで行く　33（2.7%）
2. よく家族づれで行く　58（4.8%）
3. ときどき家族づれで行く　177（14.6%）
4. 家族づれではほとんど行かない　219（18.0%）
5. 家族づれで行くことはない　667（54.9%）
無回答　61（5.0%）

〔問14〕 あなたは戦友会の現在の運営の仕方についてどう思われますか。

1. よく運営されていると思う　810（66.7%）
2. 改善すべき点がある　129（10.6%）
3. なんともいえない　233（19.2%）
無回答　43（3.5%）

〔問15〕 あなたは戦友会のことに年間平均どのくらいの費用を使われますか。
（会費，会合費，交通費，通信費などを合わせて。）

1. 5千円未満　233（19.2%）
2. 5千円以上～1万円未満　186（15.3%）
3. 1万円以上～2万円未満　309（25.5%）
4. 2万円以上～5万円未満　248（20.4%）
5. 5万円以上～10万円未満　107（8.8%）
6. 10万円以上～20万円未満　44（3.6%）
7. 20万円以上　21（1.7%）
無回答　67（5.5%）

〔問16〕 あなたは戦友会関係の出費についてどう思いますか。

1. もっとかかってもよい　123（10.1%）
2. 満足である　721（59.4%）
3. もっと安い方がよい　68（5.6%）
4. なんともいえない　284（20.4%）
無回答　55（4.5%）

〔問17〕 あなたは戦友会のほか，戦友会以外の同窓会，クラス会など（陸士，海兵の同期生会はのぞく）に参加しますか。

1. 毎回必ず出席する　187（15.4%）
2. よく出席する　378（31.1%）
3. ときどき出席する　321（26.4%）
4. ほとんど出席しない　108（8.9%）
5. 出席したことがない　171（14.1%）
無回答　50（4.1%）

〔問18〕 あなたは戦友会で軍帽をかぶったり，軍服を着たりしますか。

1. する　31（2.6%）　2. することもある　91（7.5%）
3. しない　1045（86.0%）　無回答　48（3.9%）

7. 親と子どもと孫と同居 63 (5.2%) 8. その他 11 (0.9%)
無回答 9 (0.7%)

〔問7〕 あなたは現在どこにお住まいですか。

1. 関東 435 (35.8%) 2. 近畿 220 (18.1%)
3. 中部 163 (13.4%) 4. 九州・沖縄 132 (10.9%)
5. 中国 91 (7.5%) 6. 東北 72 (5.9%)
7. 北陸 46 (3.8%) 8. 四国 35 (2.9%)
9. 北海道 15 (1.2%) 無回答 6 (0.5%)

〔問8〕 あなたはいつごろ戦友会の会員になられましたか。

昭20	19	昭21	39	昭22	36	昭23	40	昭24	17
昭25	58	昭26	16	昭27	7	昭28	24	昭29	4
昭30	116	昭31	5	昭32	13	昭33	7	昭34	8
昭35	64	昭36	12	昭37	10	昭38	31	昭39	12
昭40	103	昭41	13	昭42	17	昭43	20	昭44	10
昭45	78	昭46	23	昭47	20	昭48	29	昭49	18
昭50	71	昭51	28	昭52	23	昭53	20	昭54	11
昭55	3	(昭19以前 64〔5.2%〕 無回答 106〔8.7%〕)							

〔問9〕 あなたは戦友会にどれぐらい出席されますか。

1. 毎年必ず出席する 381(31.4%) 2. よく出席する 270(22.2%)
2. ときどき出席する 339(27.9%) 4. ほとんど出席しない 115(9.4%)
5. 出席したことがない 91(7.5%) 無回答 19(1.6%)

〔問10〕

i) あなたは戦友会で役員(会長,幹事,世話役,会計など)をされた経験がありますか。

1. ある 402 (33.1%) 2. なし 786 (64.7%) 無回答 27 (2.2%)

ii) ある場合(回答数402),その役職名はなんですか。

1. 名誉会長・顧問 11 (2.7%) 2. 会長・副会長 80 (19.9%)
3. 幹事・事務局 308 (76.7%) 無回答 3 (0.7%)

〔問11〕 あなたにとって戦友会の魅力は何ですか。ご自由にお書きください。
(何らかの記入があった1039の回答内容の集計。)

1. 「戦争にまつわる親睦」の魅力をあげているもの 528 (50.8%)
2. 「親睦一般」 〃 510 (49.1%)
3. 「親睦の深さ」 〃 244 (23.5%)
4. 「慰霊または慰霊祭」 〃 163 (15.7%)
5. 「実利」 〃 38 (3.7%)
6. 「遺族にかかわること」 〃 28 (2.7%)
7. 「社会的・政治的アピール」 〃 20 (1.9%)
8. 「現代世相への不満を語り合える 〃 16 (1.5%)
9. その他の魅力 57 (5.5%)
10. 魅力なし 80 (7.7%)

〔問12〕 あなたは戦友会の会員に戦後,個人的に世話になったこと(たとえば就職,

戦友会についての調査　第2回

昭年55年（1980）12月実施　　総回答数　1215

〔問1〕 あなたの性別をおききします。

1. 男　1199（98.7%）　2. 女　16（1.3%）

〔問2〕 あなたは現在何歳ですか。

最低年齢　（47歳）　最高年齢　（89歳）　平均年齢　（62.2歳）

〔問3〕 あなたが最後に出た学校は次のうちどれですか。（中退は卒業に含める）

1.	尋常小学校	42（ 3.5%）
2.	高等小学校	390（32.2%）
3.	旧制中学校・師範学校	151（12.4%）
4.	旧制実業学校（商業・工業・農業学校など）	178（14.7%）
5.	旧制高校	3（ 0.2%）
6.	旧制専門学校（高等商業・高等工業・医専・高等師範など）	108（ 8.9%）
7.	陸士・海兵など旧軍学校	195（16.0%）
8.	大　学	122（10.0%）
9.	大学院	10（ 0.8%）
10.	その他	10（ 0.8%）
	無回答	6（ 0.5%）

〔問4〕 あなたの職業をおききします。

1.	農　業	173（14.2%）	2.	自　営	240（19.8%）
3.	販売サービス	31（ 2.6%）	4.	技能熟練	39（ 3.2%）
5.	一般作業	22（ 1.8%）	6.	事務技術	92（ 7.6%）
7.	経営専門	346（28.4%）	8.	その他	74（ 6.1%）
9.	無　職	193（15.9%）		無回答	5（ 0.4%）

〔問5〕 あなたの年収は次のうちどの範囲に入りますか。

1.	100万円未満	90（ 7.4%）
2.	100万円以上～200万円未満	199（16.3%）
3.	200万円以上～300万円未満	226（18.6%）
4.	300万円以上～400万円未満	160（13.2%）
5.	400万円以上～500万円未満	148（12.2%）
6.	500万円以上～600万円未満	78（ 6.4%）
7.	600万円以上～700万円未満	93（ 7.7%）
8.	700万円以上～800万円未満	36（ 3.0%）
9.	800万円以上	164（13.5%）
	無回答	21（ 1.7%）

〔問6〕 あなたの世帯の家族構成をおきかせ下さい。

1.	ひとり暮し	18（ 1.5%）	2.	妻(夫)とふたり	460（37.9%）
3.	子どもと同居	315（25.9%）	4.	子どもと孫と同居	211（17.4%）
5.	親と同居	37（ 3.0%）	6.	親と子どもと同居	91（ 7.5%）

〔問38〕 あなたの戦友会は，靖国神社国家護持をどのように考えておられますか。

1. 戦友会として賛成して国家護持推進のため活動している 202（20.7%）
2. 戦友会の大部分の会員は賛成だが，とくに活動はしていない 524（53.6%）
3. 戦友会全体のふん囲気は，とくに賛成でも反対でもない 107（10.9%）
4. 会員には国家護持反対の意見が多い 4（0.4%）
5. まったく問題になったことがない 93（9.5%）
6. その他 10（1.0%）

無回答 38（3.9%）

〔問39〕 あなたの戦友会は，全国戦友会連合会に加わっておられますか。

1. 加わっている 279（28.5%）　2. 加わっていない 661（67.6%）

無回答 38（3.9%）

〔問40〕 あなたの戦友会が，他の戦友会とくらべて，独自にやっていると思われることがありましたらあげてください。（たとえば，旧駐屯地の小学校に寄付したとか，あるいは戦友の子弟の学費を補助したとか。）

1. 社会的（対外的）に独自の活動を行っている 70（7.2%）
2. 内部関係者に対してのみ独自の活動（相互扶助など）を行っている 66（6.7%）
3. その他 6（0.6%）　無回答 836（85.5%）

〔問36〕

i）あなたの戦友会は靖国神社で慰霊祭を行いますか。

1.	行　　う	584（59.7%）	2.	行わない	372（38.0%）
	無 回 答	22（ 2.3%）			

ii）行う場合（回答数584），それは定期的ですか，不定期ですか。

1.	定期的に行う	219（37.5%）	2.	定期的に行わない	295（50.5%）
	無　回　答	70（12.0%）			

iii）行う場合（回答数584），年に何回くらいですか。

1.	1年に1回	144（24.7%）	2.	3年に1回	56（ 9.6%）
3.	5年に1回	49（ 8.4%）	4.	2年に1回	41（ 7.0%）
5.	4年に1回	23（ 3.9%）	6.	10年に1回	11（ 1.9%）
7.	1年に2回	8（ 1.4%）	8.	その他	27（ 4.6%）
	無　回　答	225（38.5%）			

iv）行わない場合（回答数372），それはなぜですか。

1.	地域的に遠く，費用がかかる	100（26.9%）
2.	他の場所（護国神社など）で行うから	65（17.5%）
3.	戦死者が少ない	35（ 9.4%）
4.	宗教上の理由から	5（ 1.3%）
5.	靖国神社そのものに反対だから	3（ 0.8%）
6.	その他の理由	108（29.0%）
7.	わからない	3（ 0.8%）
	無　回　答	53（14.3%）

〔問37〕

i）あなたの戦友会は護国神社で慰霊祭を行いますか。

1.	行　　う	366（37.4%）	2.	行わない	500（51.1%）
	無 回 答	112（11.5%）			

ii）行う場合（回答数366），それは定期的ですか，不定期ですか。

1.	定期的に行う	118（32.2%）	2.	定期的に行わない	199（54.4%）
	無　回　答	49（13.4%）			

iii）行う場合（回答数366），年に何回ぐらいですか。

1.	1年に1回	110（30.1%）	2.	2年に1回	29（ 7.9%）
3.	3年に1回	19（ 5.2%）	4.	4年に1回	10（ 2.7%）
5.	5年に1回	9（ 2.5%）	6.	10年に1回	7（ 1.9%）
7.	1年に2回	6（ 1.6%）	8.	そ　の　他	10（ 2.7%）
	無　回　答	166（45.4%）			

iv）行わない場合（回答数500），それはなぜですか。

1.	他の場所（靖国神社など）で行う	156（31.2%）
2.	地域的あるいは経費上の理由	63（12.6%）
3.	戦死者が少ない	29（ 5.8%）
4.	その他の理由	113（22.6%）
5.	わからない	7（ 1.4%）
	無　回　答	132（26.4%）

5. その他（黙とうなど） 129（15.2%）
6. ⑴と⑵を併せて選択したもの 130（15.3%）
7. ⑴，⑵以外の多項目選択 13（ 1.5%）
無 回 答 33（ 3.9%）

iii）行う場合（回答数849），専門的宗教家（神主・僧侶・牧師など）による慰霊の儀式を行いますか。

1. 行 う 596（70.2%） 2. 行わない 157（18.5%）
無 回 答 96（11.3%）

〔問32〕 戦友会として慰霊される戦死者の数をおきかせください。

最小0～最大250万人 平均3,216人

〔問33〕 戦後亡くなられた会員の慰霊を戦死した戦友の慰霊と一緒に行われますか。

1. 行 う 558（57.1%） 2. 行わない 363（37.1%）
無 回 答 57（ 5.8%）

〔問34〕

i）あなたの戦友会は慰霊碑（像）・記念碑（像）を建立していますか。

1. 建立している 283（28.9%） 2. 建立していない 672（68.7%）
無 回 答 23（ 2.4%）

ii）建立している場合（回答数283），いつ建立しましたか。

1. 昭和19年以前 4（ 1.4%） 2. 20年～24年 0（ 0 %）
3. 25年～29年 5（ 1.8%） 4. 30年～34年 7（ 2.5%）
5. 35年～39年 15（ 5.3%） 6. 40年～44年 62（21.9%）
7. 45年～49年 89（31.4%） 8. 50年～54年 88（31.1%）
9. 不 明 13（ 4.6%）

iii）建立している場合（回答数283），どこに建立していますか。

1. 国 外 29（10.2%） 2. 国 内 243（85.9%）
3. 国外・国内の両方 11（ 3.9%）

iv）建立していない場合（回答数672），今後建立の予定がありますか。

1. ある 76（11.3%） 2. ない 50.9（75.7%） 無回答 87（13.0%）

〔問35〕

i）あなたの戦友会は慰霊や遺骨収集のため，関係ある戦跡を訪れたことがありますか。

1. ある 254（26.1%） 2. ない 702（71.8%） 無回答 22（2.2%）

ii）訪れたことがある場合，その場所はどこですか。（回答数265。*i*）で「ある」と答えた回答以外のものも含まれている。）

1. 大陸 13（4.9%） 2. 南方 225（84.9%） 3. 国内 27（10.2%）

iii）訪れたことがない場合（回答数702），これから戦友会として訪れたいという気持がありますか。

1. 訪れたいという気持が強い 311（44.3%）
2. それほど強くない 114（16.2%）
3. なんともいえない 145（20.7%）
無 回 答 132（18.8%）

9. 「1—6」「4—6」以外の多項目選択　59 (6.1%)
10. その他　44 (4.6%)

iii) 会食の時のふんい気はどんな様子ですか。(回答数954)

1. 陽気でにぎやか　767 (80.4%)　2. 静かでなごやか　170 (17.8%)
3. 厳粛でしんみり　13 (1.4%)　無回答　4 (0.4%)

〔問27〕 戦友会の会合では主にどんなことが話題になりますか。上位5つを選んでください。(全体のうち397の回答が「よく話題にする」として選んでいるということ。以下同じ。)

1. 家族・家庭のことについて　397 (40.6%)
2. 仕事上の問題について　164 (16.8%)
3. 趣味について　82 (8.4%)
4. 健康上の問題について　459 (46.9%)
5. 戦死した戦友のことについて　748 (76.5%)
6. 戦友会の会員の消息について　771 (78.8%)
7. 会員以外の旧上官・部下の消息について　258 (26.4%)
8. 自分たちの戦闘体験について　533 (54.5%)
9. 戦闘以外の軍隊生活について　326 (33.3%)
10. 抑留体験について　161 (16.5%)
11. 遺族の消息について　319 (32.6%)
12. 日本軍隊の組織上の問題について　16 (1.6%)
13. 「大東亜戦争」の意味について　27 (2.8%)
14. 「大東亜戦争」の個々の作戦・戦闘について　92 (9.4%)
15. 皇室について　10 (1.0%)
16. 靖国神社の問題について　220 (22.5%)
17. 現代の世相について　192 (19.6%)
18. その他　29 (3.0%)

〔問28〕 あなたの戦友会では，会合以外で会員間の個人的交流が活発ですか。

1. ひじょうに活発　115 (11.8%)　2. 活発　526 (53.8%)
3. あまり活発でない　296 (30.2%)　4. ほとんど交流しない　27 (2.8%)
無回答　14 (1.4%)

〔問29〕 戦友会の会合を行う際，見学・観光をともなうことがありますか。

1. ある　528 (54.0%)　2. ない　438 (44.8%)　無回答　12 (1.2%)

〔問30〕 あなたの戦友会は，戦友会として自衛隊を見学されたことがありますか。

1. ある　228 (23.3%)　2. ない　731 (74.7%)　無回答　19 (1.9%)

〔問31〕

i) 戦友会の会会では，亡くなられた戦友の慰霊の行事を行いますか。

1. 常に行う　556 (56.9%)　2. ときどき行う　293 (30.0%)
3. 行わない　109 (11.1%)　無回答　20 (2.0%)

ii) 行う場合(回答数849)，どのような形式で行いますか。

1. 神道　404 (47.6%)　2. 仏教　137 (16.1%)
3. キリスト教　0 (0 %)　4. その他の宗教　3 (0.4%)

3. あまり変らない　457 (46.8%)　無 回 答　16 (1.6%)

ii) それはなぜだと思いますか。

I.「増えている」と答えた場合。(回答数320)

1 会員の消息がわかって　124 (38.8%)
2. 時間・金の余裕ができて　47 (14.7%)
3. 懐旧の情から　33 (10.3%)
4. 時間・金の余裕ができたことと懐旧の情から　40 (12.5%)
5. 会員の消息がわかったことと時間・金の余裕ができて　17 (5.3%)
6. 会員の消息がわかったことと懐旧の情から　5 (1.6%)
7. そ の 他　32 (10.0%)
無 回 答　22 (6.8%)

II.「減っている」と答えた場合。(回答数185)

1. 死亡・病気のため　116 (62.7%)
2. 死亡・病気のため及びその他の理由から　8 (4.3%)
3. 死亡・病気のためとマンネリのため　5 (2.7%)
4. マンネリのため　2 (1.1%)
5. そ の 他　12 (6.5%)
無 回 答　42 (22.7%)

〔問23〕 あなたの戦友会の会合費は一人一回当りいくらぐらいですか。

1. 5千円未満　323 (33.0%)
2. 5千円以上～1万円未満　327 (33.4%)
3. 1万円以上～2万円未満　301 (30.8%)
4. 2万円以上～5万円未満　12 (1.2%)
5. 5万円以上　3 (0.3%)
無 回 答　12 (1.2%)

〔問24〕 戦友会の会合には会員の家族も出席されますか。

1. いつも出席する　183(18.7%)　2. 出席することもある　505(51.7%)
3. 出席することはない　277 (28.3%)　無 回 答　13 (1.3%)

〔問25〕 戦友会の会合では，軍隊の階級名・職名を使うことがありますか。

1. 使うこともある　324 (33.1%)　2. 使うことはない　646 (66.1%)
無回答　8 (0.8%)

〔問26〕

i) 戦友会の会合においては会食を行いますか。

1. 行う　954 (97.6%)　2. 行わない　15 (1.5%)　無回答　9 (0.9%)

ii) 行う場合，席順については主としてどのようにきめられますか。(回答数959。*i*) で「行う」と答えた回答以外のものも含む)

1. 軍隊内での序列を考慮して　97 (10.1%)　2. 年齢順　38 (4.0%)
3. 抽 選　13 (1.4%)　4. 先着順　43 (4.5%)
5. 現在の社会的地位を考慮して　2 (0.2%)
6. 席順については考慮しない　619 (64.5%)
7. (1)と(7)を併せて選択したもの　28 (2.9%)
8. (1)と(6)を併せて選択したもの　16 (1.7%)

無　回　答　　14 (1.4%)

ii) きまっている場合，それはどこですか。(回答数428。*i*) で「ほぼきまっている」と答えた回答以外のものも含まれている。)

1. 東　京　170 (39.7%)　2. 近　畿　46 (10.7%)
3. 中　部　36 (8.4%)　4. 関東 (東京以外)　24 (5.6%)
5. 中　国　20 (4.7%)　6. 九　州　19 (4.4%)
7. 北海道・東北　14 (3.3%)　8. 四　国　9 (2.1%)
9. 「東京」「関東」の組合せ　32 (7.5%)
10. 「東京」「近畿」の組合せ　11 (2.6%)
11. 「東京」と「北海道・東北」の組合せ　7 (1.6%)
12. その他の組合せ　40 (9.4%)

iii) それはどのような理由で選ばれましたか。(回答数428)

1. 集まりやすい　100 (23.4%)
2. 靖国神社があるから　66 (15.4%)
3. 靖国神社以外の慰霊場所 (護国神社など) があるから　50 (11.7%)
4. 故郷や出身地だから　34 (7.9%)
5. ゆかりの地だから　32 (7.5%)
6. 「集まりやすい」「故郷」の組合せ　12 (2.8%)
7. 「故郷」「ゆかりの地」の組合せ　10 (2.3%)
8. 「靖国」と「ゆかりの地」の組合せ　8 (1.9%)
9. 上記以外の組合せ　51 (11.9%)
10. その他の理由　26 (6.1%)
無　回　答　39 (9.1%)

iv) きまっていない場合。(回答数549)

1. その時々の都合で決める　248 (45.2%)
2. 持ちまわりを原則にしている　254 (46.3%)
3. そ の 他　21 (3.8%)
無　回　答　26 (4.7%)

〔問20〕 会合には毎回何人くらい出席されますか。

i) 会　員　最小1～最大3,000人　平均110.2人
ii) 会員外　最小0～最大600人　平均 13.2人

〔問21〕

i) あなたの戦友会の会合は泊りがけで行いますか。

1. 原則として泊りがけで行う　497 (50.8%)
2. 原則として日帰りで行う　428 (43.8%)
3. そ の 他　35 (3.6%)　無　回　答　18 (1.8%)

ii) ふつう何泊しますか。(回答数506。*i*) で「原則として泊りがけで行う」と答えた回答以外のものを含む。)

1. 1泊　491 (97.4%)　2. 2泊　13 (2.5%)　3. 3泊2 (0.1%)

〔問22〕

i) 会合に出席する人数はだんだん増えていますか，減っていますか。

1. 増えている　320 (32.7%)　2. 減っている　185 (18.9%)

無回答　10（ 1.0%）

ii）会合は年に何回くらいですか。

1. 1年に1回	666（68.1%）	2. 2年に1回	94（ 9.6%）
3. 1年に2回	88（ 9.0%）	4. 3年に1回	32（ 3.3%）
5. 5年に1回	15（ 1.5%）	6. 1年に4回	11（ 1.1%）
7. その他	32（ 3.3%）	無回答	40（ 4.1%）

〔問18〕

i）戦友会の会合を行う月日あるいは時期は毎回きまっていますか。

1. きまっている　577（59.0%）　2. きまっていない　390（39.9%）
無回答　11（ 1.1%）

ii）きまっている場合，それはいつですか。（回答数591）

①会合が年1回の場合（回答数507〔591の85.8%〕）

1月　24（ 4.8%）	2月　61（12.0%）	3月　46（ 9.1%）
4月　64（12.6%）	5月　61（12.0%）	6月　38（ 7.5%）
7月　28（ 5.5%）	8月　44（ 8.7%）	9月　45（ 8.9%）
10月　40（ 7.9%）	11月　26（ 5.1%）	12月　—

春・秋など　30（ 5.9%）

②会合が年2回以上行われる場合（回答数84〔591の14.2%〕）

1. 春と秋＝9（10.7%）
2. 2月と8月，5月と10月＝各6（各7.1%）
3. 5月と12月＝4（4.8%）
4. 2月と9月，3月と9月，4月と11月＝各3（各3.6%）
5. 1月と8月，2月と3月，3月と10月，4月と8月，4月と9月，5月と6月，夏と秋＝各2（各2.4%）
6. その他の組合わせ＝14（16.7%）
7. その他（無回答含む）＝22（26.0%）

iii）その時期はどのような理由で選ばれましたか。（回答数591）

1.	便宜的な理由（気候がよい，集まりやすいなど）から	168（28.4%）
2.	部隊・艦船にとって意義のある日だから	95（16.1%）
3.	農閑期だから	46（ 7.8%）
4.	戦友会にとって意義のある日だから	18（ 3.0%）
5.	戦争全般にとって意義のある日だから	18（ 3.0%）
6.	靖国神社の祭典日だから	10（ 1.7%）
7.	もとの四大節だから	8（ 1.4%）
8.	「1.便宜的理由」と「2.農閑期」の組合わせ	25（ 4.2%）
9.	「1.便宜的理由」と「2.部隊・艦船にとって意義ある日」の組合わせ	14（ 2.4%）
10.	(1)〜(7)の上記以外の組合わせ	35（ 5.9%）
11.	その他の理由	84（14.2%）
	無回答	70（11.9%）

〔問19〕

i）会合の開催地はきまっていますか。

1. ほぼきまっている　415（42.4%）　2. きまっていない　549（56.2%）

ii）支部の数をおきかせください。（*i*）で「ある」と答えた333回答の内訳）

1. 支部の数１～5　191（57.4%）　2. 支部の数6以上　133（39.9%）
3. 不　明　9（2.7%）

〔問12〕あなたの戦友会は，他の戦友会と一緒になって，より大きな組織を作っていますか。（全国戦友会連合は除く）

1. 作っている　331（33.8%）　2. 作っていない　624（63.8%）
無回答　23（2.4%）

〔問13〕あなたの戦友会には会則がありますか。

1. ある　403（41.2%）　2. ない　561（57.4%）
無回答　11（1.4%）

〔問14〕

i）あなたの戦友会は会報を発行しておられますか。

1. 定期的に発行している　184（18.8%）
2. 不定期に発行している　209（21.4%）
3. 発行していない　574（58.7%）
無回答　11（1.1%）

ii）会報の発行回数（回答数393）

1. 1年に1回　165（42.0%）　2. 1年に2回　84（21.4%）
3. 2年に1回　42（10.7%）　4. 3年に1回　20（5.1%）
5. 1年に3回　18（4.6%）　6. 1年に4回　17（4.3%）
7. 4～5年に1回　8（2.0%）　8. その他　24（6.1%）
無回答　15（3.8%）

〔問15〕

i）あなたの戦友会は会報以外に部隊史（それに類するもの）を刊行しておられますか。

1. 刊行している　259（26.5%）　2. 刊行していない　690（70.5%）
無回答　29（3.0%）

ii）刊行していない場合（回答数690），刊行の予定がありますか。

1. ある　190（690のうちの27.5%。以下同じ）
2. ない　331（48.0%）　無回答　196（24.5%）

〔問16〕

i）あなたの戦友会では部隊歌・校歌をうたいますか。

1. 歌う　486（49.7%）　2. 歌わない　472（48.3%）
無回答　20（2.0%）

ii）歌わない場合（回答数472）

1. 部隊歌・校歌がないので歌わない　290（61.4%）
2. 部隊歌・校歌はあるけれども歌わない　68（14.4%）
無回答　114（24.2%）

〔問17〕

i）あなたの戦友会は定期的に会合を開きますか。

1. 定期的に開く　807（82.5%）　2. 定期的に開かない　161（16.5%）

3. 個人的な呼びかけをきっかけにして 757（77.4%）
4. 新聞・ラジオ・テレビの報道をきっかけにして 20（ 2.0%）
5. そ の 他 80（ 8.2%）
無 回 答 9（ 0.9%）

〔問6〕 あなたの戦友会の戦闘体験はどのようなものでしたか。

1. 戦闘体験はまったくない 51（ 5.2%）
2. あまり戦闘体験はない 102（10.4%）
3. 平均的な戦闘体験だと思う 182（18.6%）
4. 厳しい戦闘体験をもっている 245（25.1%）
5. 悲惨な戦闘体験をもっている 338（34.6%）
6. そ の 他 47（ 4.8%）
無 回 答 13（ 1.3%）

〔問7〕 現在あなたの戦友会の会員相互を結びつけているもののうち，一番強いものはなんですか。（2つ以上の項目を選択した回答もあり。無回答3〔0.3%〕。

i） 1つだけ選んだ回答（回答数696：71.2%）の内訳

1. 戦友の慰霊 197（28.3%） 2. お互いの親睦 243（34.9%）
3. 仕事上の利益 0（ 0 %） 4. 過去の共通の体験 251（36.1%）
5. 現代の世相への不満 1（ 0.1%） 6. そ の 他 4（ 0.6%）

ii） 2つ以上選んだ回答（回答数279：28.5%）の内訳

1. 「慰霊」「親睦」 94（33.7%） 2. 「親睦」「共通体験」 62（22.2%）
3. 「慰霊」「親睦」「共通体験」 60（21.5%）
4. 「慰霊」「共通体験」42（15.1%） 5. その他の組合せ 21（ 7.5%）

〔問8〕 あなたの戦友会には，遺族の方も加わっておられますか。

1. 遺族も会員として加わっている 278（28.4%）
2. 遺族は会員ではないが，慰霊行事，会合には加わる 422（43.1%）
3. 遺族は全く加わっていない 271（27.7%）
無 回 答 7（ 0.7%）

〔問9〕 会員は現在，何人おられますか。

最小1人～最大25,000人 平均937人

〔問10」 あなたの戦友会は，将校，下士官，兵に分ければ，どのような組合わせでできていますか。（遺族の方は除く）

1. 将校のみ 63（ 6.4%） 2. 下士官のみ 28（ 2.9%）
3. 兵のみ 15（ 1.5%） 4. 将校一下士官 41（ 4.2%）
5. 将校一兵 9（ 0.9%） 6. 下士官一兵 43（ 4.4%）
7. 将校一下士官一兵 740（75.7%）
8. 将校一下士官一兵一軍属 15（ 1.5%）
9. そ の 他 17（ 1.8%） 無 回 答 7（ 0.7）

〔問11〕

i） あなたの戦友会には支部のようなものがありますか。

1. あ る 333（34.1%） 2. な い 638（65.2%）
無 回 答 7（ 0.7%）

ハ）もとの単位（部隊・艦船）の兵種（陸軍：回答数679）

1.	歩　兵	237（34.4%）	2.	砲　兵	87（12.6%）
3.	航　空	71（10.3%）	4.	輜　重	50（ 7.3%）
5.	医・衛生	41（ 6.0%）	6.	通　信	36（ 5.2%）
7.	工　兵	25（ 3.6%）	8.	戦　車	15（ 2.2%）
9.	騎　兵	15（ 2.2%）	10.	機関銃	14（ 2.0%）
11.	鉄　道	11（ 1.6%）	12.	憲　兵	7（ 1.0%）
13.	経　理	6（ 0.9%）	14.	特　攻	4（ 0.6%）
15.	その他	70（10.1%）			

ニ）もとの単位（部隊・艦船）の兵種（海軍：回答数99）

1.	航　空	61（56.5%）	2.	通　信	8（ 7.4%）
3.	主　計	5（ 4.6%）	4.	特　攻	4（ 3.7%）
5.	医　務	2（ 1.9%）	6.	機　関	1（ 0.9%）
7.	兵　科	1（ 0.9%）	8.	その他	26（24.1%）

〔問3〕 あなたの戦友会はいつできましたか。

昭20	2	昭21	37	昭22	49	昭23	48	昭24	24
昭25	46	昭26	26	昭27	18	昭28	29	昭29	18
昭30	46	昭31	16	昭32	12	昭33	12	昭34	13
昭35	40	昭36	18	昭37	15	昭38	37	昭39	37
昭40	74	昭41	36	昭42	36	昭43	30	昭44	23
昭45	34	昭46	28	昭47	9	昭48	21	昭49	20
昭50	21	昭51	25	昭52	11	昭53	7	昭54	1
昭55	1								

（昭19以前　48〔4.9%〕　無回答　10〔1.0%〕）

〔問4〕 あなたの戦友会がつくられたときの最も主要な動機・目的を1つだけえらんでください。（2つ以上の項目を選択した回答もあり。無回答2〔0.2%〕）。

i）1つだけ選んだ回答（回答数742：75.9%）の内訳

1.	慰霊のため	247（33.3%）
2.	親睦のため	444（59.8%）
3.	相互扶助のため	7（ 0.9%）
4.	戦争体験を語りのこすため	32（ 4.3%）
5.	何らかの社会主張を行うため	10（ 1.4%）
6.	そ　の　他	2（ 0.3%）

ii）2つ以上選んだ回答（回答数234：23.9%）の内訳

1.	「慰霊」「親睦」	123（52.6%）
2.	「慰霊」「親睦」「戦争体験」	32（13.7%）
3.	「親睦」「戦争体験」	18（ 7.7%）
4.	「親睦」「相互扶助」	16（ 6.8%）
5.	「慰霊」「親睦」「相互扶助」	15（ 6.4%）
6.	その他の組合わせ	30（12.8%）

〔問5〕 あなたの戦友会はどのようなきっかけでできましたか。

1.	終戦前にすでに存在していた	35（ 3.6%）
2.	終戦前にすでに計画があった	77（ 7.9%）

戦友会についての調査　第１回

昭53年（1978）11月実施　　総回答数978

〔問１〕

i）あなたの戦友会の名称はきまっていますか。

1. きまっている　956（97.8%）　2. きまっていない　17（1.7%）
　無回答　5（0.5%）

ii）あなたの戦友会の名称の由来を教えてください。

1. 部隊名から　328（33.5%）　2. 戦地・駐屯地名から　156（16.0%）
3. 艦艇名から　46（4.7%）　4. 学校名から　37（3.8%）
5. 部隊長名から　25（2.6%）　6. 兵種名から　7（0.7%）
7. 抑留地名から　4（0.4%）　8. 航空機名から　2（0.2%）
9. (1)と(2)との組合わせ　58（5.9%）
10. (1)〜(8)のさまざまな組合わせ〔(1)〜(2)除く〕　68（7.0%）
11. (1)と(2)〜(8)以外のもの（卒業年度など）との組合わせ　39（4.0%）
12. (4)と(1)〜(8)以外のもの（卒業年度など）との組合わせ　38（3.9%）
13. その他（卒業年度・通称など）　114（11.6%）
　無回答　56（5.7%）

〔問２〕あなたの戦友会はどういうつながりをもとにしてできていますか。

i）陸軍か海軍か

1. 陸軍　252（76.9%）　2. 海軍　183（18.7%）
3. その他（同地域居住者など）　40（4.1%）
　無回答　3（0.3%）

ii）部隊か学校か

1. 部隊（艦船）　797（81.5%）　2. 学校　121（12.4%）
3. 官衙　6（0.6%）　4. その他　50（5.1%）
　無回答　4（0.4%）

*以下は，もとの単位が部隊・艦船である戦友会（797戦友会）に関する集計結果。

イ）もとの単位の規模

1. 大（大隊・巡洋艦以上）　455（57.1%）
2. 小（中隊・駆逐艦以下）　326（40.9%）
3. 不明　16（2.0%）

ロ）もとの単位（部隊・艦船）の作戦地域

1. 中国　235（29.5%）
2. 豪北・ボルネオ・フィリピン　143（17.9%）
3. 南西方面　102（12.8%）
4. ソ連・満州方面　100（12.6%）
5. 本土及びその周辺　80（10.0%）
6. 中部太平洋・南東方面　33（4.1%）
7. 朝鮮　16（2.0%）
8. 方面が限定できないもの　86（10.8%）
9. 不明　2（0.3%）

戦友会についての調査・集計

調査の概要

1. 調査名　「戦友会についての調査　第1回」
   調査方法　郵送調査
   調査期間　昭和53年10月～12月
   調査対象　下記のリストに収録された全戦友会の世話人
   「戦友会一覧」『歴史読本』1970年9月号
   「全国戦友会総覧」『月刊「丸」別冊　日本兵器総集』1977年11月
   「戦友会連絡先名簿」読売新聞社『戦争4』1977年
   「全国戦友会連合会名簿」1977年
   サンプル数　1589
   有効サンプル数　978

---

2. 調査名　「戦友会についての調査　第2回」
   （文部省科学研究費補助金による研究）
   調査方法　郵送調査
   調査期間　昭和56年2月～3月
   調査対象　第1回調査における協力戦友会（978）を陸軍・海軍，部隊・学校にグループわけして，確率比例抽出による二段抽出法によって選んだ74戦友会の会員2391名
   サンプル数　2391
   有効サンプル数　1215

高橋三郎
現在　広島国際学院大学現代社会学部教授・京都大学名誉教授
主な著書・論文：『「戦記もの」を読む――戦争体験と戦後日本社会』（アカデミア出版会、1988年）、『強制収容所における「生」』（世界思想社、2000年）、「戦没者の手記分析についての一考察――森岡清美『決死の世代と遺書』をめぐって」（中久郎編『戦後日本のなかの「戦争」』世界思想社、2004年）ほか。

橋本満
現在　甲南女子大学人間科学部教授
主な著書・論文：『物語としての「家」』（行路社、1994年）、"Chiho: Yanagita Kunio's 'Japan'" in Stephen Vlastos (ed.), Mirror of Modernity: Invented Traditions of Modern Japan, University of California Press、1998.、「『中範囲の理論』の構想力」（厚東洋輔、高坂健二編『講座社会学１：理論と方法』東京大学出版会、1998年）ほか。

溝部明男
現在　金沢大学文学部人間学科教授
主な著書・論文：初期パーソンズにおける『制度』あるいは『秩序』概念の批判的検討――『プロレゴメナ』論文（1990）を手がかりにして」（中久郎編『持続と変容』、ナカニシヤ出版、1999年）、「パーソンズ研究における二つのスタイルJ．C．アレグザーンダとC．カミック」（『金沢大学文学部論集　行動科学・哲学篇』第21号2001年）、「高齢期における居住場所と介護形態の選択――金沢調査（2000）データの分析」平成11年度～平成13年度科学研究費補助金（基盤研究（C）（２））研究成果報告書、研究代表者溝部明男『パーソナル・ネットワークと地域生活』（2002年）ほか。

高橋由典
現在　京都大学大学院人間・環境学研究科／高等教育研究開発推進センター教授
主な著書・論文：『感情と行為――社会学的感情論の試み』（新曜社、1996年）、『社会学講義――感情論の視点』（世界思想社、1999年）、「一九六〇年代少年週刊誌における「戦争」――「少年マガジン」の事例」（中久郎編『戦後日本のなかの「戦争」』世界思想社、2004年）。

伊藤公雄
現在　京都大学大学院文学研究科教授
主な著書・論文：『〈男らしさ〉のゆくえ――男性文化の文化社会学』（新曜社、1993年）、『「男女共同参画」が問いかけるもの――現代日本社会とジェンダー・ポリテイクス』（インパクト出版会、2003年）、「戦後男の子文化のなかの『戦争』」、（中久郎編『戦後日本のなかの「戦争」』、世界思想社、2004年）ほか。

新田光子
現在　龍谷大学社会学部教授
主な著書・論文：『大連神社史――ある海外神社の社会史』おうふう、1997年。『原爆と寺院――ある真宗寺院の社会史』法蔵館、2004年、「被爆地広島における寺院の役割」（中久郎編『戦後日本のなかの「戦争」』世界思想社、2004年）ほか。

新装版　共同研究・戦友会

2005年4月30日　第1刷発行

編著者　高 橋 三 郎
発行人　深 田 　卓
装幀者　田 中 　実
発 行　㈱インパクト出版会
東京都文京区本郷2-5-11 服部ビル
Tel03-3818-7576 Fax03-3818-8676
E-mail：impact@jca.apc.org
郵便振替　00110-9-83148

本書初版は1983年9月、田畑書店で刊行されました。　モリモト印刷